CORPORATE MYTHS

企业迷思

北大管理公开课

宋志平 著

图书在版编目（CIP）数据

企业迷思：北大管理公开课 / 宋志平著．-- 北京：机械工业出版社，2020.1（2024.12重印）

ISBN 978-7-111-64499-6

I. ①企… Ⅱ. ①宋… Ⅲ. ①企业管理 Ⅳ. ①F272

中国版本图书馆 CIP 数据核字（2019）第 291645 号

企业迷思：北大管理公开课

出版发行：机械工业出版社（北京市西城区百万庄大街 22 号　邮政编码：100037）	
责任编辑：冯小妹	责任校对：李秋荣
印　　刷：北京联兴盛业印刷股份有限公司	版　　次：2024 年 12 月第 1 版第 27 次印刷
开　　本：170mm×230mm　1/16	印　　张：25.5
书　　号：ISBN 978-7-111-64499-6	定　　价：89.00 元

客服电话：(010) 88361066　68326294

版权所有·侵权必究
封底无防伪标均为盗版

本书献给希望成为卓越企业家的朋友们

Preface | 序

到 2019 年 9 月，我做企业刚好 40 年。这 40 年里，从车间技术员、工厂销售员到大型央企的董事长，我始终与这个时代、与我所在的企业紧紧拴在一起，可以说是国有企业改革发展的见证者和推动者。这些年，我常受邀到高校介绍企业实践和感悟，并逐渐形成了以事说理的风格。我一直在企业一线工作，知道企业里真实发生的故事和背后的逻辑，也清楚企业家在临场应变时经历了什么。我想，把这些实践性的东西讲透，也算是一种独特价值吧。另外，作为国企领导者，我有责任把这些年国企经历的坎坷、发生的巨变，原原本本地告诉大家，对企业从业者来说也能提供些思路上的借鉴。然而，做好这个差事可真不容易呀，我平时工作繁重，只能晚上挤时间思考备课，再抽周末时间到学校和学员们交流。

2015 年秋天，北京大学光华管理学院给我出了一个难题，问我能否给 MBA 班开一门课，系统讲一下做企业的实践和思考，课程主题由我自己定。面对这个任务，我的内心有不小的压力。企业家不是理论家，长篇大论地讲课未必在行。到底要讲点什么呢？我细想了几十年的企业经历，从对企业一无所知的懵懂大学生到大企业带头人，从钻研企业管理到研究经营之道，所带领的企业从全国领先到世界一流，我就是这样一点一点成长起来的。其间的经历，外界看到的往往是光鲜的成绩和胜利的豪迈，对于其中的艰辛和付出却鲜有知晓。那些困难面前的煎熬纠结，那些战略抉择的彷徨忧虑，那些独辟蹊径的思维模式，那些冲破迷雾的智慧火花，都是值得复盘剖析的。对啊，就把这些面对企业难题时的所思所想明明白白地呈现出来，可能对大家更有益，我给课程取名为"企业迷思"。

什么是迷思？迷思是"myth"的音译词，本意为神话、幻想、故事，后来引申为对事物的不确定、存在的认识误区或对暂时无解的问题进行的揣摩思考。我觉得这个词非常形象，把人们面对困顿时那种不知所措的状态刻画得很传神。做企业也常会遇到各种迷思，如何穿越迷思，对纷繁复杂的事物拨云见日，这是企业家每天必须面对的问题。回想以前，我遇事做决定一般很轻松，但后来常常陷在两难和多难之中，做决定之前要反复掂量，权衡利弊。读书也是这样，年轻时读管理方面的书常有豁然开朗、茅塞顿开的感觉，书读多了之后却觉得"公说公有理，婆说婆有理"。

为什么会这样？因为人在面临单一选择时会很从容，一旦面临多项选择就容易受到干扰，摇摆不定。选什么、不选什么，这取决于企业的战略目标、看待事物的格局以及处理复杂问题的能力，而无论最终做出什么选择，都要经历一番思想斗争。所以我常讲，做决策需要无数次否定之否定，这是一项非常辛苦的劳动。我曾对哈佛大学商学院副院长约瑟夫·鲍沃（Joseph L. Bower）教授坦言，让我每天半夜睡不着觉的事是"担心想错了"。

总结多年实践，我从战略、管理、创新、文化四个维度，梳理出20对常见的迷思。每对迷思又包含了五个命题，再配以讲故事的方式一一破题解析，于是整理出了100个命题、100个故事、100个观点，这就是"企业迷思"这门课的梗概。其实，故事和观点并不能截然分开，由于学员们对企业实战案例普遍感兴趣，我就有所侧重地做了些区分，由故事引发思考，这样讲大家比较爱听。从2015年起，我在光华管理学院讲这门课一连讲了三年，每年开讲之前都会对原讲稿集中修订完善，以确保内容常讲常新。

让我欣慰的是，三届学员对这门课的反响都很热烈，有的学员还把课堂笔记发到网上，引发了网友的围观和转载。

我想，这门课之所以受欢迎，并不是因为我教授了什么成功绝学，而是因为大家在鲜活的实战案例中，身临其境地体会到了企业面临的抉择和常有的窘境，激发了不同的思考。其实，企业经营是灵活的、动态的，没有千篇一律的模式，也没有一成不变的答案。任何事物都是对立统一的，好与不好、对与不对，会因人、因事、因时、因地而异。重要的是，我们要学会全面、系统、辩证地看问题，最终找到适合自己的模式。早年间当学员问我问题时，我会说可以这么做那么做，但后来遇到这种情况，我就会说，咱们一起讨论一下吧，最后怎么做取决于你内心的灵感。

我认为，管理学没有最好的老师，只有最好的学生；学管理不是要给人定型，而是开拓视野，提供思考问题、解决问题的思路，提高驾驭复杂局面、处理复杂问题的本领。能够以清醒的头脑面对难题，以活跃的思维做出判断，以持续的思考力和高效的行动力进行创造，这正是探讨企业迷思的真正意义。

2019年以来，在光华管理学院师生的建议下，我在繁忙的工作之余，见缝插针地把"企业迷思"课程的讲稿整理出来；同时，应大家的要求，也把近两年的最新思考和企业故事补充完善进去，并通过机械工业出版社得以与广大读者见面。正如大家在书中看到的那样，本书所呈现的所有迷思都没有正误之分、优劣之别，我的目的也不在于解析不同主张中哪个对或哪个更对，而是想通过相互探讨交流，一起进行思想上的碰撞，这一点比了解迷思本身更重要。我真诚地希望，本书能够激发更多企业经营管理者的思想火花。

宋志平

2019年10月于北京

目录 | Contents

序

第一篇　战略　　　　　　　　　　　　　　　　　001

迷思一 | 战略和管理
　　　 | 战略是头脑，管理是腿脚　　　　　　　002

战略和管理是两码事　　　　　　　　　　　　　　003
故事 1　饿着肚子想战略　　　　　　　　　　　003
观点 1　管理再优秀也代替不了战略　　　　　　005

管理者不是领导者　　　　　　　　　　　　　　　006
故事 2　北新中兴的原因　　　　　　　　　　　006
观点 2　领导者是眺望远方的人　　　　　　　　007

战略赢是大赢，战略输是大输　　　　　　　　　　008
故事 3　央企要生根大行业　　　　　　　　　　009
观点 3　做企业要有精兵、奇兵、铁兵、将帅　　010

董事会是战略性力量　　　　　　　　　　　　　　012

故事 4　鱼从头烂　　　　　　　　　　　　　012

观点 4　董事会的责任在于创造价值　　　　　014

做好董事长是一门艺术　　　　　　　　　　　　015

故事 5　两个董事长一肩挑　　　　　　　　　016

观点 5　做积极的董事长　　　　　　　　　　018

迷思二 | 目标和资源
从有什么做什么到缺什么找什么　　　　　　　　020

战略是目标导向还是资源导向　　　　　　　　　021

故事 6　水泥！水泥！水泥！　　　　　　　　021

观点 6　不怕没资源，就怕没目标　　　　　　023

用整合优化的方式做大做强　　　　　　　　　　024

故事 7　草根央企变身巨无霸　　　　　　　　025

观点 7　做企业要有资源整合的能力　　　　　026

做企业要有三分天下的思想　　　　　　　　　　027

故事 8　水泥版图与巴顿名言　　　　　　　　028

观点 8　战略不是面面俱到　　　　　　　　　029

失去机遇是最大的失误　　　　　　　　　　　　030

故事 9　汪庄会谈端出"三盘牛肉"　　　　　031

观点 9　战略实施要靠抓住机遇　　　　　　　033

奇迹越不出规律的边缘　　　　　　　　　　　034
　故事 10　跨界掌门怎么当　　　　　　　　034
　观点 10　成功者是按规律办事的人　　　　036

迷思三 ｜ 专业化和多元化
　　　　　　把鸡蛋放在几个篮子里　　　　038

专业化是立身之本　　　　　　　　　　　　039
　故事 11　从西三旗走出的隐形冠军　　　　039
　观点 11　"小而美"的企业也是成功的　　041

产业扩张的同心圆模式　　　　　　　　　　042
　故事 12　打到家门口的战争　　　　　　　043
　观点 12　以适度多元化对冲风险　　　　　044

业务选择要归核化　　　　　　　　　　　　045
　故事 13　从水泥大王到三足鼎立　　　　　046
　观点 13　业务不在于多而在于精　　　　　047

组建业务多元化的"联合舰队"　　　　　　048
　故事 14　做个会赚钱的东家　　　　　　　049
　观点 14　投资应注重业务组合力　　　　　050

选新业务是最难的事　　　　　　　　　　　052
　故事 15　四家世界 500 强的接力跑　　　　052
　观点 15　选新业务坚持"三个四"　　　　053

迷思四 | 有机成长和联合重组
内生式发展与外延式发展并重 056

联合重组是市场竞争的高级方式 057
故事 16 "蛇吞象"：收购徐州海螺 057
观点 16 大企业是过剩产能的终结者 058

联合重组是高水平的经营活动 060
故事 17 走进哈佛讲堂的水泥重组案例 061
观点 17 有机成长与联合重组不是对立的 062

联合重组是获得效益的故事 065
故事 18 只收下蛋的母鸡 065
观点 18 重组的逻辑是赚钱 067

联合重组不应被看成垄断 068
故事 19 东北锁窑风波 069
观点 19 以辩证思维正确看待垄断 070

打好供给侧结构性改革的硬仗 071
故事 20 水泥行业的自救 071
观点 20 把去产能和去产量结合起来 073

迷思五 | 做大和做强
企业的逻辑是成长的逻辑 075

从做大做强到做强做优 076
故事 21 在国药的任职演讲 076
观点 21 企业要做大，但不能"贪大" 077

时时提防大企业病 079

故事 22 乔迁日的"一盆冷水" 079

观点 22 企业衰落有迹可循 080

实现企业高质量发展 082

故事 23 玉兰之约 082

观点 23 放下"望远镜",拿起"放大镜" 083

做企业要有格局和能力 085

故事 24 两材重组 085

观点 24 格局和能力决定企业未来 087

大企业战略应是国家战略 089

故事 25 昨天·今天·明天 089

观点 25 中国的事业是企业 091

第二篇 管理 093

迷思六 | 科学管理和人本管理
人与企业的价值统一 094

管理的目标是提高效率 095

故事 26 丰田的变与不变 095

观点 26 科学管理没有过时 096

做企业要以人为中心 098

故事 27 点燃员工心中的火 098

观点 27 企业是人,企业靠人,企业为人,企业爱人 100

管理重在调动和发挥潜能	102
故事 28 插队时的两则趣事	102
观点 28 管理要学会"求同存异"	103
小型涨落是进化过程	104
故事 29 "脸"比"钱"重要	105
观点 29 小冲突小矛盾未必是坏事	106
企业要靠规范的制度约束行为	107
故事 30 新官上任三把火	108
观点 30 用制度来"治未病"	109

迷思七 | 管理和经营
正确地做事，还是做正确的事 111

搞管理靠工法	112
故事 31 中国建材的武功秘籍	112
观点 31 把好的经验做法归纳成可供复制的工法	114
质量和信誉是永远的追求	116
故事 32 一张自罚告示	116
观点 32 树立正确的质量观	117
从管理到经营	120
故事 33 鲁南水泥厂里的思想撞击	120
观点 33 经营之道就是赚钱之道	121
开展三精管理	124
故事 34 让大象也能跳舞	124

| 观点 34 | 管理的核心是精简和瘦身 | 126 |

定价制胜

| 故事 35 | 拉闸限电，因"祸"得福 | 128 |
| 观点 35 | 坚持盈利的八字原则和五优方针 | 129 |

迷思八 | 集权和分权
没有最好的模式，只有最适合的模式　131

风险可控可承受

| 故事 36 | 见人见物 | 132 |
| 观点 36 | 应对风险要对症下药 | 133 |

选择适合的管控模式

| 故事 37 | 解散 30 多家子公司 | 135 |
| 观点 37 | 宜集则集，宜分则分 | 136 |

企业分多少层为宜

| 故事 38 | 国药布局地市级销售网 | 138 |
| 观点 38 | 组织结构尽量扁平化 | 139 |

格子化管控

| 故事 39 | 巧克力盒子里的秘密 | 141 |
| 观点 39 | 企业要杜绝"两乱"：行权乱和投资乱 | 142 |

破除谷仓效应

| 故事 40 | 国际工程业务"手挽手" | 144 |
| 观点 40 | 分家赢活力，协同赢合力 | 145 |

迷思九 | 独资和股权多元化
宜独则独，宜控则控，宜参则参　　148

股权结构不是千篇一律的　　149
故事 41　走近法国企业　　149
观点 41　股权没有统一模式　　151

上市妙不可言又苦不堪言　　153
故事 42　把我的真心放在你的手心　　154
观点 42　上市公司必须做"优等生"　　155

新国企"新"在哪儿　　158
故事 43　对话罗奇先生　　158
观点 43　"央企市营"为改革探新路　　159

混合所有制是把金钥匙　　162
故事 44　中国建材是不是疯了　　162
观点 44　混合所有制不是"谁吃谁"　　164

央企的实力 + 民企的活力 = 企业的竞争力　　167
故事 45　让民企带枪参加革命　　167
观点 45　混改的关键是"改"不是"混"　　168

迷思十 | 管理效能和机制动力
管理是生存之基，机制是源头活水　　172

管理与机制不能相互替代　　173
故事 46　一封告状信与一封辞别信　　173
观点 46　让人力资本参与财富分配　　175

企业应是共享平台 177
故事 47 向华为和万华取经 177
观点 47 改革需要开明的"东家" 179

从"老三样"到"新三样" 180
故事 48 不败的纪录 181
观点 48 企业不发展是最大的国有资产流失 182

机制革命：推开国企改革最后一扇窗 184
故事 49 时隔20年的改革试点 185
观点 49 解决好体制、制度、机制问题 186

激发和保护企业家精神 189
故事 50 企业家是怎样炼成的 189
观点 50 企业家精神是创新、坚守、责任 191

第三篇 创新 195

迷思十一 │ 万众创新和企业创新
让创新成为社会基因 196

万众创新应与企业创新相融合 197
故事 51 对话诺奖得主费尔普斯先生 197
观点 51 构建"万类霜天竞自由"的创新圈 198

创新的意义是创造效益 200
故事 52 为什么爱因斯坦不会被忘记 200
观点 52 科学与技术的目的性不同 201

有效的创新才是好创新	203
故事 53 超薄玻璃：大国重器	204
观点 53 创新是可以学习的	205

让创新成为一种风尚	207
故事 54 以色列：创业的国度	208
观点 54 大力弘扬创新文化	209

迎接企业家社会	211
故事 55 德鲁克的叮嘱	212
观点 55 创新创业需要智商、情商和胆商	213

迷思十二 | 持续性创新和颠覆性创新
变与不变的平衡   215

创新的基础是持续性创新	216
故事 56 "你们喜欢水泥吗？"	216
观点 56 过早放弃核心业务是致命的	217

既造"矛"又造"盾"	219
故事 57 "黑科技"来了	219
观点 57 不断寻找新的蓝海	220

跨越创新的两难	222
故事 58 水泥老总的忧虑	222
观点 58 用全新的人马做全新的事	223

勾画产业升级三条曲线	225
故事 59 中国建材可以叫中国材料了	226

观点 59	任何业务都不会一劳永逸	227
转型不是转行		229
故事 60	给国药的"锦囊妙计"	230
观点 60	向"四化"转型升级	231

迷思十三 | 自主创新和集成创新
不能关起门来搞研发　　　　　　　　　　234

自主创新是必由之路		235
故事 61	挺起民族玻璃工业的脊梁	235
观点 61	自立自强才有未来	237
吹响创新集结号		238
故事 62	发电玻璃：挂在墙上的油田	238
观点 62	创新要集众智、聚合力	240
制造强国是模仿不来的		242
故事 63	吃惊之后看日本	242
观点 63	从模仿式创新到自主创新	244
集成创新是一条捷径		246
故事 64	攻克碳纤维技术	246
观点 64	把做面包的技术用在蒸馒头上	247
用重组方式进行技术创新		248
故事 65	"中国学生"收购"洋师傅"	249
观点 65	技术重组不能靠运气	250

迷思十四 | "互联网+"和"+互联网"
新思维加出新动能 253

融入万物互联新世界 254
故事 66 北新触网 254
观点 66 用跨界与融合重塑创新体系 255

互联网催生企业变革 257
故事 67 机器取代人 258
观点 67 互联网改变企业三件事 259

制造业要主动+互联网 261
故事 68 世界水泥"梦工厂" 261
观点 68 当好互联网下半场的主角 262

实体经济是互联网的根 265
故事 69 打造一站式跨境电商 265
观点 69 互联网虽好但不能"神化" 266

用互联网思维把生意做活 268
故事 70 水泥+：连接上帝的科技与人类的科技 268
观点 70 "+"模式要围绕核心业务 270

迷思十五 | 技术创新和商业模式创新
创新既依赖技术，又依赖创意 272

技术创新是核心动力 273
故事 71 凯盛的秘密 273
观点 71 培育核心技术要过四关 275

把产学研拧成一股绳　　　　　　　　　　276
故事 72　牵手管庄院　　　　　　　　277
观点 72　向麻省理工学如何创新　　　278

把研发当成产业　　　　　　　　　　　　280
故事 73　药明康德的选择　　　　　　280
观点 73　技术是商品，流通才有价值　281

商业模式创新是赚钱的秘密武器　　　　　283
故事 74　让每个家庭成为能源工厂　　283
观点 74　创新的生命力在于创造价值　284

从制造业到制造服务业　　　　　　　　　286
故事 75　智慧工业　　　　　　　　　286
观点 75　统筹运用微笑曲线和武藏曲线　287

第四篇　文化　　　　　　　　　　　　291

迷思十六｜企业文化的正义性和宗教性
我们从哪儿来，到哪儿去　　　　　　　　292

文化定江山　　　　　　　　　　　　　　293
故事 76　北新和中国建材的文化经　　293
观点 76　不接纳企业文化的人，再有才也不用　295

用先进的文化指引心灵　　　　　　　　　296
故事 77　重组的底线：文化上不能另搞一套　297
观点 77　提防坏文化的侵蚀　　　　　298

建立独具特色的企业文化	299
故事 78 招聘南方水泥 CEO	299
观点 78 企业文化实用第一	300
解决文化融合的难题	302
观点 79 收人先收心	302
观点 79 重组的成功是文化融合的成功	303
企业领导是文化领袖	305
故事 80 做个布道者	305
观点 80 用讲故事的方式传承文化	307

迷思十七 | 企业成长和员工成长
对员工好就是对企业好　　310

企业应是乐生平台	311
故事 81 下岗风波	311
观点 81 员工不幸福，企业再大也毫无意义	312
让员工与企业共同成长	314
故事 82 五朵金花	314
观点 82 员工的信心比黄金还重要	315
知人善用是企业成功的根本	317
故事 83 寻找"痴迷者"	317
观点 83 选人要选对，用人要趁早	318
学习型组织永远在路上	321
故事 84 把经营的淡季变成思想的旺季	321

观点 84　教育是最好的管理	322
MBA、EMBA 是必修课	324
故事 85　把干部送到商学院	324
观点 85　学商科要知行合一	326

迷思十八　东方文化和西方文化
兼容并蓄，博采众长　329

东西方企业文化应兼容并蓄	330
故事 86　两位东方企业家的答案	330
观点 86　是时候总结中国的商道了	331
借鉴美日企业文化的长处	333
故事 87　珍贵的蜗居时光	334
观点 87　既要以我为主，又要博采众长	335
我们永远是孔子的学生	337
故事 88　班门弄斧话《论语》	338
观点 88　儒家思想具有超越时空的意义	339
包容的经营哲学	341
故事 89　一幅字的背后	341
观点 89　做企业需要包容	342
弘扬君子之道	344
故事 90　读《君子之道》	345
观点 90　君子是人生的一面镜子	346

迷思十九 ｜ 竞争和竞合
竞争是一把双刃剑 　　　　　　　　　348

市场经济是竞争经济 　　　　　　　　　349
故事 91　卖产品吃闭门羹 　　　　　　349
观点 91　竞争是痛苦和欢乐的化合物 　350

行业利益高于企业利益 　　　　　　　　352
故事 92　海螺论坛上的异见 　　　　　352
观点 92　实现行业的共富和均富 　　　353

让我们一起走出"丛林" 　　　　　　　355
故事 93　两家水泥巨头的对话 　　　　355
观点 93　竞争不能比狠斗勇 　　　　　356

领袖企业是行业的福音 　　　　　　　　358
故事 94　甘做蔺相如 　　　　　　　　358
观点 94　从做工厂到做市场 　　　　　359

奉行利他主义 　　　　　　　　　　　　360
故事 95　啼血杜鹃 　　　　　　　　　360
观点 95　树立达人达己的价值观 　　　361

迷思二十 ｜ 企业利润最大化和社会价值最大化
义利相兼，以义为先 　　　　　　　　363

站在道德高地做企业 　　　　　　　　　364
故事 96　一场点击过千万的演讲 　　　364

| **观点 96** 一流的思想塑造一流的企业 | 365 |

做有品格的企业 367
| **故事 97** 汶川大爱 | 367 |
| **观点 97** 但行好事，莫问前程 | 368 |

把环境保护放在盈利之前 370
| **故事 98** 巴黎气候大会 | 370 |
| **观点 98** 环保不达标，宁可关工厂 | 372 |

走合作共赢的国际化道路 373
| **故事 99** Lady first | 374 |
| **观点 99** 走出去不能"吃独食" | 375 |

一生做好一件事 377
| **故事 100** 松树的风格 | 377 |
| **观点 100** 当好"人梯"和"铺路石" | 379 |

第一篇

战略

1　迷思一　战略和管理
战略是头脑，管理是腿脚

战略解决的是企业去哪儿、做什么的问题，研究如何对现有资源进行配置和发现新资源，从而实现可持续发展，属于宏观管理范畴。管理解决的是怎么做、如何让已有资源充分发挥效益的问题，企业中大量的管理工作和普遍的管理原则不构成战略。战略和管理不同，说得形象点，战略就好比人的头脑，管理就好比人的腿脚。头脑要出点子，眼光要长远，思路要清晰；腿脚要听指挥，行动要灵活，执行要到位。

战略和管理是两码事

关于战略,首先要搞清楚的一对迷思是战略与管理。很多人在这个问题上有误解,错把管理当成战略。什么是战略?战略是一个企业的目标、方向和大的思路,研究要做什么,是企业的头等大事。中国古代军事家孙子讲,"兵者,国之大事,死生之地,存亡之道,不可不察也",还有句话叫"上兵伐谋",说的都是战略的重要性。管理也很重要,但它处在战术层面,取代不了战略。事实上,大量的管理工作和普遍的管理原则都不构成战略。迈克尔·波特认为,全面质量管理、精细管理、成本控制等都是管理层面的东西,不是战略。

▶ **故事 1** │ 饿着肚子想战略

中国建材㊀是一家战略为先导的企业,连续多年进入世界 500 强㊁,但十几年前,这家企业是什么样子的呢?大家可能难以想象。当时,这家企业的全称是"中国新型建筑材料集团公司"㊂,销售收入只有 20 多亿元,银

㊀ 中国建材集团有限公司,本书中简称"中国建材"。
㊁ 2019 年,中国建材连续第 9 年进入世界 500 强,排名第 203 位。
㊂ 简称中新集团。

行逾期负债却有 30 多亿元。除了我之前任董事长的北新建材⊖，集团旗下的壁纸厂、塑料地板厂、建筑陶瓷厂等厂子几乎全部停产或倒闭。由于欠债，集团位于紫竹院的小办公楼有一阵子被查封，院子里也不敢停放汽车，否则稍有不慎就会被法院扣押。

2002 年 3 月，我被任命为中新集团总经理时，面对的就是这样一盘"残棋"。我的前任有些悲壮地对我说："志平，我从弹坑里爬出来，你又进去了。"就在任命我当总经理的那天，坐在主席台上，我收到了一份特殊的"贺礼"：一张法院传票。因为资不抵债，一家资产管理公司要冻结我们的财产。

面对这样一家企业，怎么办呢？在艰难走出债务危机之后，战略研究成为重中之重。许多人不解地说：宋总，咱们饭都快吃不上了，哪有工夫讲战略？我说，做企业最重要的就是战略先行。越是困难，越要花时间研究战略。今天吃不上饭就是因为昨天没想好，所以今天必须为明天想清楚。2002 年 7 月，我们召开战略研讨会，邀请建材行业的专家一起研究中新集团下一步要做什么。没想到，大家一致认为中新集团要想发展壮大，必须进入占建材工业总产值 70% 的水泥业务。

要做大水泥业务谈何容易！我是做新型建材出身的，过去做新型建材的目标是减少砖瓦灰砂石和水泥的用量，现在反过来又要做水泥，这在思想上很难转弯。但我认真思考后，认为专家们讲的是对的。当时国家的城市化进入快速发展时期，水泥正处在从小立窑向新型干法转化的当口，而且水泥市场需求巨大。中新集团水泥业务虽然小，但也算有些基础。那时恰逢国资委刚成立，按照国资委要求，央企必须做到行业前三名。前三名是有规模的，在建材这个行业里如果去做壁纸，全国壁纸都给你做，也做不到前三名，但水泥

⊖ 本书作者于 1993 年 1 月担任北京新型建筑材料总厂（以下简称"北新"）厂长，1996 年 3 月总厂改制后任公司董事长、党委书记兼总经理，1997 年 6 月兼任北新集团建材股份有限公司（以下简称"北新建材"）董事长。

这个大产业就不一样了。这让我们的战略转型变得更加紧迫。

战略要定名，名不正言不顺，言不顺则事不成。2003年春天，中新集团正式更名为"中国建筑材料集团公司"，由规模较小的装饰建材行业回归水泥、玻璃等建材行业主流。在更名的过程中，我们遇到了不小的阻力，行业里很多人提出质疑：中新集团懂水泥吗？叫中国建材有代表性吗？但我认为，不懂水泥不等于不能做水泥，关键是有没有好的概念，有没有好的盈利模式。尽管当时压力很大，但我们义无反顾。

实践证明，这次战略调整不仅把中国建材从破产的悬崖边拉了回来，也为中国建材日后成为世界级建材企业奠定了坚实的基础，从此改变了中国乃至世界建材行业的格局。从2003年到现在，短短十几年时间，中国建材从一家穷困潦倒的企业发展为全球最大的建材制造商，实现了历史性巨变。今天回头去看，如果不是当年那场战略转型，中国建材可能早就和一些老国企一样，无声无息地消失了。

● 观点1 │ 管理再优秀也代替不了战略

战略是关乎企业生死存亡的大事。一个企业在战术上常会有失误，战术上出现失误不至于致命，而战略上的失误则是致命伤，是那种一生一世的错误，往往没有补救的机会。四川武侯祠里有一副对联，上面写着"不审势即宽严皆误"，大概讲的就是这个道理。

战略是研究方向性、全局性的问题，很多企业没有战略或者说战略并不清晰，所做的事情大都是在管理层面就事论事。事实上，战略与管理是两码事，管理再优秀也代替不了战略，再高明的管理也只能算作战术。有人说，做企业是个务实的工作，而研究战略不是要务虚吗？事实上，务虚很重要。做企业首先要务虚，研究战略，判断方向，权衡机遇与风险、当期的利润和长远的发展。搞不清楚大方向就出发，最终可能南辕北辙。当然，务虚的背后还要务实，没有士兵冲锋陷阵，没有称手的武器装备，再好的思想也是空中楼阁。所以说，企业里有虚有实，最重要的是虚实结合。

战略是旗帜，是目标，是方向；管理是手段，是途径，是过程。做企业，正确的战略永远是第一位的。一个企业如果没有明确的战略思路，不从全局和根本上考虑问题，就会头痛医头，脚痛医脚，整日在细枝末节的问题上兜圈子，使工作陷入盲目和被动。

管理者不是领导者

战略与管理不同，同样地，领导者与管理者也有很大区别。领导者是帅才，是战略家。领导者就像一只领头雁，要善于辨别方向，带领企业向着目标前进，还要为企业把握机会和寻求资源。领导者还要勇于负责，给团队以信心和力量，让大家有归属感和安全感。管理者是将才，是战术家，处在执行层面。管理者要十分清晰企业的战略、目标和规划，多想企业的经营、管理、指标和数字，很好地进行组织和协调，采用制度、激励和督查确保任务目标的完成。

▶ **故事 2** | 北新中兴的原因

关于领导者与管理者的区别，我在北新工作期间就有了一定的认识。北新是改革开放催生的一家企业，也是在邓小平同志亲自关怀下建立的一家企业。1979 年 8 月，邓小平同志视察紫竹院新型建材样板房时指出，要尽快把新型建材厂建起来，要大规模生产。邓小平同志所说的新型建材厂就是当时的北京新型建材试验厂。

1979 年，我大学毕业后被分配到北新工作，一待就是 23 年。23 年里，我先做了 3 年技术员，后做了 10 年销售工作，其中有 7 年是做销售副厂长，1993 年成为这家工厂的第 8 任厂长，一做又是 10 年。那时候的厂长给人的印象是个管理者，即使是称得上领导者的厂长，由于缺少管理者的辅助，也经常是大事小事都要一一过问。我觉得，对北新这样一家身处充分竞争领域、需要自己找饭吃的国企来说，既需要优秀的领导者，也需要称职的管理者。领导者要抓发展战略，捕捉机会和资源，勇于负责挑担子，而管理者要抓好成本、质量、服务等基础管理工作。

做厂长后，我把自己定位为领导者，主导了北新由工厂向公司化的改制，并在深交所上市，提出了新型建材、新材料、新型房屋和物流互联网"四位一体"的发展战略，还制定了工厂全国布局和原材料从天然矿石向工业脱硫石膏的转化路线。而 5S 管理、ISO9000 贯标、新项目建设等工作则充分交由副手去抓。那段时间的北新，有领导者也有管理者，大家各有所长，也互相服气，配合默契，北新迎来了一段发展的"中兴"。

◉ 观点 2 ｜ 领导者是眺望远方的人

一个好企业一定会兼备领导者与管理者。现在不少企业有管理者却不见得有领导者，若深究起来，把很多"领导者"称为"管理者"可能更为精准，因为他们不把制定战略作为首要任务，总是事无巨细地去做执行层面的事情，相当于一个管理者或负责人。

从一家企业的发展历程来看，在初创阶段，往往创业者既是领导者也是管理者，但随着企业规模扩大，领导者就应该从管理者的身份中抽离出来，不过这一关并不好过。很多人把权力看得太重，总是纠结于"谁说了算"，却没有很好地研究"企业向何处去""企业做什么"这些重大事项，结果把自己沦为一个面面俱到的管理者，导致企业迷失方向、缺少活力。当然，也有相反的情况，一些创业者有一定的领导才能，却不屑于找一个好的管理者，导致企业管理松散，最后因没有效率而效益平平。

企业里总得有人看方向，有人低头拉车，应该做好分工，不然就容易出问题。西方人早年出海时，常会把人绑在桅杆上，观察远处的风暴、冰山、航道等，为船只指引航向。我觉得，领导者就是被绑在桅杆上为整个团队遥望前方的人，虽然会经历风吹浪打，但是永远不能遮掩远望的视线。领导者要善于思考长远问题、全局问题，比别人多向前看一步，这是作为领袖的首要职责。像柳传志、张瑞敏、董明珠等，都是企业领袖。

可能大家要问了，什么人适合做领导者，什么人适合做管理者呢？这既与自身性格有关，也与后天实践有关。人的战略直觉和战略能力是一种专长，需要一定的天分。我在英国读MBA时，老师做过一个试验，屋子里放好多木块，绝大多数同学一人抱着一个木块，只有个别同学会先想盖一个什么房子。这个游戏告诉大家，领导是天生的，有的人有考虑全局性问题的偏好。同时，做领导虽有天赋在里面，但也要靠后天的实践和长期的锻炼。在企业里，我们需要解决的问题是，让有战略偏好的人经过培养走上领导岗位，让事无巨细的管理者成为做业务的一把好手。领导者和管理者不能说谁比谁更好，主要取决于个人的思维习惯和兴趣偏好，而无论担任哪个职务，都要互相尊重，互相补台，形成良好的配合。

战略赢是大赢，战略输是大输

做企业要先制定好战略，想清楚了再做，而不是边想边做。华罗庚曾讲，"不怕没有底，就怕不知底"。没有正确的战略，没有长远的目标、认真的规划，仅靠一次次偶然得手，是做不成企业的。曾有企业总经理对我说："宋总，我们的企业很大，也赚了些钱，但是我们就像一艘船，一直在海里打转转，不知要往哪里走，未来会怎样。"这是很危险的。对企业来说，战略赢是大赢，战略输是大输。战略选对了，我们所做的每项努力都有加和作用；战略选错了，就会背离目标越来越远，甚至全军覆没。

▶ 故事 3 | 央企要生根大行业

2009～2014年，我在担任中国建材董事长的同时，还担任了国药集团[一]董事长。在国药工作的5年里，很多人认为我最大的贡献是带领企业跻身世界500强，但我跟国药的同事开玩笑说，在集团战略定位中加上"健康"两个字，明确了打造医药健康产业平台的目标，这可能才是我对国药集团最大的贡献。

战略就是看清方向，确立目标。记得刚到国药时，我对同事们说："我知道有病要吃药。"大家说："没病也得吃药，要保健康。"我一想，对呀，人一生下来就要打疫苗。同事们还告诉我，国药要主攻大病种药，因为有市场，有销售额。像高血压、糖尿病、胃病、心脑血管疾病等，就是大病种。"保健康"和"大病种"的概念，对我启发非常大。恰恰是这些商业思想提醒我：对央企来说，一定要扎根大行业、做足大产业，一定要有一个大业务、大平台做利润支撑。央企的业务体量像块"大石头"，如果市场像湖泊或海洋一样大，就能有足够的空间容纳度；如果市场容量像"脸盆"一样大，就很容易把"脸盆"砸坏，这些产业应由中小企业去做。中国建材当年选择做水泥这个大产业就是这个道理。

后来，我把国药集团的定位从中国医药行业的排头兵变为中国医药健康产业集团，打开了大家思想的天窗。在美国，整个医疗健康业的GDP有3万亿美元，而医药业只有3000亿美元，只占10%。在我国，药品行业目前只有1万多亿元的GDP，当然每年还在以20%的速度增长，但健康产业是一个几万亿元的大产业，未来有更大的发展空间。按照这个思路，国药

[一] 中国医药集团总公司，本书中简称"国药集团"或"国药"。

集团投资了现代阳光健康体检公司，还与地方合作建了一些医院，取得了很好的经济效益。比如2013年国药集团与河南新乡市政府合作，成立国药中原医院管理有限公司，国药集团以现金出资，占股70%，对新乡市5家医院进行集团化管理。这类企业化运营的医院将在公立医院改革中产生"鲶鱼效应"，同时为药品和医疗器械销售提供稳定的市场。

目前，中国医院有公立医院、军队医院、私立医院三种，我觉得还应有第四种医院，就是遍布各大城市的央企医院。央企医院采用集团化管理，信誉好，条件好，有助于解决老百姓看病难、看病贵的问题，同时也能造福央企几千万干部员工和家属。我跟国药的干部们说，做医院可能是最难的一件事，但是不要放弃，要坚持做下去。得知国药现在还在坚持重组医院，我很高兴。其实，企业投资医疗事业在国际上是一个方兴未艾的业务，像德国西门子公司就投资了医院，美国不少医院集团都是上市公司，中国的和睦家等医疗集团上市后市盈率也很高。健康行业方兴未艾，我认为国药只要下定决心，投入必要的人力、财力、物力，像做医药产业一样扎扎实实开拓健康产业，一定会闯出一片新天地。

◉ 观点3 │ 做企业要有精兵、奇兵、铁兵、将帅

企业的战略选择与企业的性质和发展目标有关。记得30多年前，我在上管理课时向老师提了一个问题。一个人开了一个杂货店，每天忙忙碌碌，做得很好，做了20年后交给他的儿子，他的儿子还是那样忙碌，做得同样很好，但是做得再好也很难做成大企业，他们和那些银行家在平行线上，永远不相交。怎么能从小企业做到大企业呢？我们应该讨论一下。老师说："宋志平同学的慧根很好，他提了一个大问题。"

我想，如果我们安于做一个小而美的企业，也是个不错的选择；但如果希望把企业做大做强，日后成长为参天大树，那就要谨慎选择。俗话说，

"种瓜得瓜，种豆得豆。"央企是"种豆"还是"种瓜"？肯定是"种瓜"。中国建材和国药集团之所以能做大，与这些思考有密切关系。什么样的战略才算成功的战略呢？我有几个基本观点：

战略是取舍，打仗要靠"精兵"。也就是企业要有所为有所不为，集中优势兵力毕其功于一役。所谓舍得之道，有舍有得，不舍不得。兵贵在精干，而不在多少。做企业总要腾笼换鸟，有加有减，平衡调整，实现资源的最优配置。把不构成战略的东西舍掉并不容易，因为个人也好，企业也罢，都有恋旧情结或有选择上的偏好，但是战略却要求我们不能凭兴趣和经验做选择。在瓷砖、壁纸、建筑五金、卫生洁具等普通建材领域，中国建材与民营企业相比没有突出的竞争优势，所以彻底退出。

战略是特色，制胜要靠"奇兵"。战略主要是讲特色，千篇一律、人云亦云，肯定算不上成功的战略。"冲出亚洲、走向世界"这样的口号谁都会喊，但这不是战略，战略一定要经过深思熟虑，符合自身实际。企业战略要打特色牌，企业内外环境、战略的判断能力和执行能力、所在行业特点等因素的差异，都会带来战略的不同，不可能通过简单的战略复制取得成功。其他企业的战略模式可供借鉴，但不能盲目照搬。

战略是坚持，执行要靠"铁兵"。战略具有双重性，既要不断变化，又要相对稳定。战略要根据客观实际，因时而变、因势而动、因企而异，与时俱进应是我们思考问题的一条主线。同时，战略一旦确定就要坚决执行，绝不能朝令夕改、人云亦云、半途而废。比如中国建材做水泥，起初我们没有水泥，不会做水泥，也没钱做水泥，后来做水泥的过程中又碰到很多困难，但我们一路坚持，做到全球第一。这说明，战略执行的过程可能会遇到各种曲折、艰难，我们要有定力、有耐力、有毅力，按照既定目标逢山开路、遇河架桥，不断解决前进路上的各种问题，只有持之以恒、执着前行，战略目标才能得以实现。

战略是方向，决策要靠"将帅"。在企业里，这个"将帅"就是董事会。

董事会作为股东会的信托组织，是企业的领导层和决策层，是企业决胜市场的战略性力量。董事会就像军队里的指挥部，运筹帷幄之中，决胜千里之外，制订的计划关系到成千上万士兵的生命。

董事会是战略性力量

一个企业要有专门的机构来研究和制定战略。对很多企业来说，董事会就是企业的战略机构。董事会在世界各国没有固定模式：德国是监事会模式；英美董事会模式相同；日本是社长拥有绝对的权力，会长（即董事长）是个象征性人物，由退休的社长出任，有点儿像"退居二线"。这是由不同国家的国情和文化决定的。在我国，建立完善高效的董事会制度，是社会主义市场经济推进的必然，也是企业按照《中华人民共和国公司法》（以下简称《公司法》）运作的起码要求。

▶ **故事4** | **鱼从头烂**

媒体称我为"董事长专业户"，这话不假。从40岁开始，我就一直在做不同类型的董事长——1996年搞百户试点⊖时，担任北新集团董事长，后来陆续做了北新建材A股上市公司的董事长、中国建材集团董事长、中国建材集团H股上市公司的董事长。2009年5月～2014年4月，我同时做了中国建材和国药集团两家央企的董事长，也就是大家常说的"双料董事长"。2016年8月，两材重组后我又担任新中国建材集团董事长。

尽管做了多年董事长，但我对董事会的理解也是在不断的学习和摸索

⊖ 1994年11月2日至4日，国务院召开全国建立现代企业制度试点工作会议，确定在百家企业进行试点。

中逐渐深化的。2005年11月，中国建材集团董事会正式成立，我由总经理改任董事长。我这人有个习惯，碰到一件事时，会先找些资料或图书，看看前人在这方面有什么见解或建树。当时，美国学者鲍勃·加勒特正好出版了一本公司治理方面的书《鱼从头烂》，我就拿来读了读。"鱼从头烂"是一句中国谚语，用这句话形容董事会的作用，既形象又深刻。成功的企业与失败的企业之间最大的不同就在于高层团队的质量差异。董事会考虑周到、尽职尽责，企业就会健康发展；董事会不善决策、问题缠身，企业就会出大问题。

从历史沿革来看，董事会经历了几个阶段：最早是仪式型董事会，开董事会时，基本是董事长一言堂，其他董事基本不发言。当年搞"百户试点"时，基本就是这种情况。后来是开放型董事会，或叫解放型董事会。这主要是美国安然、世通等事件后，美国《萨班斯－奥克斯利法案》对董事的责任有了严格要求，强调一人一票。这样，董事倒是有了责任感，但往往一人一把号，各吹各的调，意见统一不起来，导致董事会的决策效率低下，反而影响了企业的绩效。在开放型董事会之后，董事会进入第三阶段积极进步型，国资委推行的董事会试点就是这种类型的。积极进步型董事会，要求董事会不仅要制衡，还要谨慎决策、充分沟通，和经理层一起面对问题，为公司的发展创造价值。在董事会里，董事长作为组织和协调人，让董事们积极发言，提出建设性的意见，同时和执行层进行良好的沟通，促进他们努力创造业绩。

董事会试点是个了不起的改革，包括社会精英在内的外部董事在公司董事中占多数，并担任专业委员会主任，使过去那种"一言堂""家长式"的管理制度得到了根本改变，使企业决策更加科学、透明和公正。董事会试点的目标是朝着给董事会更大的独立性和权力空间，朝着建设规范化的企业治理结构这个方向积极探索。国资委的领导说："央企建立规范的董事会，不亚于神舟飞船成功发射。"

中国建材和国药集团都是央企董事会试点企业。中国建材共有11名董事，包括内部董事4人、外部董事6人、职工董事1人。外部董事都是决策高手，他们来自不同行业，经验丰富，站位很高，与内部董事形成很好的互补。董事会对中国建材的发展战略、重组整合、业务布局等做出了高质量决策，推动集团加速迈向世界一流。我在国药工作时的董事会是"三三制"结构：9名董事里，来自国资委体系的外部董事3名、从社会上聘请的专家外部董事3名、内部董事3名。这个结构比较理想，也更加公开、透明、独立。国药集团的董事会是一个专家型董事会，对每个议案都会进行深层次的讨论，因而国药董事会也是我开会时间最长的董事会会议，常常是从上午9点开到晚上9点，中午也要边吃盒饭边讨论。那时正值国药集团的跨越式发展时期，国药董事会发挥了重要的把关和定向作用。

结合学习和实践，我把体会写进《从合规到绩效》《董事会的使命》《做积极的董事长》《董事长与董事会》等文章。国资委有干部说，读了这几篇文章，央企董事会怎么运作就基本有底了。

观点4 | 董事会的责任在于创造价值

在多年董事会工作中，我的体会是，董事会有点儿像战争时期的总参谋部，要定战略、做决策、管大事、把方向。董事会又像教导处，要积极指导和促进经理层正确地理解和执行董事会的战略决策，创造性地开拓经营、创造绩效，把更多的经营性事务授权给经理层，使内部制衡与市场效率相结合，提高企业的决策质量和执行效率。

关于董事会的地位和作用，需要强调两点：

1. 董事会在企业之内。 搞"百户试点"时，相关文件中就提到"董事会在企业之内"，直到国资委开展董事会试点，我才真正理解其中的含义。董事会不是企业的外部机构，而是企业的领导和决策机构，企业内不存在所谓的互相制衡，经理层作为执行层，要坚决执行董事会的决议。如果有制衡，也是股东会对董事会的制衡、董事会对经理层的制衡，制衡只能是单向的。

2. 董事会不是监督机构，更不是对经理层呈报的方案说"是"或"否"的消极组织。 董事会对股东承担企业经营和发展的责任与义务，对公司的发展、绩效和风险负有全部的不可推卸的责任，对经理层负有指导、帮助和支持的责任。公司做不好，董事会难辞其咎；经理层执行不力，责任也在董事会。

董事会最大的难点是始终面临着促进发展与防范风险的两难，过于强调发展可能会出大风险，而过于强调风险就会止步不前。董事会是决策机构，对待风险既不能疏忽大意，也不能矫枉过正，同意一个错误的决定和否决一个正确的决定都是决策失误。积极进步型董事会要引领思考的价值，不仅要防止错误行为发生，更要在本质上改善公司业绩，企业不发展是最大的风险。因此，董事会要明确自身责任，在促进发展和防范风险之间做好平衡，为公司创造价值。

董事的责任也是需要明确的。董事对股东承担信托责任，而对公司负有法律责任和无限责任，决策失误甚至会负刑事责任。可见，董事不是耀眼的光环和飞来的待遇，而是承担着巨大的责任和风险。因而在成熟市场里董事并不好找，而且公司要为董事上高额保险。大家对问责董事的看法不一样。有人认为，既然有了董事会，出了问题董事就要负责；还有人认为，好不容易把董事请来，待遇不高，风险却巨大，以后谁来做董事？因此，在制定制度时要全面考虑责、权、利的有机结合。

做好董事长是一门艺术

在董事会里，董事长既普通又特殊。普通就在于，董事长与其他董事一样，都要通过董事会投票表达意志，而且只享有一人一票的权利；特殊就在于，董事长作为董事会的组织者，作为一班之长，需要平衡、协调、归纳董事的不同意见，引导董事会高效科学决策，构建良好的董事会文化。所以，董事长重任在肩，需要具备独特的领导艺术和组织才能。

▶ 故事 5 ｜ 两个董事长一肩挑

2005 年 11 月，中国建材集团设立董事会时，我由总经理改任董事长。当时上级人事部门的一位处长告诉我，领导认为我可以担任两个企业的董事长，我那时没太在意，没承想，4 年后却成了现实。2009 年 4 月的一天，我要去英国路演，在赶往首都机场的路上突然接到上级通知，要我去国资委。当时，我直觉认为会有工作调动，去了才知道领导是让我同时做国药集团的董事长。那次谈话只用了 15 分钟，之后我赶上了原来那班飞机。

后来我了解到，之所以选我当两个董事长是出于以下几点考虑：一是要选择一个学习能力强的人，医药行业不比其他行业，知识性很强；二是要有行业整合经验，至少能先把央企内的医药企业整合起来；三是要有良好的沟通协调能力。记得当时领导对我说："选总经理容易，选董事长难啊！"

在欧洲，一人身兼两个董事局主席的不在少数，但在中国尤其是央企确实是个新鲜事儿。两个董事长虽说都叫"董事长"，但工作内容却不一样。在建材集团，我是董事长、法人代表；在国药集团，我是外部董事长，不坐班，总经理是法人代表，我只负责董事会事宜。

同时做两个企业的董事长确实有很大的挑战。一是时间紧。在时间分配上，我在中国建材的时间约占 2/3，在国药集团的时间约占 1/3。同时当两个企业的董事长确实很忙，5 年里我基本没有周末，只知道几月几日，不知道星期几。《华夏时报》曾为中国的 4 位董事长画漫画，我被刻画为"最忙的董事长"，漫画抓住了我的主要特征，画得很传神。二是任务重。那 5 年恰逢两家企业快速发展、实现腾飞的重要阶段，两个董事会都做了大量决策，工作量很大。三是跨度大。两家企业分属建材和医药行业，业务风马牛不相及，我常常要在脑子里切换频道。为了尽快了解医药行业的知识，到国药工作第一年的"十一"长假，我买了 8 本供投行了解医药行业的书，把自己关在家整整读了 7 天，后来又几乎转遍了国药的每个基层企业，渐渐把医药的业务框架在头脑里构建了起来。正因如此，国药同事从没有把我当成外行。四是角色难把握。作为外部董事长，我很好地处理了和总经理、党委书记，以及其他董事的关系。

当然，同时做两个企业可以产生协同效应，一些经验和资源也可以共享。例如，我出差时可以同时带着两个团队，两家企业通过发挥协同效应扩大了影响力，两个经理班子也相互借鉴学习交流，受益匪浅。做两个董事长虽然很辛苦，但我没有顾此失彼的感觉，而是得心应手。两家企业都成为央企快速成长的典范，两个董事会也都在良好的轨道上运行，这让我很欣慰。

2014 年 4 月，我从国药集团届满卸任。一些人不解：干得好好的，为什么要离开呢？但我认为，企业家不长青而企业长青。企业是企业家的孩子，孩子长大了，就该放手了。5 年里，国药集团有了清晰的战略方向和完整的业务平台，营业收入从 360 亿元增加到超过 2000 亿元，2013 年和中国建材集团一道双双进入世界 500 强，国资委当初交给我的任务已经顺利完成。

5 年时光很难忘也很珍贵，我觉得作为央企董事职业化的一种尝试，同时做两个董事长是对跨行业任职能力、个人学习能力、外部董事长承压能力、内外董事角色转换能力的综合考验。有记者问我这种模式能否复制，我的回答是要因时、因事、因人而定，如果条件不具备就不必勉强。

观点 5 | 做积极的董事长

提到董事长这个职务,很多人只看到它表面的光环和浮华,其实做好董事长既是一门学问,也是一门艺术。我一直主张,要做积极的董事长,带领董事会为企业制定战略、创造价值,而不只是简单的制衡。做个积极的董事长并不容易,至少需要同时扮演好三个角色:班长、战略家、老师。

董事长不是传统意义上的行政首长,而是董事会的班长和灵魂人物,是沟通能手。在董事会会议上,董事长责任重大,要把握好掌握信息、充分讨论、议大事等重要环节,带领大家建设一个既心情舒畅、生动活泼,又严肃认真、决策高效的董事会。作为一班之长,董事长的沟通能力要非常突出。会前就要做好深度交流,安排好相关调研,让董事们既掌握好消息,又掌握坏消息,真正成为企业的"家里人"。在董事会上,董事长的沟通能力就更为重要。董事会决策是个互相沟通、互相学习、取长补短的过程,董事、监事、董事长、总经理由于信息、角度、阅历和经验的不同,在经营管理中的决策、执行和实施过程中经常会产生这样或那样的分歧,甚至会产生激烈的争论。我们常讲让董事充分发表意见,但能达成一致意见才是董事长工作的成功。否则,一个会开了12个小时,一件事都没决定,这是很失败的。一次,国药外部董事对于购买某地区医疗网络有不同意见,但如若方案被否决,就会影响整个战略布局,我就先休会,和外部董事逐一沟通,最终议案获得通过,这个项目后来做得非常好。一位参加过国药董事会的国资委局长感慨道:"你这董事长当得不容易,左一勺右一勺的,处处都得平衡好。"

董事会是决策组织,董事长应是头脑清晰、视野宽广、善于学习的战略家,能全面、长远、系统地考虑战略问题。董事长要明确对股东的信托责任,听清股东声音,把握企业方向,拿出更多的时间读书、学习、调研、思考,引导董事会成为纵观全局、把握机遇的战略性决策组织。事实上,这正是我今天最大的压力所在，即能不能对公司的前景、方向进行正确的预测。哈佛大学约瑟夫·鲍沃教授曾问我："让你睡不着觉的问题是什么？"我脱口而出："担心自己想错了。"

制定战略是董事长的首要责任。我国企业的董事长大多是从总经理转化而来的，做了董事长之后，要么若有所失，要么容易抢执行权，大事小情都要管，一手"包办"，从早忙到晚，自己很累，而该把握的企业战略和发展方向却没把握好。这样不仅忽视了企业真正的大事，还搞得执行层无所适从，这个董事长当得就很失败。做企业需要有人"抬头看路"，有人"埋头拉车"，把决策和执行分开。董事长要看上面、看外面，经理层要看下面、看里面，二者各司其职、各负其责，做到不缺位、不错位、不越位。我给自己的定位是，按照"规范决策、合理授权"的八字方针，把董事会开好，把决策做好，做到"把好自己的关，掌好自己的权"。例如在国药集团，我只开董事会、研究重大问题，执行层面的事情从不干预，大家因此都很尊重我。

董事长还应像个老师，不仅自己要有超强的学习能力和丰富的管理经验，还要对经理层进行指导，让他们真正理解企业的战略和文化。董事长要肩负起引导全体董事一起建设合规、重绩效的学习型董事会的责任，积极创造条件安排董事们进行必要的培训，形成开放、包容和高效的董事会文化。

2 迷思二　目标和资源
从有什么做什么到缺什么找什么

企业在战略制定上有两种完全不同的思路，一种是有什么做什么，另一种是缺什么找什么。有什么做什么就是根据现有基础条件来决定怎么做事和做多大的事。缺什么找什么正好相反，不考虑既有条件，而是先定目标，之后围绕目标，把所需的资源找回来，最后把目标完成。有什么做什么与缺什么找什么，一个强调现状，一个强调目标。就像做饭，想包饺子就去找面和馅儿，想做烙饼就去找面和油盐，家里没面、没馅儿、没油盐，也就不去想吃饺子、吃烙饼的事儿了。

战略是目标导向还是资源导向

提到做企业，很多人首先想到的是现有的资源、技术和人员，有什么条件做什么事、有多大能力做多大的事，也就是中国人常讲的"看菜下饭，量体裁衣"。这种思路以资源为导向，虽然比较务实，但在变革时代和企业转型时期却不能这样想。如果总停留于过去的思维，按部就班地发展，企业恐怕很难做大。我认为，制定战略不一定非要有什么做什么，而是先确定目标，缺什么找什么。像中国建材就是走了一条缺什么找什么的路子，一跃成为世界级的建材产业集团。

▶ **故事6** │ 水泥！水泥！水泥！

2004年的时候，中国建材集团经过债务重组和战略转型，已步入发展正轨，可巧妇难为无米之炊，企业发展所需的大量资金无处筹集。正当我为之苦恼时，一天随手翻看办公桌上的报纸，一则消息映入眼帘：某公司将内地的上市公司资产打包后在香港上市。看到这个消息，我兴奋地抓着报纸在屋里来回踱步。我好像一下子为中国建材找到了出路——境外上市。

2005年3月，我把中国建材集团的两家A股公司和集团仅有的几个有利润的企业打包，成立了中国建材股份公司。2006年3月，公司如愿在香港联交所挂牌上市。上市过程中，因为我们实力弱、利润不高，不少人打退堂鼓，甚至连中介都因缺乏信心中途溜号了。但当时除了上市，我们没别的路可走。

路演时，我惊奇地发现，投资者关注的并不是我们宣传的新型建材和新材料，他们苦苦追问的几乎都是水泥业务，因为他们希望我们做有规模和有前景的业务。我对团队说："大家清楚投资者的想法了吗？就是'水泥！水泥！水泥！'"那时，中国建材旗下仅有一两家规模不大的水泥工厂，企业里干部员工困惑"从哪找那么多钱和水泥厂啊"，行业也质疑"宋志平懂水泥吗，一个不懂水泥的人还想做水泥大王？"我当时的想法是，大家都在就已有的事情发问，但打算做什么，不代表已经有什么。定准了目标，再去找相应的资源和机会，这样就会容易很多。如果永远处在犹豫和争论之中，我们可能什么也干不成。

在香港的IPO新闻发布会上，我即兴讲了一段话："中国建材要演绎一个稳健经营的故事、一个业绩优良的故事、一个行业整合的故事、一个快速成长的故事。"上市后，我们在最短的时间内启动了大规模联合重组水泥企业的项目，只用了六七年时间就发展出了中联、南方、北方、西南四大水泥公司，迅速重组了上千家企业，一跃成为全球规模最大的水泥供应商，创造了世界水泥发展史上的奇迹。不仅如此，中国建材通过联合重组，推动我国水泥行业市场集中度从12%提升到超过60%。近年来，我国基础原材料行业普遍亏损，但水泥行业却一枝独秀，仍有稳定利润。

记得当年中国建材成功上市后，一位香港朋友给我寄来一张明信片，上面写着"朝为田舍郎，暮登天子堂"。还有一位券商特意送来一幅《碟中谍》（*Mission Impossible*）的电影海报，祝贺我们完成了不可能完成的任务。

观点 6 | 不怕没资源，就怕没目标

美国桥水基金创始人瑞·达利欧著有《原则》一书。原则实际上就是原理，做企业的原理是什么？具体包括四条：第一，先定目标；第二，寻找做到目标会遇到的问题；第三，分析找到解决问题的方法；第四，把这件事做成。这些观点和我的想法完全一致。为什么中国建材能够在水泥领域异军突起，把不可能变成可能？就是因为我们先树立了做大水泥业务的目标，之后缺资金找资金，缺技术找技术，缺人才找人才，企业也因此被激发出更多潜能。否则以我们当年的条件，不可能在短期内迅速成为行业巨无霸。

从有什么做什么到缺什么找什么，是先定目标再找资源的战略思维。今天，社会生产力进一步解放和发展，资源不再是企业发展的首要矛盾。资源并不一定都是自己的，也不能凡事都从零开始，那样做既没有必要，也过于迂腐，还会错失良机。其实，在一个资源社会、协作社会里，相对于找资源而言，更难的是定目标。这就好像学生写论文，很多人喜欢由老师出题，轮到自己想题目就发怵。因为老师给定了题目，大方向就有了，找好资料，写起来并不太难。难的是不知道写什么，目标不明确，无数次推倒重来。

所以，我常跟同事讲，做事情不要总盯着眼前的既有资源，做企业不怕没有资源，就怕没有目标。企业的发展目标和资源配置其实都是战略问题。由于资源的稀缺性和可选择性，企业往往要根据环境、机遇、自身条件和目标，将资源在不同的时间、空间和数量上进行合理分配，追求资源配置的有效性并降低成本。因此，资源配置要从企业的发展目标来考量。

企业最重要的是要树立一个为之振奋而又有一定追求的目标、一个有吸引力的目标、一个符合逻辑的目标。围绕着这个目标，想清楚企业自身

的优势和劣势是什么，再想清楚到达目标的途径、缺少何种资源，然后想方设法找资源来实现目标。比如想上市，就要按照上市的要求整合优势资源组建新公司，想做水泥大王就得重组企业。如果没有清晰的目标，只盯着眼前的资源做文章，只顾低头拉车，只能是事倍功半。

从战略的角度看，企业如何取得成功？简单来说就是先制定清晰正确的目标，然后努力去寻找所需资源。当我们把缺失的东西一样一样找全并充分发挥资源配置的功效时，事情就慢慢地做成了。很多企业的崛起恰恰是因为最初没有资源，在确定目标后主动去寻找相关资源，从而实现了快速发展。

用整合优化的方式做大做强

从有什么做什么到缺什么找什么，是先定目标再找资源的战略思维，如何找到资源，如何实现效益最大化和效率最优化，考验的就是企业资源整合的能力。在做企业的过程中，我总结了一个整合优化的思路：

- 整合，即以联合重组、资源整合的方式，解决行业集中度和布局结构不合理的问题，减少增量、优化存量，重塑竞争有序、健康运行的行业生态。
- 优化，即以技术、管理、商业模式、机制的创新，持续增强企业内生动力和竞争实力。

按照这一理念，中国建材和国药集团走了一条资本运营、联合重组、管理整合、集成创新的发展道路，成功解决了资金从哪里来、规模如何扩大、效益如何提升、核心技术如何形成的问题，迅速成为行业领军者。

故事 7 | 草根央企变身巨无霸

2004 年左右，我访问了全球最大建材企业法国圣戈班集团。当时圣戈班的董事长白峰（Jean-Louis Beffa）先生已年届 70 岁，我问了他一个问题："在圣戈班的 20 年间，你做的最重要的事情是什么？"白峰沉思片刻回答我说："买卖企业。"过去 20 年他买了 700 家企业，卖了 700 家企业，在买卖的过程中，既为企业增了值，也根据环境变化，调整了圣戈班的结构。白峰的回答，让我倍添信心，因为白峰曾经做过的，正是中国建材正在做的事情。

我告诉白峰先生，中国的建材行业存在严重过剩、集中度低、无序竞争的"多、散、乱"问题。中国建材不会走产能扩张的道路，而是要走一条基于存量资源整合、结构优化的全新成长路径，促进市场健康化发展。白峰当时很吃惊，他评价中国建材是"全球最具动力的建材企业"，他们每个月度会上都会问一下中国建材在想什么。那时我们实力并不强，听了他的话后我有些意外。这些年中国建材肩负起行业整合的历史使命，一路联合重组快速发展，2018 年超过圣戈班，成为全球最大的建材集团。今天回想起来，正是白峰先生较早发现了中国建材这匹黑马，作为一位全球知名的企业家，他从战略和成长路径里洞见企业的未来。

在医药领域，国药集团也开展了一场声势浩大的行业整合。当时医药销售领域同样"多、散、乱"，国家很希望有一个国家级医药配送系统。时任国务院总理温家宝同志在《政府工作报告》中提出，要推进基本药物集中采购和统一配送。我觉得国药可以承担起这个使命。国药所属国控公司在香港上市后，迅速整合全国 500 多家医药企业，建立了覆盖 290 多个城市的医药配送网，打造出国家级医药健康平台。

除了建设大水泥平台和国家医药健康平台，我近 10 多年来还经历了 8 家央企的整合。中国建材先后与中国轻工业机械总公司、中国建材科学研究院、中材集团重组。国药集团完成了与中国生物技术集团公司、上海医药工业研究院、中国出国人员服务总公司的"四合一"重组。这些重组都做得很成功。例如两材重组被列为央企兼并重组试点,国药整合被国资委评价为"企业的联合、资源的整合、文化的融合"。

中国建材和国药集团原来都是国资委系统里规模不大的企业,底子薄、资本金少,我称之为"草根央企"。这些年,中国建材营业收入从20亿元增加到超过3000亿元,在我做董事长的5年里,国药营业收入从360亿元增加到超过2500亿元,两家企业都成为世界500强。两家企业之所以能迅速变成行业巨无霸,正是因为走了一条捷径。这条捷径就是,缺什么找什么,进行资源整合,而不是靠自己单枪匹马地去做。

● 观点 7 | 做企业要有资源整合的能力

这些年,因为主持了很多整合事宜,我被冠上了"整合者"的名号。我的想法是,做大企业不能单靠自我的原始创造和积累,还要立足于资源整合,就是"没有枪,没有炮,别人帮我们造"。在今天的资源社会,企业无限多,智慧无限多,故事无限多,做企业最好的方式就是资源整合,发挥资源集聚效应。

这其中蕴含了一个非常重要的道理:环境变了,企业的成长方式也必须改变。按照经典的企业成长理论,企业的成长往往是内生式成长,关注的是如何让企业内部资源得到最大的发挥,如何依靠现有资产和业务,实现销售收入和利润增长。而在经济全球化、经济转变发展方式的今天,企业除了关注内部,也要关注系统资源的集成能力与优化能力,关注存量整合而形成的资源集聚效应和综合价值的提升。

学物理、学化学的都知道什么叫临界体积,放射性元素堆到一定体积时就要发生链式反应,释放出巨大能量。做企业同样如此。当资本、技术、人才等各种资源聚集到一起时，就会产生集聚效应，一切源于你的想法。如果不去找资源，一切都是关上门完全靠自己做，两耳不闻窗外事，那么费了很多劲儿，吃了很多苦，最后却可能没有效果。记得在2005年的中国建材集团工作会议上，龙永图讲了一句话："今天的社会竞争，不在于你拥有多少资源，而在于你整合资源的能力。"这句话很精辟，也很到位。

资源整合是企业做大做强的重要途径。像在建材行业里，丹麦的史密斯公司有130多年的历史，100多年前就在唐山建了启新水泥厂的回转窑，启新由此成为中国第一家出口水泥的工厂。与发达国家的百年企业相比，中国企业尚处在起步阶段，等着小企业一家一户地发展起来再到市场上竞争，就会失去先机。从产业到产业与资本的结合，再到产业、资本与资源的结合，这一次又一次惊险的跳跃，是大企业必须面对的挑战。从中国建材和国药的实践来看，资本运营也好，联合重组也好，管理整合也好，集成创新也好，其核心都是先找到资源，把资源聚集起来，然后找到资源整合的办法，把各种资源有效地整合在一起，这是企业成长过程中一个最根本的东西。

实践证明，整合优化是过剩行业走出困局、企业实现快速成长的有效方法。有哈佛大学学者把这种成长方式命名为 Growth in China，即"中国式成长"，也有人称之为"宋志平模式"，认为这一模式能复制到钢铁、化工等行业。鲁迅先生说："世上本没有路，走的人多了也便成了路。"我也希望整合优化的故事能为其他企业提供一些借鉴与参考。

做企业要有三分天下的思想

先定目标再找资源，进而完成目标，这是企业战略创造性的地方。资源是实现目标的关键，有资源是好事，但资源并不是占有得越多越好，在寻找资源和发挥资源优势的过程中，我坚持一个重要原则：三分天下。所谓"三分天下",是诸葛亮在"隆中对"里提出来的,指的是量力而行,分而治之。迈克尔·波特认为,战略的本质是抉择、权衡和各适其位。任何企业的能力都是有限的,谁都不可能包打天下。企业要根据自己的战略目标,在通晓全局的基础上,为准备达到的目标设定边界,获取一定的资源,选择适合自己的市场空间。

▶ 故事 8 │ 水泥版图与巴顿名言

中国建材发展水泥业务就遵循了"三分天下"的原则,即明确水泥的区域化发展战略,形成大企业主导各自战略市场区域的格局。为什么三分天下？因为水泥受运输距离限制,只有 250 公里[⊖]左右的运输半径,是典型的"短腿"、非贸易产品,因此需要在一定的地理区域内分销,按区域成片布局,形成市场话语权。按照三分天下的原则,中国建材构建起淮海、东南、北方、西南四大核心战略区域,即以山东、江苏为主的淮海区域,浙江、江西、福建、湖南、广西与上海等地所在的东南经济区,以东北三省为主的北方区域,重庆、四川、云南、贵州所在的西南地区,形成了中国联合水泥、南方水泥、北方水泥、西南水泥四大水泥产业集团。

中国建材最初划定四大核心区域时,主动退出西北、京津、华北和中部等地区。比如在西北,中国建材是有基础的,因为无论是天山水泥还是祁连山水泥,原来都有我们拨改贷的股份,但是我们都撤出了,转给了中材。当时有的干部想不通,觉得我们为什么要把地盘让给其他企业。我给大家讲了巴顿将军的名言:"战略就是占领一个地方。"这句话启示我们:一是占领必须占领的地方,而且要巩固对领地的控制权;二是不要占领所有地方,应有进有退、有得有失。

我告诉大家,我们从西北等市场撤出是战略问题,只有把一部分市场

⊖ 1 公里 =1000 米。

让给竞争对手，让他们把主要精力放在那些市场上，才会减少对我们市场的冲突。中国人有个成语叫"网开一面"，你网开一面，他就会朝着那一个方向走。如果你把路全堵死，他就是困兽之斗，反而对我们不利。按照这个思路，我们不在西北做，因为有中材；不在安徽做，因为有海螺；不在京津冀做，因为有冀东；不在湖北做，因为有华新；在河南，我们只在南阳和洛阳做了一块，与天瑞水泥和同力水泥三足鼎立。

在核心战略区域里，中国建材精耕细作，围绕地级市建立核心利润区。水泥企业要有竞争力就必须提高市场占有率，提高议价能力。因此，只有靠更加精准的市场细分，将战略区域从省一级划分到市县级，才能用最少的资源获得最高的利润回报。我们深入开展调整优化和管理整合，通过股权结构优化、盘活被收购企业的无形资产，以及输出成熟的管理模式，在区域市场打造一批管理优秀、业绩优异的"明星企业"，将众多"小舢板"打造成"航母"。前些年，中国建材在核心战略区域内组建了 45 个核心利润区，这些核心利润区对水泥业务的利润贡献率超过了 80%。

● 观点 8 | 战略不是面面俱到

建立核心战略区和核心利润区，目的在于建立自己的根据地、拥有自己的目标市场。这就是战略。战略关乎全局，做企业不能盲目地开疆辟土，摊大饼，而是要有所侧重地主攻某个特定的客户群、某产品系列的一个细分区段或某一个地区市场，而不是面面俱到。战略就像为企业制图，任何地图都是有边界的，我们既要系统全面思考问题，知己知彼，又要勾画好自己的领地，并在领地里努力做到最好。市场那么大，不见得都是自己的，我们要根据行业特性和自身优势，理智地选择市场，这样既能减少正面压力，又能集中优势兵力去做好该做的事情，成功的把握会更大些。

这些想法是我一直以来的企业观。我觉得，做企业有两个问题很重要：

1. **要有分利的思想**。不能钱都自己挣了，也得让别人挣。做企业往往觉得赚钱越多越好，但也得让上下游和竞争者都赚钱，这一点必须想通。所以，对于企业做全产业链，我是持保留态度的。现代市场是个相互服务的市场，谁也不能大包大揽，谁也不能不让别人挣钱，任何企业在产业链中只能占据一部分。北新建材的石膏板业务全球第一，但其销售额是靠上千家遍布全国的经销商实现的。从一开始，我就制定了"让利经销"的制度，20多年来始终坚持。

2. **必须各有地盘**。自己有地盘也得给人家地盘，要让竞争者有生存空间，不能统统自己占了，没这个必要，我们也没这个精力。也就是说，是围追堵截把对方打死，还是把对方放到一个小岛上生存，这是我们在考虑战略时要思考的。

每个人都有自己的偏好。我不喜欢跟人打仗，很少跟人红脸，希望用智慧的方法，让企业获得生存、发展。我觉得做企业要学习西方管理思想，同时中国古老的文化和哲理也非常重要，从中国的文化里可以得到很多涵养，比如《论语》《道德经》《易经》等。《道德经》最后一章有两句话，"天之道利而不害，圣人之道为而不争"，讲的是融合。如果大家都这么想，不是你争我夺，都能够有自己的核心利润区，能够自律，市场就会健康化。

失去机遇是最大的失误

战略与机遇紧密相连，机遇是有战略价值的，所以我们总讲"战略机遇"。做企业必须了解环境，抓住机遇，有清晰的方向和战略，这是企业发展的前提。有一次在香港路演时，一位记者问我："掌管大企业，你觉得自己最成功的地方在哪里？"我回答他："就是看到机遇后抓住它，然后制定一个清晰的战略，并且义无反顾地做下去。"但想清楚战略意图，并不等于这件事就有机会，需要我们发现甚至等待机会，一旦机会来临，就要毫不迟疑，果断出手。

▶ 故事9 ｜ 汪庄会谈端出"三盘牛肉"

在建材行业，中国建材重组南方水泥时进行的汪庄会谈几乎人人皆知。2007年的时候，浙江水泥行业成为全国的价格洼地，由于产能严重过剩，几百家水泥厂群雄混战，竞争异常惨烈，行业整体亏损。在这种情况下，中国建材准备组建南方水泥，首要的就是争取到浙江水泥公司、三狮水泥公司、虎山水泥公司、尖峰水泥公司四家大企业的支持。

2007年4月的一天，我约了这四家企业的"掌门人"到杭州西湖旁边的汪庄饭店喝茶。我心中十分清楚，中国建材要打造南方水泥，面前的几位缺了谁都不行。这四家公司当时或被其他竞购对手盯着，或在谋求自身改革，说服它们加盟中国建材无异于"虎口拔牙"。我们不得不背水一战，摆下这次违反常规的茶局。喝茶的过程，实际上是一场深入沟通的过程，我把中国建材的战略、文化，以及重组后给大家的条件都讲得清清楚楚，而且是和颜悦色地讲，让大家都能听进去。我对他们说，即使你们引入了四个新的战略伙伴，也只是聘请了四个"雇佣军"，还是在打仗，浙江的情况不会好转，只有大家联合起来才能达到市场健康化的目的。

管理大师约翰·奈斯比特在《定见》一书中有一句名言："变革，就要端出牛肉。"好处是什么，牛肉是什么，要显而易见。在汪庄会谈的谈判桌上，我就端出了"三盘牛肉"：

- 公平合理定价，确保创业者原始投资得到回报。
- 给民企创业者留有30%的股份。过去民营企业股权100%是民企老总的，但可能亏损活不下去，加入中国建材后，通过管理整合与企业协同，虽然他们只占30%的股份，但有了利润，实现了利益共享。
- 对那些有能力、有业绩、有职业操守的创业者给予充分信任并继续留用，吸引他们以职业经理人的身份加入中国建材。

这"三盘牛肉"很受欢迎，后来也成为中国建材推动联合重组、发展混合所有制的重要原则。

那天的茶局摆了一整天，最终尖峰水泥的老总退掉了去马来西亚的机票，浙江水泥退掉了意大利公司的定金，虎山水泥拒绝了化工集团，三狮水泥中止了改制计划，四家水泥公司都决定加入中国建材。后来一位原建材局的老领导对我说："志平，南方这边的人都在传一句话——不能见宋志平，如果见到他，他跟你说20分钟，你就得乖乖跟他走。"我说："我不是神仙，这些企业家也不是小孩子，给块糖就跟着我走，一定是我的话说到了他们的心坎上，或者说解决了他们心里的问题。"我觉得那么多企业哗啦啦加入我们，原因在于：一是大家本能地愿意联合，恶性竞争让大家苦不堪言，这是个大背景；二是中国建材有合作共赢的格局和胸怀，互利共赢的政策起了很大作用；三是中国建材有包容的企业文化。

2007年9月26日，南方水泥在上海正式宣告成立。南方水泥成立时，时任上海市委书记习近平同志专门发来贺信：祝愿南方水泥有限公司早日实现战略整合的既定目标，为国有企业的改革发展不断探索新路，为促进区域合作、联动发展做出更大贡献。习近平同志不仅肯定了南方水泥的工作，也为南方水泥乃至中国建材指明了发展方向。

中国建材在南方地区原本一两水泥也没有，南方水泥成立后，我们在浙江、上海、江苏、安徽、湖南、江西、福建、广西迅速重组300余家企业，成为产能规模突破亿吨、位居行业前列的特大型水泥集团。把那么多所有制成分不同、大小不一的企业整合在一起，需要巨大的整合能力，中国建材做到了，在特定时间里，我们抓住了机会窗口，并把它做成了。

观点 9 | 战略实施要靠抓住机遇

作家柳青在《创业史》中写道:"人生的道路虽然漫长,但紧要处常常只有几步,特别是当人年轻的时候。"对大多数人来讲,一生中的重大机遇可能只有一两次。企业的成长过程也是一样,重要的机遇可能只有一两次,有的机遇可能十年甚至百年难遇。因此,企业做什么、何时做非常关键。市场不可能总给我们机会,关键要看机遇来了我们能不能抓住它,抓住了,企业就能发展起来,否则就可能永远失去机会,成为企业最大的失误。

中国建材的联合重组就是一个重压之下与时间赛跑的故事。在最初酝酿联合重组时,我们面临很多质疑:一方面,自身规模不大,刚刚上市就要做大规模重组,资金实力、人力资源都存在巨大的挑战;另一方面,联合重组那么多企业,我们能不能消化得了,会不会导致"大而不强"。此外,当时认同我们联合重组战略的人不是很多,我们遇到了不少困难和阻力。

现在回过头来看,假如那时放弃重组,分分钟就能做到,但是一旦放弃就意味着永远失去了机会。看准了、想通了,就要坚定地前行。如果没有这种精神,患得患失、瞻前顾后,就成了叶公好龙,无法前进。最终,我们选择勇往直前、迎难而上。今天回想整个重组过程,的确像个神话,但却是一件真实的事,最重要的就是抓住了机会,这是我们做大做强的一个关键原因。像日本,这几年之所以没有出现大企业,就是因为行业大发展的机会窗口已经关闭了。

有分析师认为,中国建材的重组机遇抓得特别好。如果时间再早一些,大家都在建新厂,都想鸡生蛋、蛋生鸡,都是宁当鸡头不当凤尾,收购谁都不行;如果时间再晚一点儿,让别人收购完了,收购成本就会很高;如果等到以后,行业开始减量发展了,收购一个关张一个,就会非常被动。总的算下来,我们这些年平均每吨水泥的收购成本是375元,现在建造的吨成本是400多元,收购的吨成本也要400多元,所以我们的收购是非常划算的。

所以说，兵贵神速，当机遇来临时，我们需要做的就是跳起来，抓住它。当然，前提是你要真能跳得起来并且有本事抓住它。我们常说，机会只会留给那些有准备的人，就是这个道理。一些企业的问题是平时准备不够，关键时刻跳不起来。也有企业在不是机遇时孤注一掷，结果赔了夫人又折兵。想揽瓷器活儿，得有金刚钻。那些没有战略目标、盲目行动、准备不足的企业，注定会摔跟头。

中国建材的联合重组反映在市场上，好像势如破竹，但那是建立在无数次思考、无数次否定之上的行动和表现。谋定而后动。只有看准了、想通了，我们才会义无反顾地前行。很多人问我工作之余做什么，我说："我大多时间在思考。"碰到一件事，我会用很长时间去思考，想不清楚就不会做，但一旦想清楚了、目标明确了，行动就会极其迅速且坚决，绝不拖拉。这也构成了中国建材的行事作风。

奇迹越不出规律的边缘

战略的制定一定要遵循行业、企业、市场的客观发展规律。什么是规律？马克思主义哲学理论告诉我们，规律是事物内在的本质的固有的联系，决定着事物发展的必然趋向。规律是客观的，就像寒来暑往、四季更替，不以人的意志为转移。企业的经营活动不是杂乱无章的，而是有规律可循的。很多人认为，我做出两家世界500强是个奇迹，其实任何奇迹都不是凭空出现的，一定是遵循规律办事的结果。

▶ **故事10** │ 跨界掌门怎么当

同时担任中国建材和国药集团董事长的五年里，很多人一见面就问我：

你执掌的这两家企业，一家做建材，一家做医药；一家处在周期性行业，一家处在非周期性行业，你是怎么当这个"跨界掌门"的？我几乎每天都会面对类似的问题。富士康总裁郭台铭曾经跟我开玩笑说："一个人怎么能同时管理两家完全不相关的企业？你要么是个奇人，要么是个精神分裂者。"同时领导两家企业的挑战确实很大，我要经常转换思考的"频道"。但是我相信，任何事物都有自己的内在规律，从不同事物的内在规律中能提炼出很多相通的道理。把握了这些规律和相通的道理，就能有针对性地做出判断。

通过对两家不同企业发展规律的对比研究，我发现了不少共性：建材行业和医药行业都是关系国计民生且市场高度开放的领域，都存在企业分散、集中度低、恶性竞争等特点。在这样的领域，央企的目标是发挥骨干作用，发挥影响力和带动力，促使行业健康发展。两家企业都是由原来国家工业局撤掉后转化而来的，同样经历了资源重组、资本运营的发展历程，成为国家用一定量资本吸引大量社会资本进行发展的新型央企。相似的特点决定了相似的发展规律，两家企业因此选择了相似的成长方式：通过市场化改革，发展混合所有制经济，建立适应市场的管理体制和经营机制；通过开展大规模行业整合，不仅自身快速成长，而且带动了行业结构调整与转型升级。

共性之外，两家企业在战略的区域性、行业性与制高点方面又有所不同。在区域性方面，药是长腿产品，附加值很高，可以行销全球，价值一两百万元的药，只用一个小包，就能从美国带到中国，所以物流体系很重要；而建材大多是短腿产品，基本上是本地销售。在行业性方面，建材是重资产投资行业，产品附加值低，对资源和环境有高度的依赖性，对环境有一定负荷，因此要走结构调整和存量优化的减量化发展道路。而医药是轻资产投资行业，技术投入高、准入程序和门槛高，由于受宏观经济影响小，行业呈增量化发展。在制高点方面，建材行业的制高点是建立在研发基础上的装备制造，药的制高点是研发和网络。

由于上面这些差异，两家企业的战略具有鲜明的独特性。例如，同样是联合重组，两家企业却采取了不同的做法：中国建材集团是区域化布局，像下围棋一样，把一块市场占住，组建水泥核心利润区；国药集团则像天女散花一样分散布点，建立覆盖全国的药品物流分销配送网络，用终端业务撬动上游产业，庞大的营销网络是国药集团最具实力的王牌之一。

● 观点 10 ｜ 成功者是按规律办事的人

由此可见，我不是什么奇人、怪人，也没有三头六臂，能同时带领两家不相关的企业并让它们快速成长，只是因为遵循了各自行业和企业的特点。事实上，不同企业的业务范围、经营管理模式千差万别，但万变不离其宗，就是要遵从基本的经济运行规律。尤其是大企业，在决策形成、战略制定等方面很相近，而且企业规模越大就越相近。把握好这些规律，分析好经济形势、行业走向、市场需求以及自身条件等各种因素，才能在此基础上去谈战略、谈发展。

像中国建材和国药集团为什么能成功开展行业整合？规律是什么呢？市场经济就是过剩经济，过剩了之后就要由大企业进行市场整合，全世界都是这样做的。过去100多年，西方有过若干次大规模重组，现在正经历第六次重组浪潮。谁来担任整合者呢？不同国家有不同的发展沿革，中国大企业的崛起形成了央企占主导的特点。央企多是由过去的工业部、工业局转化而来的，企业领导者往往对行业的全国布局和资源情况很了解，能通盘考虑战略问题，这是很重要的思想基础。而地方企业有着很强的地域概念，大家打来打去，谁都不服谁。另外，在科技研发、国际化能力、工业化基础、管理实力等方面，央企有着独特优势，这让它们成为天然的整合者。从民企来看，大家愿意接受整合，并不是看中央企所谓的垄断地位，而是因为遵循了做大做强的市场规律。我国有央企、地方国企、民企，央企进一步公众化、市场化，和民企高度混合、深度合作，这是形成大企业的必由之路。

　　对于中国建材和国药两家企业的快速发展，有人说是运气好，有人说是"奇迹"，但两种说法都不太准确。我认为，所谓的运气就是发现了那些不容易被发现的内在规律，而"奇迹"一定在规律之中，越不出规律的边界。成功的人不一定最聪明，只有发现规律，遵循规律，并且老老实实做事的人才能成功。所以说，中国建材和国药的发展绝不是靠运气，更不是"好大狂"，我们只是循着事物发展的内在逻辑做事罢了。作为企业领导者，一定要认真思考规律，规律找到了，事情就好办了，虽然做的事情看上去很冒险，但只要在规律之内，就不会偏离轨道。

3　迷思三　专业化和多元化
把鸡蛋放在几个篮子里

专业化和多元化是企业面临的重大选择，焦点在于"把鸡蛋放在几个篮子里"。如果放在一个篮子里就必须放对，万一这个篮子出了问题就会全军覆没；分放在多个篮子里，虽然安全系数大了，但篮子太多又会增加成本。多元化发展对企业的投资水平、管控能力、财务管理等都提出了更高的要求，因此对绝大多数企业尤其是中小企业来说，走专业化道路可能是更好的选择。在专业化基础上，如有必要，也可适度开展多元化业务，建立风险对冲机制，构建业务组合力。

专业化是立身之本

在工业化早期，大多数企业的业务都较为单一，走的是专业化道路。但随着经济的迅速发展和机会的不断增多，单一业务的竞争日益激烈，不少企业开始实施多元化战略，如美国GE、韩国现代、日本三菱，以及我国香港地区的长江实业和华润集团等，都是典型的多元化企业。一直专注于专业化发展的日本新日铁、韩国浦项钢铁等，近些年也进入了全球不动产业务领域。与此同时，也有很多企业自始至终都坚持专业化道路，而且做得非常好，遍布世界的隐形冠军企业就是例子。

▶ 故事11 │ 从西三旗走出的隐形冠军

2017年3月，我受邀参加了一个叫"总裁读书会"的电视节目，推介了赫尔曼·西蒙的《隐形冠军》一书。欧洲债务危机时，有着强大制造业的德国一枝独秀，成功渡过危机。奇迹的根源是什么？德国制造的背后是什么？我对此也很好奇，所以很想一探究竟。

西蒙先生认为，德国制造崛起的秘密就在于隐形冠军企业，他研究了全球2734家隐形冠军，其中，德国1307家。什么是隐形冠军？西蒙先生给出三个标准：市场份额排名全球前三，销售额低于50亿欧元，没有很高的知名度。依托专业化的技术和国际化的市场两大支柱，隐形冠军以一丝不苟、精益求精的工匠精神，在窄而深而不是浅而宽的领域做到极致。像德国一家做铅笔的公司，供应了世界上80%的铅笔，一家做拴狗链的公司全球市场占有率达70%。

中国建材旗下也有几家隐形冠军企业，我曾担任厂长的北新建材就是其一。改革开放后，全国各地开始建一些高档酒店等建筑，为新型建筑材料带来第一波发展机遇，而当时我国建材行业连壁纸都是进口的，北新就是在这样的背景下诞生的，工厂建在了位于北京北郊的西三旗。1979年北新从德国可耐福公司引进生产线，当时号称亚洲最大，设计年产能达2000万平方米，仅生产线的成型皮带就有400米长。那时国内房屋的隔墙都是砖头做的，大部分人还不知道石膏板，知道的人又觉得石膏板不结实，对其存在很大偏见。记得北京市主管建设的一位领导在大会上说，石膏板做的隔墙水一冲就能冲个洞，人用力一推就能栽到另一个屋里。实际上，石膏板是一种非常好的产品，但由于大家观念上的误解，推广工作遇到很大困难。

我是1983年由技术员转做销售员的，当时由于石膏板卖不出去，仓库产品堆得满满的。为了打开市场，我们主攻北京建筑设计院和施工单位，慢慢让大家了解了石膏板产品的性能和优势。凭借过硬的产品质量，北新成功拿下了北京很多大工程，如长城饭店、香格里拉饭店、北京国际饭店、中国大饭店等，都采用了我们生产的石膏板。

美国是石膏板大国，据说在美国如果没有石膏板，设计师就不会设计房屋。北新石膏板推向市场后，一些美国设计师专门去北新参观，看完生产线后感慨地说，没想到中国还有这么好的工厂。北新最开始的目标是让三星级以上的宾馆使用的新型建材能够国产化，满足楼堂馆所的需要，后来我们不断修正发展战略。工厂上了石膏板二线，还在河北涿州建了生产基地，产品逐步从北京走向全国，现在还在加快全球化布局。今天北新建材的石膏板年产能已做到 24 亿平方米，成为全球最大的石膏板制造商，2018 年实现营业收入 125 亿元、净利润 24 亿元，公司品牌价值 698 亿元。

回顾这些年的发展，我常讲一句话：做一个好企业大概需要 40 年的时间，很多人问我是怎么算出来的，我说不是算出来的，是实践出来的。北新一直坚持专业化发展，做到今天正好 40 年。

◉ 观点 11 | "小而美"的企业也是成功的

在业务选择上，企业常为专业化还是多元化苦恼。从隐形冠军来看，这类企业展示的"小而美"的生存优势耐人寻味，专业化是企业的立身之本。赫尔曼·西蒙先生是主张专业主义的。他认为，专业主义有市场风险，当一项技术被取消时，就会遇到风险，就像蒸汽机被取消了，蒸汽机做得再好也没用。但同时他也认为，把资源高度分散的多元化也会存在风险，两种风险比较，他还是倾向于专业化。多年来，欧洲很多国家的工业发展都是走专业主义道路的。企业的资源和能力都是有限的，对大多数企业来说，还是要走专业化道路，抵挡住非专业化机遇的诱惑。

研究隐形冠军，对于振兴实业有深远意义。过去德国制造曾被视为劣质货，1887 年英国政府下令把所有德国产品都标上"德国制造"，以示和英国产品的区别。德国人为此卧薪尝胆，用了上百年时间一雪前耻，实现了质量和技术的腾飞。日本产品原来质量也很差。20 世纪 50 年代，美国在报纸上登了一张漫画，几个人正费力推一辆抛锚的丰田车，题目是"Made in Japan"。后来日本奋发图强，在世界制造业中独占鳌头。中国正大力发展实体经济，如果我们有 2000 个隐形冠军，在国际市场将获得更多竞争优势，如果有 5000~10 000 个隐形冠军，中国将成为制造强国。隐形冠军对如何做企业也有重要启示。做企业方面，美国人的做法是大规模、快速度，利用上市融资，迅速占领市场。德国人则是慢工出细活儿，一点一点地往前做。我觉得两者都要学习，要把资本市场和产品市场结合起来，集中力量打造更多隐形冠军。

企业要如何培育隐形冠军？从中国建材的实际来看，有几个要素很重要。

- 文化。文化的重塑是制造业强大的重要基础。隐形冠军崇尚工匠精神，包括追求卓越的创造精神、精益求精的品质精神、用户至上的服务精神。这些企业成功的逻辑其实很简单，就是把那些看似毫不起眼的事情做得好些，再好些。
- 环境。隐形冠军的成长需要沃土，有宽松的环境、适宜的机制，才能激发活力和创造性。像北新建材和中国巨石两家上市公司，都是用混合所有制的方式推动了产业发展。
- 管理。隐形冠军的故事告诉我们：中小企业要做专业务，拓展国际市场；大企业要瘦身健体，突出主业，分摊业务，形成若干个隐形冠军。中国建材引导所属企业聚焦核心业务，玻璃纤维、石膏板、装备制造等领域涌现出不少世界级单打冠军。
- 选人。隐形冠军需要专业的人才与团队，尤其是企业领导人必须是心无旁骛、兢兢业业、对事业专注、对工作尽心的痴迷者。

产业扩张的同心圆模式

由于一直管理工厂和产业集团，我是个专业主义者，或者说身上有专业化的基因。"工欲善其事，必先利其器。"我认为，做企业首先要有专业化能力，这是企业安身立命的根本。但坚持专业化不等于产品单一化，在做好现有主产品的同时，可以按照有限相关多元化战略，在产业链上做适当延伸，精耕主业内的细分领域，建立风险对冲机制。比如同心圆的概念，就是在确保核心业务的基础上，稳步扩展同心圆面积。

▶ 故事 12 ｜ 打到家门口的战争

1997 年，北新建材上市前曾有一段时间，石膏板卖得非常好，成了工厂的"印钞机"。但好景不长，一些外资企业看到中国石膏板市场的潜力，纷纷在中国投资建厂，一些小生产线也冒出来抢占市场，很快竞争就达到白热化程度。在竞争最激烈的时候，北新一度想与外企展开合作，谈判谈了一轮又一轮，但当时外企对于合资提了很多苛刻条件，如要求控股等，这是我们不能接受的。

合资谈判破裂，加剧了外资板与北新打价格战，那时石膏板价格几乎每个月都在降，从每平方米 12.28 元一直降到 6 元多，差不多跌了一半。有些竞争者竟把石膏板拉到北新门口"打擂台"。而产品市场的波动很快触及资本市场的连锁反应，股民担心北新业绩下滑，引发了股价下跌。那段时间可以说是我和北新的至暗时刻。由于压力过大，我得了"中心浆液性视网膜炎"，眼睛晶体出水，视力严重下降。这让我想起小时候读《西厢记》里的话，"眼中流血，心内成灰"。

然而，世道总不会辜负努力的人，形势很快迎来了转机。在百户试点开始前，北新已经逐渐树立起"一切服从于市场"的理念，我一直倡导做企业要"市场领先"，要做到产品一贯的好、服务一贯的好。正是这场思想认识上的巨大转变，给北新带来了"好运"。北新一直非常注重产品质量，做的石膏板强度很高，因而在市场上很受欢迎，而当时外企生产的石膏板板芯不实，握钉力不强，施工方不喜欢。北新在产品市场上的优势渐渐扩大，拥有越来越多的客户。相反，外企的生意越来越差，有的还撤出了中国市场。

硝烟散尽,我开始思考过去长期没有思考的问题,即传统经济时代提倡的专业化、规模化发展思路是不是遇到了问题。如果一味走产品单一化道路,我们可能会重复很多企业好的年头挣两亿元、差的时候亏两亿元的老路。于是,我们果断调整发展战略,提出以同心圆模式进行产业扩张的战略思路,即由过去的以某一产品作为主业调整为以综合产品组合为大主业,在相关产品、相关产业里迅速扩展,追求多品种、配套化和高附加值,实现业务升级。

按照这一思路,北新在全国率先提出住宅产业化理念,并提出"迈向住宅产业化新时代"的新战略:紧紧围绕新型建材业务,向着更宽领域的综合性住宅产业发展。得益于新战略的实施,在后来全国石膏板行业的最困难时期,北新逆势而上,不仅巩固了原有核心业务,而且矿棉吸音板、塑钢门窗型材、高档建筑涂料等众多新产品也如雨后春笋般茁壮成长。

观点 12 | 以适度多元化对冲风险

有限相关多元化战略,核心是先做好现有的核心业务,再根据企业需要,顺着上下游产业链,有限度地向多元化方向发展。实践证明,这一战略减少了业务过于单一带来的机会风险,扩大了营业规模,确保了核心竞争力,既承袭历史又关注未来,既坚守传统主业又稳健开发新业务,业务发展成功的概率更高。

后来,我到中国建材和国药集团工作,"有限相关多元化"战略都起到了巨大的作用。比如,中国建材之所以进入铜铟镓硒薄膜太阳能电池领域,是因为我们在玻璃领域拥有强大的技术优势,而太阳能电池是玻璃的衍生品。另外,新型房屋是轻钢龙骨和石膏板的组合,风机叶片是复合材料的下游产品,两个新业务都是我们之前主营产品的延伸,都取得了巨大成功。

国药集团也完成了从医药产业领域向医疗健康领域的延伸。我认为，企业在扩张过程中，若选择的业务没有密切的联系，最终会由于结构不合理而支撑不住，这是很多企业倒下的一个规律。

当然，在选择多元化业务时，有的企业并不强调产业的相关性，甚至刻意回避这一点，如投资型公司。因为任何一个领域都会有周期性问题，周期来临时无法对冲，这是很多专业化公司遇到的困扰。比如在钢铁行业，有的企业涉足金融和房地产业，在全行业亏损时仍有不错的盈利，只顺着产业链发展的企业过得就比较难。因此，站在大企业集团的高度来看，可以结合自身实际，探索适度多元化发展，从资本收益、公司战略等角度出发，进入市场潜力大、逆周期或周期性不明显、企业具有独特资源和经营能力的产业领域，注重业务之间的对冲机制。这样既可以确保企业不会因行业波动而面临颠覆性风险，也可以获得稳定持续的收益。

"多元化"前面为什么要加一个限定词"适度"？看过杂技转盘子表演的人都知道，技艺再高超的杂技演员也只能让一定数量的盘子同时转动，盘子再多就很难控制了。同理，任何企业的发展也是如此，业务过多和过少都有风险。多元化发展对企业的投资水平、管控能力、财务管理等都提出了更高的要求，因此企业一定要量力而行，以足够的控制力、抗风险能力和获取资源的能力为前提。

业务选择要归核化

企业做大后，往往有业务扩张的倾向。怎么看待不同业务的关系呢？我主张按照归核化原则，聚焦主业、做强主业，把主业做强做优做大。在此基础上，如有必要，可适度开展多元化经营。关于业务数量，可以一个为主，两个为辅，总数不超过三个，再多了不一定能做好，也没有必要。

尤其企业规模做大了，容易出现业务种类过多的倾向，必须强调归核化，集中力量做强主业，提高专业化水平。

▶ 故事 13 ｜ 从水泥大王到三足鼎立

提到中国建材，外界熟知的是我们通过联合重组成为全球水泥大王的故事。殊不知，除了水泥我们还有很多其他业务。近年来，中国建材在水泥、玻璃等基础建材之外，大力发展新型建材、新型房屋、新能源材料等新兴产业，增加了碳纤维、玻璃纤维、风电叶片、TFT玻璃基板等与建筑周期关系不大的产品，实现集群式发展，提高了风险对冲能力。而在业务发展过程中，我们始终突出归核化原则，做强做精做专主业，夯实了基础建材、新材料、工程技术服务"三足鼎立"的业务格局，实现了产业优化升级。

从基础建材业务来看，这是中国建材效益的主要来源。我国每年要用24亿吨水泥、8亿重量箱平板玻璃，这些都是天文数字。比如水泥行业，不少人把水泥当成传统业务，其实人类发明水泥的时间并不长，只有190年左右，水泥是建设的"粮食"，如果没有水泥，我们的城市建设和日常生活都是无法想象的。中国建材近年来大规模整合水泥市场，引领行业加快结构调整和转型升级，提升市场集中度、淘汰落后和节能减排，成为水泥行业健康发展的中流砥柱。

在基础建材产业之外，中国建材大力培育新材料、新能源、新型房屋等新兴产业发展。大约在2008年金融危机前后，我对行业发展做了两个判断：一是中国经济长期向好，建材工业将保持刚需；二是必须加快转变发展方式，以应对过剩经济和低碳时代的到来，所以必须加快产业升级步伐。经过多年战略布局，我们的石膏板、玻璃纤维、风电叶片、新型房屋、太阳能薄膜电池、碳纤维等新业务发展壮大，为传统产业转型升级打下了牢固基础。两材重组之后，我们围绕卡脖子技术，在新材料领域加大科技攻关，铜铟镓硒薄膜太阳能电池、高档碳纤维、氮化硅陶瓷球及轴承、电子显示薄玻璃等产品都实现了工业化量产。中国建材新产业发展速度非常快，从前我们到地方谈的项目以水泥、玻璃居多，现在几乎都是新技术新材料。

在工程技术服务领域，我们充分发挥中高端技术和性价比优势，在世界各地建设了 300 多条水泥生产线、60 多条玻璃生产线，全球市场份额占到 65%。一家企业的全球份额做到这个程度是不多见的。在埃及建设的 6 条日产 6000 吨水泥生产线，一字排开、蔚为壮观，成为业内史无前例的宏伟工程并全部成功点火。未来我们将从全球最大的建材制造商、单一的水泥玻璃总承包工程商向世界一流的综合性工程服务商迈进。

○ 观点 13 │ 业务不在于多而在于精

著名的帕卡德定律指出，人才成长速度跟不上企业成长速度，企业很快会衰败；面临的机遇太多，选择太多，企业也可能会衰败；很多企业失败并不是不创新，而是战线拉得过长，导致顾此失彼，找不到重点和关键。做企业必须引以为戒，业务不在于多而在于精，切忌"狗熊掰棒子"，一定要突出核心专长和核心竞争力，对已有产品精耕细作，不断完善和创新，不停地更换产品和盲目地新增业务都是不可取的。

建材这个领域里产业很多，中国建材结合自身专长，做了"三足鼎立"的业务结构，这三块业务其实又有很多细分内容，能把这些业务和各自的细分领域做好已经是很不容易了，我不认为我们神通广大，无所不能。因此，这些年来中国建材始终恪守主业，超出主业范围的业务坚决不涉猎。在 2008 年金融危机中，很多企业做了金融衍生品，亏损很大，但我们始终坚持不是主业不做、高风险的投机项目不做、不符合战略的重组不做的"三不"原则,确保了资金链安全。中国建材这些年进行了很多场重大重组,但我们始终坚持归核化原则,重组都没有跑出主业范围。

在"三足鼎立"的业务结构中,中国建材坚持专业化原则,每一个板块都由专业的平台公司运作,一个平台只做一个专业,专业化非常突出。我常跟大家说,平台公司这个层面不需要综合队、多面手,大家能把专业做好就不错了,如果专业都打不赢,多面手肯定更做不好。所以在中国建材的平台公司里没有北方建材、南方建材这类综合性公司,而是北方水泥、南方水泥这类能把业务做到极致的专业化公司。今天的市场竞争是专业对手和专业对手的竞争,平台公司的目标就是在自己的业务领域里,把事情做到极致。

企业发展和产业布局要以归核化为基础,绝不能超过自身承受能力。前几年民营企业股票不错时,很多民企质押贷款,利用表外和影子银行融资,盲目扩张业务,当去杠杆缩表时就受不了了。而央企这些年按照国资委要求,瘦身健体、做强主业、压缩层级、去杠杆,严控非主业投资、盲目投资。很多人没有看到这一场此消彼长的变化。其实,民营企业和国有企业的发展规律是有共性的,国有企业吃了苦头,严格瘦身健体,但民营企业没有引以为戒,而是盲目膨胀,急于做大规模、多元化,遭遇了资金难题,"大潮退去才知道谁在裸泳"。这场教训是极其深刻的。

组建业务多元化的"联合舰队"

专业化和多元化各有利弊,那企业到底选择专业化还是多元化呢?这关键取决于企业自身的文化沿革和管理能力。从大企业集团来看,专业化和多元化并不是非此即彼的,两者完全可以相互促进、相得益彰。具体操作上,专业化是就大企业所属的产业平台而言,多元化则是就整个集团的投资方向而言。在集团层面，要以适度多元化对冲经济周期，在实体公司层面，则要以专业化夯实竞争基础。

▶ 故事 14 │ 做个会赚钱的东家

在中国建材的组织结构中，集团总部作为整个集团的投资决策中心，扮演了一个"东家"的角色。寻找合适的目标，拿出合适的价钱，以投资为杠杆调控产业布局，实现资源配置的最优化和经济效益的最大化，是集团总部的重要职责。

过去，中国建材是一家产业集团，集团总部是小总部，收取一点管理费，企业成长主要靠业务板块平台公司借助资本市场的力量滚动发展。2018年底，中国建材被国资委列为国有资本投资公司试点企业，作为投资公司，今后就要靠集团层面有的放矢地进行投资，支持子公司扩大。总部不仅要收取管理费，还要有一定的分红，之后再发展投资支持业务平台。投资公司将来有三种资本来源：一是国有资本金投入，二是所投资企业赚的钱收上来，三是从市场上发一些债、做一些基金等。也就是说，中国建材过去底子弱、条件不充分，是自下而上的发展，现在作为国有资本投资试点企业，可以推动自上而下的发展，这是完全不同的模式。

按照投资公司的发展思路，中国建材总部将致力于打造国家材料领域的产业投资集团，建立"政府—总部—业务平台"三层管理模式，同步完成管资产向管资本、建筑材料向综合材料、本土市场向全球布局"三大转变"。总部作为投资公司，聚焦融资、投资和行使股东权利，围绕基础建材、新材料、工程技术服务三大核心投资方向，优化资源配置，以管资本的方式推动产业进退，实现国有资本合理流动和布局优化。所属企业没有投资权，目标是成为主业突出、技术领先、管理先进、效益优秀、混合适度的专业化业务平台，在基础建材、高端新材料、国际工程、科研技术服务、地矿资源等领域形成一批具有国际竞争力的上市公司群，打造若干具有国际影响力的行业领军企业和一批专注于细分领域的隐形冠军。

通过这样的制度和功能设计，集团总部以管资本为杠杆，通过投资和股权管理，调控产业布局，组建起一支业务多元化的"联合舰队"。总部是一个旗舰，作为投资控股型企业负责投资管理，注重业务之间的对冲机制；构成联合舰队的各子企业是专业化的实体企业，任务是聚焦核心业务，持之以恒地把企业做好、把产品做精、把市场做大，同时各业务单元之间既独立运作、良性竞争，又相互协作、有机统一，从而确保整个舰队的有序稳定。组建业务多元化的联合舰队模式，最大的好处就是让多元化与专业化相互弥补、合理搭配，获取投资收益和提高核心竞争力两不误。

● 观点 14 │ 投资应注重业务组合力

作为投资公司，当好这个"东家"是不容易的，最大的难题是"把鸡蛋放在几个篮子里"。如果把鸡蛋放在一个篮子里，就必须深耕细作，把潜力释放到极致；如果想把鸡蛋分放在几个篮子里，就要注重不同业务之间的组合力，在分散风险和确保安全之间取得平衡。

在具体操作上，集团层面可探索适度多元化发展，以对冲经济周期；下层实体公司则要做到专业化，只能从事集团公司规定的主业项目。当然，多元化并不是什么都做，要以优化资源配置和实现经济效益最大化为原则，合理选择投资项目，使业务产生协同或互补效应，实现组合优化。在这一点上，日本的财团模式值得研究。日本三菱、三井、伊藤忠等财团，以银行或其他大型金融机构为核心，通过产融结合的方式促进实业发展。像日本三菱财团下就有三菱银行、三菱商社、三菱重工等几家世界500强企业，这些企业实力强劲，彼此之间既竞争又合作，共同支撑着财团发展。可见，在业务多元化的联合舰队中，各舰船之间的协同效应非常重要。业务发展要服从集团整体利益，形成有协同力、有核心竞争力的产业群。如果产业之间毫无关系，形不成组合力，这支舰队就会貌合神离，最终只能走向分崩离析。

以中国建材为例，为什么我们既做基础建材又做新材料业务？为什么要集群式发展？归根到底就是要构建业务组合力，提高企业的综合竞争力。基础建材是中国建材的产业发展之根、经济效益之基。像水泥行业市场需求巨大，2018年全国水泥销量22亿吨，中国建材卖了4亿吨，取得了丰厚收益。同时，我们用水泥业务的利润反哺和支持新材料产业，构筑了先发优势，夯实了集团长期稳定发展的基础。在具体的业务发展上，我们也尽显组合优势。例如，我们在做新材料项目时，可以争取地方上在石灰石等原料方面给予一些支持，单一水泥企业就很难做到这一点。再如，中国建材有光伏业务，像水泥厂的立面、屋顶都可以用我们自己的铜铟镓硒和碲化镉薄膜太阳能电池技术。海外业务也是如此，我们做水泥国际工程时，可以把光伏、新型房屋等项目一并带出去。业务协同是大集团区别于单一专业型公司的最大优势，一定要发挥好，否则优势就闲置了，甚至成为包袱。

另外，投资者不能只当好"东家"，还得看住"掌柜"，确保合理的投资支出。不然的话，虽然把准了投资方向，投资成本却控制不住，致使运行成本高企，投产之时就是关门之日。企业最容易犯的错误，就是投资时花钱如流水，倒下去"三桶水"，而在管理成本上却强调"干毛巾也要挤出三滴水"。所以，企业要把控制投资的"三桶水"和控制生产经营成本的"三滴水"结合起来，投资时一定要精打细算。

总之，企业投资是门大学问，既要把握方向，按企业的战略进行，又要控制规模，使未来投资的企业能低成本运行。同时，一个集团的投资分布应该有一定的业务组合力，使企业之间能有一定的协同能力，最终取得"1+1>2"的效果。

选新业务是最难的事

无论是专业化还是多元化，都会涉及选择新业务的问题。选择新业务是企业发展的大事，也是最难的事。企业要有选择地做业务，在专业性和风险管控之间进行反复考量，而不是有业务就做。中国建材这些年在新兴产业领域选了不少新业务，选择每一个业务时都是慎之又慎，碳纤维、铜铟镓硒、风机叶片等新兴产业力量逐步壮大，集团业务格局进一步优化。

▶ 故事15 ｜ 四家世界500强的接力跑

在太阳能薄膜技术领域，非晶硅是第一代，第二代则以碲化镉和铜铟镓硒等为代表。铜铟镓硒的英文名称缩写是CIGS，由于制备成本较低、电池稳定性较高，成为目前最具商业前景的大规模产业化薄膜太阳能电池。Avancis是开发铜铟镓硒太阳能电池的一家德国企业，技术水平居世界前列。这家公司最初是西门子创建的，后来被卖给壳牌石油，再后来壳牌石油和圣戈班合资，2010年起由圣戈班独自经营。

2012年，欧洲的太阳能市场遇到两大问题：欧洲主权债务危机沉重打击了欧洲经济和企业；中国低成本的太阳能组件占领了欧洲市场。在这种情况下，圣戈班股价一泻千里，投资者要求他们放弃"烧钱"的铜铟镓硒太阳能电池业务。圣戈班曾希望铜铟镓硒太阳能电池是一个能扭转乾坤的产品，并为此投入了大量技术和财力。这个项目的核心技术有三点：一是耐高温玻璃，可耐温度达600摄氏度左右，但耐高温玻璃技术要求高，而且成本不菲。二是在大张玻璃上镀钼电极，相当于一层导电膜。三是铜铟镓硒分层溅射和高温熔炼成金属半导体。薄膜太阳能电池领域是中国建材新业务的重要方向，当时集团所属蚌埠玻璃工业设计研究院（简称蚌埠院）已进入这一领域，而且具备生产耐高温玻璃的条件。于是，我们决定收购Avancis

公司，把它作为研发和中试基地，为今后在中国大规模建设生产线做准备。

Avancis 公司在德国有两个部分：一是在慕尼黑西门子研发园区的研发中心，二是在莱比锡附近托尔高市的工厂。Avancis 研发中心的实验室非常先进，有 50 名科学家。托尔高工厂里的新线则是一条"武装到牙齿"的德国工业 4.0 智能化生产线，具备年产 100 兆瓦的生产能力。整个车间占地两万平方米，是一个完全靠机器人操作的无人工厂。同去考察的我方专家认为，这场收购会让中国企业在相关领域超前 20 年。

经过艰苦谈判，2014 年中国建材正式收购 Avancis。至此，四家世界 500 强企业在铜铟镓硒薄膜领域的接力棒传到了中国建材手中，我们希望能坚持跑到终点，推进太阳能薄膜电池技术在全球市场的应用。功夫不负有心人，经过不懈努力，Avancis 开发出的铜铟镓硒薄膜太阳能电池组件，转化率接连刷新世界纪录，在业界引起了轰动。

● 观点 15 │ 选新业务坚持"三个四"

在新业务发展方面，中国建材在长期实践中总结了很多原则，为新业务发展提供了依据，设定了边界，主要包括"四问""四要""四不做"。

选择业务之前，要进行"四问"：

- 一问自身是否有优势。拟进入的领域是否符合企业战略需要，是否对该领域有充分的了解和认识，并能结合技术、人才、管理、文化等优势，形成足够的驾驭力。
- 二问市场是否有空间。拟进入的市场是否有足够的容纳度，能否为业务成长提供支撑，如市场太小甚至几近饱和就不宜涉入。
- 三问商业模式能否复制。商业模式有的容易复制，如肯德基、麦当劳、星巴克等企业的商业模式；有的不易复制，如全聚德烤鸭、A 师傅和 B

师傅烤出的鸭肉味道就不完全一样。选择能迅速复制的业务，就能更快形成规模。像中国建材在山东德州做的智慧农业大棚，把现代农业与光伏产业结合起来，大棚透光性好，还能全方位智能控制种植条件，生产出的蔬果十分喜人，这种模式正在全国迅速推广。
- 四问与资本市场能否对接。企业的效益不仅包括从产品中获得的利润，还包括资本市场的市值，要把产品利润在资本市场放大。

对照"四问"，一项业务能不能做就有了基本判断。那这项业务能不能长久做下去呢？关键点位在哪里？还应牢记"四要"：

- 一要风险评估。明确风险点在哪里，风险是否可控可承受，一旦出问题能否进行有效的切割和规避，把损失降到最低。
- 二要专业协同。专业的平台公司要与现有业务产生协同效应，提升产业链综合竞争力。
- 三要收购团队。重组技术就是重组团队，重组团队要重视收购研发中心，有一个扎实的基础，有一班整齐的人马，再去做创新就会相对容易些。
- 四要执着坚守。发展新业务不是一朝一夕的事，一定要有执着的劲头、坚守的毅力，否则是做不成大事的。我体会，要想深入了解一个企业，以及企业的业务、产品、技术等，没有10年不行；要想做到彻底掌握、运用自如，需要20年；要做到极致，需要30年。

在业务选择上，还要设定底线，也就是"四不做"：

- 过剩产能项目不做。水泥、玻璃等过剩行业正在减量发展，因此要在品种上、质量上、产业链上精耕细作，而不是在数量上、规模上、速度上做文章。

- 不赚钱的项目不做。一个项目能不能赚钱，盈利点在哪里，盈利模式是什么，这些问题都必须事先明确。
- 不熟悉的项目不做。如果一个项目，企业里没人熟悉情况，没人说得清楚，没人能做出清晰的判断，这种项目十有八九会亏损。
- 有法律风险的项目不做。不注重法律风险的企业，很容易陷入泥潭。

这里的每一个"问"、每一个"要"、每一个"不做"都是从多年来的成功和失败中总结出来的，也是回答年轻一代脑子里潜在的问题，告诉大家界限是什么。我常想，聪明人和笨人的区别是什么。聪明人不犯同样的错误，笨人总是重复犯错误。一个好的企业，应该认真地总结成功的经验和失败的教训，尤其是失败的教训，这是非常重要的。

4 迷思四　有机成长和联合重组
内生式发展与外延式发展并重

以前的管理理论往往把企业自我发展、内生式滚雪球发展的方法称为有机成长,这种成长方式是依托现有资源和业务,获得效益的自然增长。与这个概念相对立的是无机成长,也就是联合重组的外延式发展方式。按照传统观点,要实现有机成长就不能用并购的方式,要重组就不可能实现有机成长。实际上,有机成长并不是不并购,通过制定清晰的战略、强化协同效应和管理整合,注重风险管控,联合重组的方式也可以从无机成长转化为有机成长。

联合重组是市场竞争的高级方式

改革开放以来,中国经济经历了高速增长,这一阶段下发展企业,特点是机会多、空间大,主要靠投入、靠增量。然而,中国企业的爆炸式发展和井喷式成长也带来了产能过剩的不良后果。中国建材是水泥行业的后来者,要想快速切入这个行业,就不能像老牌水泥企业一样,靠自建滚雪球的成长方式,而是通过联合重组,推动行业存量优化、减量发展。

▶ 故事16 | "蛇吞象":收购徐州海螺

2006年3月,中国建材上市后,急需做大水泥业务,但当时的中国建材仅有一家水泥公司——中联水泥,而在它的核心区域徐州,徐州海螺却建起了一条国际先进的万吨线。随着这条万吨线的投产,中联水泥的巨龙水泥厂在徐州市场被极大地压缩。当时,巨龙水泥和徐州海螺两个厂的价格战异常残酷,供应高速公路的高标号水泥售价从每吨400多元降至200元以下,低于成本价,两家企业都严重亏损。打到最激烈的时候,巨龙水泥原来的九个商混搅拌站用户,被徐州海螺吃掉了六个半,情况十分危急。

徐州是我们水泥战略的重地,失去徐州就会全盘皆输。怎么办?想来想去只有联合重组。两家必须联合成为一家企业，要么巨龙水泥收购徐州海螺，要么徐州海螺收购巨龙水泥。关键时刻，我们派人和对方进行谈判，希望能够收购徐州海螺。弱者收购强者？不合常理。当时两家竞争，徐州海螺利润也大受影响，但他们觉得我们的厂不理想，不愿收。

对海螺水泥来讲，只是一条线该怎么做的问题，而对中国建材来讲，则关系到水泥这个事业到底能否做下去。我觉得必须得把徐州海螺收购了，一是能够保住我们在淮海区域的市场，产生协同效应；二是向行业和市场宣示，中国建材是一家有鸿鹄之志的企业，我们有重组水泥行业的决心。在中国水泥协会的帮助下，中国建材和海螺水泥进行了多轮谈判，最终中国建材出资9.6亿元重组徐州海螺。

对于这场交易，有人认为中国建材亏了，多付了钱；也有人认为徐州海螺亏了，输了战略。但事实上，这场并购是双赢的，中国建材赢得了徐州市场，徐州海螺赢得了丰厚的回报。重组后，我们当年就多赚了3亿元利润。国资委专家组认为，此次重组有效提高了产业集中度和企业竞争力，完成了技术升级，避免了恶性竞争，实现了平稳过渡，达到了预期目标。

收购徐州海螺是一个转折点，从此中国建材在水泥行业拉开了大规模联合重组的大幕，短短六七年时间成为全球水泥大王。海螺水泥是一家靠自建发展起来的企业，有40多年历史。中国建材则是一家靠联合重组发展起来的企业。虽然中国建材规模大过海螺水泥，但我深知，我们必须向海螺水泥学习。这几年来，海螺水泥的管理和技术源源不断地输入中国建材，中国建材市场健康化的理念也在影响着海螺水泥。

● 观点16 ｜ 大企业是过剩产能的终结者

在水泥领域，传统的成长方式是自建工厂，实现自我滚动发展，中国建材为什么选择联合重组的成长方式呢？这与过剩经济有关。市场经济其实就是过剩经济。过剩并不可怕，关键是过剩后怎么办。围绕过剩，西方学者研究了一两百年，找到了几种解决办法：

- 凯恩斯主义。通过扩大投资、扩大内需、扩大公共开支拉动经济增长，以此来消纳过剩，创造就业。
- 兼并重组。由大企业整合市场，避免了大规模破产潮，西方现在正经历第六次兼并潮。
- 技术创新。即通过产业提升的方法，淘汰落后，减少用量，解决传统产业的过剩矛盾。

中国经历高速增长之后也出现了产能过剩，最初我们借鉴凯恩斯主义，依靠投资、出口、内需这"三驾马车"拉动经济，因为投资来得最快，所以基本的调节办法是投资拉动。但多年后，我们发现用投资拉动的方法成本高、效率低，还带来了更为严重的产能过剩。就像和面，"水多加面，面多加水"，最后水和面都加不进去了。

过剩怎么解决呢？18世纪英国经济学家亚当·斯密在著名的《国富论》中提出，市场是"看不见的手"，政府是"看得见的手"。但我认为过剩行业里，不能只靠"看不见的手"，还得靠"看得见的手"。"看得见的手"是谁？不是政府，而是大企业。通过联合重组形成大企业，让这只"看得见的手"调节市场，维护市场，优化存量，减少增量，做到退而有序，兼顾好各种资源和各方利益，推动共生多赢，这是过剩行业发展的必然逻辑，也是西方发达国家解决产能过剩的普遍做法。

大企业是过剩产能的终结者。大企业实施兼并重组后，通过关工厂、自律限产等减量措施推动产销平衡，通过技术进步、转型升级等创新手段优化产业结构，使企业进入盈利经营的正循环，保全了银行贷款，维护了债权人利益，使过剩产能退而有序。20世纪初，美国有2000家钢铁企业，老摩根先生的美国钢铁公司通过大规模整合，使得美国钢铁市场趋于稳定。当年欧洲钢铁业去产能化过程中，印度米塔尔钢铁公司抓住时机，把欧洲钢铁厂全部重组了。

对中国来说，面对产能过剩、恶性竞争的市场环境，联合重组也是必然选择，是符合市场规律的手段。中国是水泥大国，改革开放后水泥行业实现了快速发展，但同时也积累了"多、散、乱"的突出问题。2006年之后，国家出台了一系列指导意见，要求加快水泥工业结构调整，鼓励水泥企业跨部门、跨区域重组联合。国家有了产业政策，谁来开展整合？中国建材挺身而出。原因有两个：一是出于自身发展需要，联合重组是企业重要的成长方式，也是重大成长机遇，中国建材要快速发展壮大，必须走资源整合的道路；二是承担行业重组大任是央企的责任，中国建材要借助跨区域经营的战略优势，以及在资源聚集、科技研发、规范管理、企业文化等方面的综合优势，通过市场整合，引领行业和企业走上健康可持续发展之路。

2015年中央经济工作会议提出"积极稳妥化解产能过剩，要尽可能多兼并重组、少破产清算"，重组是相对破产而言的，只有重组才能让过剩产能有序退出，用最小的代价取得最大的功效。这既是西方发达国家走过的道路，也是今天供给侧结构性改革的必经之路。中国建材等于先走了一步，虽然冒了险，吃了螃蟹，但也赢得了先机，促进了行业发展。

联合重组是高水平的经营活动

大企业整合市场、进行兼并重组并不是传统意义上的简单的企业并购，而是高水平的经营活动——经营能力的高低，决定着联合重组能否实现有机成长。也就是说，联合重组并不必然就是无机成长，关键是企业要搞清楚为什么要重组，以什么样的方式去重组，重组后要做好哪些工作，联合重组做得好，就能把有机成长与联合重组不兼容的迷思破解掉。

▶ 故事17 | 走进哈佛讲堂的水泥重组案例

对全球学者和企业家来说，联合重组是一个重大命题。2009年，哈佛大学鲍沃教授听说中国建材正在进行水泥行业的联合重组，很感兴趣。鲍沃教授对行业重组和产业结构调整很有研究，曾研究过GE案例，也曾聚焦欧美水泥业重组，在他看来，联合重组是企业经营的高潮，也是惊险的艺术。在中国这么大的市场做重组，一定是一件惊天动地的事情，可以为全球并购提供一些经验。

为此，鲍沃教授专门到北京找我了解情况，我们进行了两个多小时的交流。接下来的两年时间里，他的研究团队深入中国建材旗下的几十家子公司、工厂进行调研，与十几位高管一一对话。2011年，《中国建材：推动中国产业发展》案例正式进入哈佛商学院案例库。这个案例写得简单明了，更像个企业故事，没有模型、曲线和数学公式，与我印象中复杂高深的教学案例截然不同。

该案例从四方面介绍了中国建材如何在中国水泥产能过剩、企业过于分散、恶性竞争的产业环境下，克服困难快速成长：第一，勇担行业结构调整使命，确立清晰的战略，以存量整合为主，以市场化方式推进跨地区、跨所有制的大规模联合重组。第二，探索"央企市营"新机制，实现包容性成长和快速扩张。由于英文中没有"央企市营"这个词，研究团队将其译成marketize SOE，意思是市场化的国企。第三，建立了独特的整合框架及模式，让重组企业迅速进入规范管理的快车道，确保了联合重组的成功。第四，持续开疆辟土，有序展开水泥产业整合计划，不断延伸产业链，提高管理水平，引领全行业可持续发展。入选哈佛商学院案例库意味深远，它肯定了中国建材用联合重组破解产能过剩问题的智慧以及在并购过程中的管理实践，打开了世界认识中国企业的一扇窗。

2009年与鲍沃教授会面时，他邀请我去哈佛商学院进行一次案例演讲。没想到，这个约定直到2019年我去美国出差时才实现。这次10年之约对我来说别有一番滋味。10年前，中国建材的重组故事还没完成，但鲍沃教授敏锐地发现了这场"大动作"背后的重大意义。10年过去了，中国建材已成长为全球最大的综合性建材企业，在全球建材行业举足轻重。在两个小时的演讲中，我以中国建材为蓝本，讲述了"中国式并购与整合"的故事，让哈佛学子了解了中国企业在产业结构调整、资源整合、资本运作等方面的实践与思考，同学们对这些案例很感兴趣。演讲结束后，鲍沃教授还向我赠送了哈佛大学的棒球帽和纪念册。

观点 17 | 有机成长与联合重组不是对立的

兼并重组是企业重要的成长方式，诺贝尔经济学奖获得者斯蒂格勒曾指出，没有一家美国大公司不是通过某种程度、某种方式的兼并而成长起来的，几乎没有一家大公司主要是靠内部扩张成长起来的。那在具体实践中，为什么重组并购会被视为无机？为什么那么多重组并购出问题？原因有很多，比如政府、投资人的过度推动，企业自身对规模的盲目追求，企业自身重组的思路和方法不恰当，等等。并购重组的确能让大企业快速成长，但做企业又是个慢工细活儿，不能为快而快、为大而大，因此必须平衡好发展和风险的关系，让并购建立在理性、有机的基础之上，急于求成、拔苗助长是不行的。

内生式成长是稳定的成长方式，但有机成长与联合重组不是对立的。企业追求有机成长，并不意味着不并购，关键是怎么让并购变成有机的并购，怎么增加并购中的协同效应，怎么回避并购的风险。实现有机成长，就是要把"道"和"术"结合起来，确保重组符合产业政策、行业规律和企业实际，同时又要通过有效的重组和整合，让各方利益得到最大满足。因此，在中国建材大规模联合重组启动之前，我就告诫团队必须解决好有机成长的问题，否则多收一个企业就等于多一道枷锁，很容易被规模拖垮。在重组的过程中，从区域选择、指导原则，到操作原则、行为原则，再到重组方式、人员安置等，我们对每一个环节都想得清楚、做得规范，每一步都安排得十分精细。

在重组理念和重组方法上，我们坚持与人分利的思想，大力发展混合所有制经济。全球很多大企业都是靠兼并收购发展起来的，中国建材不用这个词，而是讲"联合重组"。兼并收购往往是冷冰冰地讨价还价，谈好价格，完成交易，拿钱走人；联合重组则是平等协商、利益均沾，体现了中国传统文化中根深蒂固的包容、合作、共赢思想。例如，对于原有企业的股东，重组后我们并不会迫使其退出，而是给他们留有一定股权，实现利益捆绑；对原有的管理团队给予充分的信赖，为其提供实现个人价值和梦想的事业平台；对于重组企业员工，在本人自愿的前提下，全部留用。不过，这里面有个底线，就是对中国建材文化的认同，文化不一致或有偏差，就会让集团"集而不团"，最终散架，分崩离析。在发展混合所有制方面，中国建材是个先行者。水泥行业处于充分竞争领域，这个行业原来基本是民营企业的天下。中国建材要想整合这个市场，就必须面对与民企共同合作、分享利益、协调关系的现实问题。因此在联合重组过程中，我们用资本纽带搭起了一个混合发展的平台，实现了众多分散的长期处于恶性竞争状态的水泥企业的共同梦想，推动了"国民共进"。

在重组区域和重组企业的选择上，我们有明确的原则和方法。选择重组区域，遵循三个原则：符合国家的产业政策及企业整体发展的战略目标；区域内均无领军企业，市场竞争激烈；区域恶性竞争的行业现状使区域内的企业有迫切的联合重组愿望。在选择重组的企业上，我提出联合重组不

是"拉郎配",不是见企业就收,而是:

- 符合企业的区域战略,要在我们的核心利润区内。
- 具有一定的规模、效益和潜在价值,通过一系列的管理整合,原来企业的效益得以大幅提高,原来亏损的企业能产生利润。
- 能与现有企业产生协同效应。所谓协同效应,就是区域内企业在集中采购、统一市场和价格等方面能有效协同,产生明显的效益。
- 风险可控、可承担。有风险是正常的,关键是要知道风险可能发生在哪儿、企业的承受力有多大,即使有了风险,也要可控可承担,要能把它剪掉,而不是火烧连营。

此外,我们在重组过程中坚持资产边界清晰、人员边界清晰、价格公允、竞业禁止的操作原则,以及专业、负责、尊重、共赢的行为原则,在具体执行层面,还建立了一整套详尽的联合重组工作指引。

上述这些操作实践,表面上看似乎由重组方主导,实际上重组是一个双向选择的过程,被重组方也会根据我们的企业实力、重组原则、管理水平等进行综合权衡。所以,很多时候我问自己的并不是我们要重组哪些企业,研究哪些重组战术,而是我们有什么吸引力,怎么能被那些优秀的企业和企业家选择。关于如何做到这一点,我总结了三条经验:

- 战略要有吸引力。企业要有清晰的发展思路,能让加盟者看到美好的前景和未来。
- 利益上要有吸引力。通过先进的制度设计实现互利共赢,既要让大家获得眼前的重组利益,也要让大家看到重组后的长远利益。
- 文化要有吸引力。要给予对方充分信任,让他们真正感到企业平台能够干事创业,如鱼得水,产生强烈的企业认同感和归属感。

另外，中国建材的重组有一个重要特点，就是在进行外部市场整合优化时，还同步开展企业内部的整合优化工作。不仅是把众多企业组织到一起，还要从市场控制力、企业效益、发展质量、协作融合等角度出发，通过深入推进集团管控和所属企业管理提升，对重组后的人员、市场、技术、品牌、文化等进行全方位的整合并持续改进优化，让各种资源发挥最大效能。我们认为，不进行整合优化的产业只相当于一堆工厂，不进行整合优化的企业只相当于一大群人。企业要真正拧成一股绳，产生良好的效益，必须要做细致的整合优化工作，正如联合收割机可以边收割边脱粒，还能把秸秆直接埋入地下一样，企业也要边整合边优化，系统连续地把这项工作做到极致。

总之，重组是化合反应，而不是简单组合。正确的思想理念，是重组成功的前提；共同的战略愿景，是重组成功的动力；恰当的操作方式，是重组成功的保证。只有这三个方面都做好了，大规模重组才能平稳快速地推进，重组后的企业才能真正发挥协同效应，从而实现从无机到有机的转变。

联合重组是获得效益的故事

企业是个经济组织，联合重组到底为了什么？有一次，工信部让我给工业企业介绍重组经验。我说："中国建材的重组是从利润出发的。"时任国资委副主任邵宁同志说："志平的重组是赚钱的重组，是从盈利出发的，大家一定要清楚这一点。"这些年，中国建材的联合重组紧紧围绕"赚钱"这个目的。每一次重组能不能赚钱？盈利点在哪里？盈利模式是什么？这些问题都必须搞清楚。

▶ **故事 18** | 只收下蛋的母鸡

中国建材在联合重组中，有个"老母鸡理论"：只收下蛋的母鸡，就是说只收那些重组之后能明显产生效益的企业，而且如果这个企业特别好，还可以多给一两个月鸡蛋钱。归根到底，对方得到的是公允的价格，我们买到的是重组后的利润。能赚钱的企业，即使价格高一点儿也要收；不赚钱的企业，价格再便宜，甚至白给都不能要。中国建材当年重组黑龙江宾州水泥就是"老母鸡理论"的成功运用。

宾州水泥厂位于哈尔滨附近 30 公里处，有两条 5000 吨的生产线，也有矿山资源。这个工厂处在中国建材战略要塞的核心地带，地理位置非常重要。正因如此，宾州水泥厂在上海产权交易市场拍卖时，我们是全力以赴，志在必得。竞拍时，每 300 万元一拍，我们和竞争对手展开激烈较量，最后居然拍了 131 次才拿下来。那次竞拍，中国建材虽然付了大价钱，但是得到了黑龙江市场，而且第二年一年就把溢价部分全部收回了。后来审查部门专门考察了这个项目，觉得这个项目拍得非常正确。所以我常想，不管是收购也好，竞拍也好，我们不是为了收购而收购，而是为了取得规模效益。收购过程中会有溢价，整合者用后来赚的钱弥补溢价，能赚钱是由于市场集中度高了，这就是其中的逻辑。很多人不理解这点，只纠缠收购溢价，可是不知道收购是为了赚钱，赚了钱就可以弥补溢价。

后来，我也是按照"只收下蛋的母鸡"的经验指导国药集团所属公司国控①进行收购。国药的收购与中国建材不同。中国建材是按重置成本收购水泥企业，国际上简称 EV 值，即现在工厂的建造成本；而流通药企则是按 PE 值（即市盈率）收购，这些企业往往没有多少净资产，最宝贵的是销售渠道和客户关系。国控刚开始收购时价格不算高，往往是 10 倍左右的市盈率，但后来就碰上一些开价比较高的情况。管理层当时很苦恼，既怕出价高，被指责国有资产流失，又怕出价低，项目被竞争者抢走。我给大家讲了"老母鸡理论"。对于价格偏高的企业，建议他们签三年对赌协议，以对

---

① 国控是国药控股股份有限公司的简称。

方30%的股权做抵押。"老母鸡理论"打消了干部们的一些顾虑，帮助国控收购了一些关键省会的重要企业。其实，国控总的收购价格并不高，平均市盈率只有国控在香港联交所市盈率的一半。现在回过头看，国药集团的联合重组是非常成功的。

观点18 | 重组的逻辑是赚钱

中国建材的联合重组从来不是为大而大、为多而多，而是紧紧围绕盈利这个目的，从利润出发，这是前提。不仅如此，我主张只有在明显能赚钱的前提下才做，如果赚钱的过程说起来和做起来都很复杂或模糊，就应该放弃重组。实际操作中有几条主要经验：

1. 我们是在行业产能严重过剩的情况下实行联合重组的，重组成本比较低，而且获得了土地和矿山等资源，相当于"抄底"，这就奠定了获利的基础，也是实现盈利的第一个关键点。以重组南方水泥为例，我们之所以选择在东南经济区开展重组，主要基于两个方面的考虑：一是区域选择。在东南经济区，浙江在全国率先完成了水泥新型干法生产工艺的技术升级，技术和装备很先进；湖南、江西、广西等地市场需求增长潜力大，资源能源条件优越。这些区域间联系密切、交通便捷，有助于优势互补。二是时机选择。2007年前后，浙江水泥行业"狼多无虎，鱼多无龙"，由于产能过剩、企业分散、竞争无序等问题，成为全国水泥价格战的重灾区，当地对水泥行业进行组织结构整合的呼声很高。中国建材抓住时机，顺势而为，扮演起整合者的角色。

2. 重组其他水泥企业之后，着重建设核心利润区，提高产业集中度，增强在区域市场的话语权，使水泥价格合理回升，这是实现盈利的第二个关键点。联合重组的目的是增加集中度，集中度是价格稳定和企业获利的前提。行业整合后，由于增加了集中度，稳定了市场秩序和价格，从而确保了行业和企业利润。只有在减量过程中仍有良好的经济效益，各方利益才能得到保证，收购溢价和减量损失才能得到补偿，去产能和结构调整的任务才能顺利完成。

3. 后续集中结算、集中采购、集中销售、降本增效等管理整合措施的实施，可以形成并提高企业的规模效益，这是盈利的第三个关键点。2006年，中国建材在收购徐州海螺仅仅三个月后，就在徐州召开绩效管理现场会。会上，我归纳了大家的思路和做法，提出"五化"管理整合方法。后来的"杭州会议"进一步归纳出五化、五集中、五个关键指标的"三五"模式。⊖随着大规模联合重组的推进，我又进一步精炼出"格子化管控"，以及"八大工法""六星企业""三精管理"等管理方法。管理整合关系到联合重组的成败，只有做好管理整合才能最终提高企业效益。

作为经济组织，企业是要盈利的。中国建材既是一家会赚钱的公司，又是一家很值钱的公司。会赚钱，即通过提高区域市场集中度、开展市场竞合，稳价保价，使水泥能挣钱。很值钱，是说我们收购的水泥企业，包括土地和矿山，现值已超过2000亿元。2017年南方水泥关闭了几个小工厂，仅地价就覆盖了当年的收购价格，还有两三亿元的收益。中国建材的重组涉及四亿多吨水泥、近千家企业，按照重置成本计算，这场大规模收购的平均成本只有375元/吨，而今天重置水泥成本需要450~500元/吨，所以我们的收购是非常划算的。

联合重组不应被看成垄断

联合重组，尤其是大企业的联合重组，势必会带来规模的扩大和市场

⊖ 五化：一体化、模式化、制度化、流程化和数字化；五集中：销售集中、采购集中、财务集中、投资决策集中、技术集中；五个关键指标：净利润、产品价格、成本费用、现金流、资产负债率。

占有率的提升。有的观点认为，大企业和垄断有着必然的联系。甚至还有人认为，企业通过联合重组做大的目的就是要垄断市场。其实，联合重组并不等于垄断，也不应该被视为垄断。

▶ **故事 19** │ 东北锁窑风波

东北地区原来有水泥"冬储"一说，指的是虽然冬季是施工淡季，但水泥企业仍然生产，把水泥提前储存起来，以备来年需求旺季时使用。但问题是，市场本来就过剩，冬天再囤积一把，过剩就更严重，最后只能靠低价赊销，扰乱了行业秩序，而且水泥熟料只有三个月的保质期，储存久了，质量就会严重下降。怎么平衡这个问题呢？日本人以前采取过共同锁窑停产的办法，水泥工会勒令水泥企业冬天都不得生产，谁也不准动歪脑筋。

2012 年前后，东北地区成为水泥过剩最严重的地区，产能利用率不足一半。于是，东北一些企业参照当年日本水泥企业锁窑的方法，进行冬季限产，但是又担心别人偷着开工，所以就相互监督，用铁锁链把大门锁上，你拿我的钥匙，我拿你的钥匙。这种限产办法有点土，但也是应对过剩不得已的做法。有媒体刊登了这种做法，还配了一张特写照片，原本是想介绍经验，不料引起轩然大波，招致有关部门的反垄断调查。这次调查引发了大家的思考。

工厂锁窑的做法不一定对，但总算是个解决方法，不然这么多的过剩该怎么办呢？我们带着这个问题去了趟日本，了解了 1992 年日本泡沫经济破灭之后化解产能过剩的做法。20 世纪 90 年代，日本水泥高峰期时大概一年卖 1.2 亿吨；后来泡沫经济衰退，低潮时只卖 4000 万吨，仅是最高峰时的 1/3。为此，行业实行了大规模的产能削减。日本原来有 23 家水泥公司，第一步，先成立五家联合销售公司，进行共同销售，避免打乱仗；第二步，23 家公司合并成日本太平洋、三菱材料和住友大阪三家大型水泥公司。日本水泥企业整合后，进行了同比例的锯窑，彻底解决了供需矛盾。由于采取了有效的减量措施，过去 20 多年，日本水泥价格始终稳定在每吨 100 美元以上。

这些经验对我国水泥行业来讲非常重要。我国水泥行业要想解决过剩问题，就必须从根上把多余的量去掉。方法就是，组成大型的水泥公司，各公司按一定的比例剔除掉多余的工厂，使得产销能够平衡，这样才能迎来一个永久的稳定市场。在过剩情况下，水泥用量是客观的，生产再多都没有用；产销平衡了，才能有好的价格、好的效益。经过锁窑风波，我们对如何走出过剩困局有了新的认识。

● 观点 19 ｜ 以辩证思维正确看待垄断

20 世纪初，西方资本主义社会经历了生产过剩的经济危机，销售联盟辛迪加和兼并重组形成的康采恩应运而生，虽然它们缓解了市场的恶性竞争，却形成了市场垄断。后来，美国等国家先后制定反垄断法等一系列法律，对企业合并进行反垄断调查等，保护了消费者的利益。

应该看到，兼并重组是企业重要的成长方式。对于垄断，我们应该用辩证的思维来看待。垄断通常有三种方式：一是行政垄断，就是通过行政手段限制其他企业进入行业，这是典型的垄断；二是自然垄断，比如铁路和电网有一定的独占性；三是经济垄断，这是市场自然形成的格局。其实，企业是否垄断和企业规模大小、市场占有率并没有必然的因果关系。垄断是指滥用市场支配地位的行为，大企业若只是规模大而没有垄断行为，就不能叫垄断。在西方许多小国家，加油站只有壳牌一家公司，但它价格稳定，不漫天涨价，也没人告过它垄断。

其实，所谓的完全竞争市场和彻底消除垄断是一种理想状态，在无垄断的完全竞争市场中，企业的长期经济利润会归于零。创造市场价格的话语权和用新的技术争取高额利润是企业竞争的不二法则。随着经济的发展，西方各国对企业兼并重组的审查有所放宽，先是美国修改了相关法律，后来欧洲也效仿美国，目前企业合并申请否决率极低。像麦道和波音合并、拉法基和豪瑞合并等经典重组案例，均得到了相关法案的有力支持。在治理过剩的过程中，日本政府制定了重构法，并明确在重构法下企业合并，反垄断法不适用。中国经历了40多年的改革开放，经济迅猛发展，我们的大多数产业都已经过剩，且集中度很低。法律要服务于经济，今天我国产业的主要矛盾是治理过剩，在经济结构调整中不能动辄就给企业合并戴上垄断的帽子。

打好供给侧结构性改革的硬仗

推进供给侧结构性改革是社会主义市场经济理论的重大创新。党的十九大报告强调，要以供给侧结构性改革为主线，坚持质量第一、效益优先。中国的供给侧结构性改革不是西方供给学派的翻版，而是旨在用改革的办法推进结构调整，减少无效和低端供给，扩大有效和高端供给。具体而言，就是兼顾适度增加内需、压减过剩产能、调整产业结构，使经济平衡协调发展。

● 故事 20 ｜ 水泥行业的自救

中国建材身处充分竞争领域，水泥又是典型的过剩行业，正因如此，我们较早关注了供给侧问题。这些年来，中国建材开展的联合重组、整合优化、市场竞合等，都是在围绕供给侧发力。不仅如此，我们还身体力行，在行业里大力倡导淘汰落后、环保治理、行业自律等，成为行业供给侧结构性改革的领军者。

2009年,我在行业里提出"停止新建生产线""行业要科学布局,进行听证""形成大企业主导的区域市场格局"等10条建议,有媒体把这些建议解读为"休克疗法"。为什么会有这种担心呢?因为当时在经济高速增长的刺激下,水泥行业盲目发展的问题已经显现。那时,一天到晚都有新水泥厂上马,到处都在安装机器设备。一些地方政府也打着招商引资的旗号,给予多种优惠政策,大搞项目建设。我觉得,这肯定不是正常现象。如果没有科学布局,让水泥企业一哄而上都去搞建设,然后打乱仗,最后大批倒闭,会造成极大的资源浪费。水泥行业的资源和实力并不充裕,应把盲目建设先停下来,把主要精力放在结构调整和转型升级方面,使行业更精干。

中国经济进入新常态后,经济增速出现下行,市场需求不旺,建材等基础原材料行业首当其冲,进入了最困难时期。当时行业里很多企业仍幻想着国家搞大规模投资,最好再来个"4万亿"计划。事实是,中国水泥消费量并不少,占全球总消费量的60%,这些年政府为了消化水泥、钢铁的产能,不停地加大基础建设投入,"水多加面,面多加水",现在水和面都多得插不进去手了。2015年3月在杭州召开的水泥"12+3"圆桌会上,我提出不能再逼迫政府扩大基建投入了,水泥行业应从自身出发研究如何通过减产来实现产销平衡。过去"有增长"是一种生存方式,现在"没有增长"也是一种生存方式。媒体把我的观点总结为"宋志平讲供给端的故事"。

2015年11月,中央财经领导小组会议首次提出要"着力加强供给侧结构性改革",同年12月中央经济工作会议提出"三去一降一补"的五大任务。《孙子兵法》讲"置之死地而后生",面对严峻形势,水泥行业坚定了供给侧结构性改革和去产能的决心。和钢铁、煤炭由国家直接安排并配以资金的政策不同,水泥行业去产能主要采取了国家指导、协会引导、大企业带头、行业配合的做法。国家出台了国办 34 号文，相关部门出台了错峰生产政策。在行业的共同努力下，水泥行业成功自救，逐渐走出低谷。2016 年以来水泥行业利润稳步提升，2018 年超过 1500 亿元。

⭕ 观点 20 │ 把去产能和去产量结合起来

去产能是衡量供给侧结构性改革是否成功的"试金石"。总结以前的经验，我们认为，水泥行业要把近期去产量和远期去产能有机结合起来，标本兼治，坚决打好供给侧结构性改革的长期硬仗。

1. 坚持错峰生产。 在中国冬季采暖期停止生产水泥，这是用去产量的方法来减少雾霾、保护环境、调节供需平衡的重要实践。这一办法最先在东北地区和新疆探索实践，得到了广泛认可。2015 年 11 月，工信部和环保部联合发文要求在北方采暖区全面试行冬季水泥错峰生产；2016 年 10 月，两部委再次联合发文，要求在长江以北的 15 个省市进一步加大水泥错峰生产力度。错峰生产是在行业去产能得不到本质性解决的情况下实施的一个切实可行的办法，虽不是一个完美的方法，但是行之有效，跟汽车限号出行是一个道理。汽车太多了，就得限号上路，不然谁的车都跑不快，公平的办法就是限号。

2. 坚持限制新增。 当前中国水泥行业无处不过剩、无时不过剩，已无淡旺季之分，没有任何理由建新线。欧美日等地区和国家当年去产能后几乎没建过新线，而我们在严重过剩情况下，总有人开口子，也总有人钻空子，出现了一边限制、一边新增的怪象。在一些原本已经过剩的地区，有些人打着异地置换的幌子大搞新线建设，令人匪夷所思。在供给侧结构性改革中，我们必须下决心、下狠心解决"边限边增"的顽症，不能再为新增产能开任何口子。

3. 坚持淘汰落后。 先彻底关掉小立窑、日产 2500 吨以下的熟料线和直径3.2米以下的水泥粉磨，再关闭过剩的日产2500吨、5000吨的熟料线。5000吨熟料线尽管技术已很成熟，但过剩后同样会造成资源的巨大浪费，所以要视情况关停。关工厂也是生产力。在市场经济中，工厂少了建，多了关，这是基本逻辑。关工厂必然有阵痛，但却是绕不过去的关口，这就像种田要间苗，留下的苗才能长得更好，确保了大田的总体收益。在淘汰落后标准方面，对32.5水泥必须全面淘汰，坚定行动。我国32.5水泥约占全国水泥总产量的50%，从世界范围看，欧洲的32.5水泥只占到10%，日本不到5%，非洲很多国家也都不再生产。中国有着全世界最先进的水泥装备，却生产了大量低标号水泥，这不合情理。淘汰掉32.5水泥可以减少7亿吨低端水泥供应，这是行业不伤筋动骨的有效做法。

4. **坚持行业自律**。坚持行业自律，稳定市场价格，需要大企业带头，不放量竞争，不杀价竞争，不远距离冲击别人的市场，总之不要搞不正当竞争。无数事实证明，打价格战没有最后的胜利者，大家应像爱护眼睛一样爱护市场环境。

从长远来看，实现去产能还要采取有力措施，当前水泥行业已进入需求平台期，未来会减量化发展。我们必须壮士断腕、痛下决心，在水泥需求平台期把问题解决掉，否则，到了需求减量期，调整起来会更痛苦。实现实质性去产能，主要方法还是联合重组。经过了中国建材过去的大规模重组，我国水泥产业集中度已达到60%左右，而发达国家则在80%以上，因此联合重组仍要持续推进下去。此外，还要加大环保力度，淘汰低水平生产线，提高标准，淘汰低标号水泥。

迷思五　做大和做强
企业的逻辑是成长的逻辑

5

关于大企业，大家常把它与大而不强挂钩，其实，企业做大与企业做强并不矛盾。是否有一定规模的大企业，是衡量一个国家竞争力的关键指标之一。大企业确实有一些"大企业病"带来的问题，但这是可以解决的。现在，我们把大企业的目标定为做强做优做大，表明我们在大企业发展目标上有了更综合的定位，做强、做优、做大是一个完整的目标体系，互为关联，不可拆分。

从做大做强到做强做优

企业成长是一个自然过程,是协调均衡的有机成长。企业的逻辑就是由小到大、由弱到强、由强到优的成长逻辑。企业做大需要魄力,做强做优需要活力和耐力。企业只有遵循成长逻辑,不断破解成长难题,才能不断进步。这就像邓小平讲的"台阶式"发展思路:发展要争取隔几年有一个飞跃、上一个台阶,到一个台阶后发现问题要及时调整,夯实基础再前进。

▶ 故事 21 | 在国药的任职演讲

我刚到国药时,国药只有 300 多亿元的销售收入,实力比较弱,只在北京、上海、天津、广州等地有些销售网络,没有制造研发,在国资委的企业里也排不上号。我研究以后认为,医药是个大产业,应该把这个产业做好。国资委领导跟我也是这样谈的,就是想让我去把国药的大平台建设起来。

2009 年 6 月,我正式去国药就任,记得第一次给大家讲话的题目是"企业成长的逻辑",这也是我在中国建材工作多年的一个深刻认识。我当时觉得国药规模偏小，首先要解决规模问题，还要解决专业配合的问题，不能只做销售。企业的逻辑是成长的逻辑，但是成长不能只依靠自身的滚动发展，还要靠资源的整合，要用联合重组的方法做大做强。

有人就问了，为什么要先做大规模呢？现在不挺好的吗？我说，国药现在的发展与行业排头兵的地位是不相符的，更何谈与那些跨国制药巨头竞争了。当时，我还说了一句话：十年后，全世界如果只剩下五家医药公司，其中应有一家是国药。那天我讲完之后，掌声特别热烈。可能是国药的干部员工觉得来了一位新董事长，带来了一些新的想法，所以大家非常振奋。监事会主席罗汉同志接着讲了一番话，他说："刚才宋董事长讲的这番话，足以看到他的功力。"

到国药工作后，我认真分析了公司的发展现状，以及中国和全球医药企业的成长模式，并进行了大量调研，在此基础上提出"先发展壮大物流分销事业，再以终端拉动上游，最终形成科工贸一体化企业"的思路，并提出国药力争 2015 年进入世界 500 强的目标。后来，国药加快发展转型步伐，明确战略定位、推进联合重组、整合行业资源、优化产业结构，迅速成为国内在经营规模、科研实力、产业链和网络覆盖方面极具优势，承担医药领域国家战略任务，具有国际化经营基础的医药健康产业集团。2013年，国药比原计划提前两年进入世界 500 强。

● 观点 21 ｜ 企业要做大，但不能"贪大"

企业就像一棵树，不同的阶段会经历不同的成长，也会有不同的需求，先生存，再长高，再长粗，最后枝繁叶茂、硕果累累，长成参天大树。企业何尝不是如此？一般也会先经历快速成长期，之后进入稳定期与成熟期，最后成为百年老店。

企业的发展是分阶段的。成长期最重要的事就是迅速做大，这符合市场经济和现代工业最基本的规律,有了规模才可能产出更好的效益。打个比方,要增产一万斤粮食,种一万亩①地比一百亩地更容易实现这个目标。尤其在国际竞争中,如果我们连"大"这个实现规模效益的基础都没有,连"望其项背"的资格都没有,又何谈与那些跨国公司对标,甚至赶超呢?

社会上有一种声音,认为中国的世界500强有大而不强之嫌。我觉得,这要积极正面地看待。的确,500强主要是指营业规模,大不意味着强,但是小一定不强。企业在快速成长阶段,确实比较重视速度和规模,不然就难有出头的机会。这就好像大森林里的树木都拼命往高处生长,只有长得快才能获得更多的阳光雨露,而小树未见得年头短,只是因为第一轮没有生长起来,只能蜷缩在低处,得不到充足的养分。做企业也是这样,没有速度和规模,后面获得的资源就有限了。企业不成长一定会消亡,这是大逻辑。

当然,做大对企业来说是基础,但却不能将此作为目的,不能"贪大",否则很可能会不顾规律,走上盲目扩张之路。前几年,中国企业有过一轮疯狂的"跑马圈地"运动,不少巨无霸企业都轰然倒塌了。原因就在于企业一味地追求规模,为大而大,忽视了内在素质和核心竞争力的提升。因此,企业只做大不行,还要在强和优上下功夫,核心竞争力和抗风险能力要强,企业效率和获益能力要优。

事实上,我们这些年对企业的认识也在不断深化,从最初的做大做强,到后来的做强做大,再到做大做强做优,再到今天的做强做优做大,这些说法的调整体现了我们对企业发展的深度思考。企业的战略目标与国家经济发展的阶段、企业成长的规律、国际竞争的要求是相吻合的。把"做大"放在"做强做优"之后,不是做大不重要,而是更强调企业的核心竞争力和质量效益。过去,企业家见面总是问有多少员工、多少销售收入、多少产量;今天,我们问得比较多的是赚了多少钱,负债率是多少。关注点的转变表明了中国企业发展理念的进步。

---

① 1亩≈666.667平方米。

时时提防大企业病

企业的成长总会经历由小到大的过程，长到一定阶段就会成熟，成熟是好事，但成熟之后，却很容易沾染大企业病。这是企业发展中绕不过的坎。我把大企业病的特征概括为：机构臃肿、人浮于事、效率低下、士气低沉、投资混乱、管理失控，或兼而有之或全部有之。做企业必须始终保持清醒头脑，防微杜渐，克服大企业病，确保健康稳健发展。

▶ 故事22 | 乔迁日的"一盆冷水"

位于北京紫竹院南路北口的一栋5层小楼，建于20世纪80年代中期，从建成之日起就是中国建材的办公楼，一直用了将近30年。在这栋小楼里，我们把中国建材打造成世界500强企业。随着集团的发展，办公室不够用了，每次开个较大的会议都要借用周边其他单位的会议室。

2013年，中国建材总部搬到位于西长安街的新总部大楼，大家都很高兴。不过，我却在搬家那天给干部员工泼了盆"冷水"，告诫大家绝不能有李自成进城式的骄傲思想，要知道自己从哪里来，要往哪里去，使命和责任是什么，时时警惕和防范大企业病。有人说，这些年大家顶着困难和压力一路走来，好不容易现在日子好过一点儿，宋总怎么还吓唬人呢。我的确有很多担忧，虽说企业的快速发展带来了规模经济、协同效应、影响力等，但随着规模的扩大以及层级与人员的增加，管理企业的难度也骤然增加。我对企业的干部员工说，我们现在真的是大企业了，人多了，资产也多了，有大办公楼了，集团下面各个企业的条件也改善了不少，但是我们的经营和管理风险也相应增大了。古人讲"生于忧患，死于安乐"，企业做大后容易滋生骄傲、懒惰、享乐等毛病，一旦思想麻痹大意，开始养尊处优,危机就会悄悄到来。

记得在 2012 年度的中央电视台中国经济年度人物颁奖仪式上,嘉里集团董事长郭鹤年老先生告诫年轻的创业者,要做到四条:一是要专注;二是有耐心;三是有成绩后要格外当心,成功是失败之母;四是有了财富要回馈社会。对于"成功是失败之母",我印象十分深刻。过去,我们常讲失败是成功之母,鲜有说成功是失败之母。但确实如郭老所言,企业获得成功后容易犯错误,一不小心就会陷入危险境地,所以必须始终居安思危。

围绕预防大企业病,中国建材近年来以"机构精简、人员精干、效率优先"为原则,强化组织精健化、管理精细化、经营精益化的"三精管理",着力推进瘦身健体、提质增效,全力压减管理层级和法人层级,积极稳妥处置"僵尸企业"和低效无效资产,实现了组织结构优化,企业得以轻装上阵。与此同时,我们不断强化管控体系建设和企业文化建设,广泛开展学习教育,深入开展反四风、群众路线教育实践活动等,集团上下面貌焕然一新。

● 观点 22 | 企业衰落有迹可循

美国管理学大师柯林斯曾对企业成长做过深入研究。他有三部管理经典《基业长青》《从优秀到卓越》《再造卓越》。《基业长青》讲的是如何建造百年老店;《从优秀到卓越》讲的是如何从平庸企业发展成为卓越企业;《再造卓越》讲的是大企业为什么会倒下,为什么有的企业倒下就销声匿迹了,而有的企业却能东山再起、再度辉煌。

书中讲到卓越企业倒下的五个过程:一是狂妄自大。一个企业获得成功后变得目空一切,甚至放弃了最初的价值观和管理原则。二是盲目扩张。之前的成功让企业觉得自己无所不能,在资本市场或个人英雄主义的推动下,开始不停地扩张业务。三是漠视危机。由于盲目扩张、摊子铺得过大,潜在危机逐步显现，但企业领导采取鸵鸟政策，把困难和问题归因于客观环境而不是自身，使得事态一步步恶化。四是寻求救命稻草。危机出现后慌乱中抱佛脚，采取了聘请空降兵紧急救场、做重大重组、修正财务报表等不切实际的招数。其实，这时最需要的是回归到最初的核心价值观或管理原则，看看能从当年的成功中汲取哪些力量。五是被人遗忘或濒临死亡。企业彻底缴械投降，无声无息地走向了黯淡。

企业衰落的五阶段不一定依次出现，有可能跳过其中某一阶段，同时衰落周期也不同，有的企业走完五个阶段耗时 30 年，有的仅用了五年，雷曼兄弟等大企业更是一夜间倒闭倾覆。当然，企业衰落是可以逆转的。如果前三个阶段不自暴自弃，就有生还希望；如果深陷第四阶段，就要赶紧中止不停搜寻救命稻草的行动，转而重拾稳健的管理模式和坚定的战略思维。企业命运掌握在自己手中，面对失败和困难，企业绝不能丢弃理想和激情，用柯林斯的话说就是：即便受挫，也要再次昂起高贵的头颅，永不低头，这就是成功。像纽科公司、IBM、诺思通公司都曾陷入过低谷，最后经过调整自救，都再铸辉煌。

正反两方面的例子告诉我们，公司只要没有深陷衰落的第五阶段，仍有可能翻盘，起死回生。企业要想避免衰落、再造卓越，需要注意以下方面：

- 规模做大以后要有忧患意识，不能沾沾自喜，妄自尊大，被暂时的胜利冲晕头脑。
- 在扩张时要突出主业，有所取舍，不做与企业战略和自身能力不匹配的业务。
- 出现危机时不能掉以轻心，要全力应对，防止风险点和出血点扩大。
- 解决问题时不能有"病急乱投医"的侥幸心理，要对症下药，千万不能盲目补救，一个项目做不成再做另一个，一个目标实现不了再定下一个，那样只会拖垮企业。

世界上没有强者恒强的道理，即便是最好的企业都可能倒下，所以做企业要保持清醒认识，尽早察觉问题，找到避免衰落的自救药和工具箱，避免重蹈失败的覆辙。《再造卓越》里有句话：爬一座高山可能需要 10 天，掉下来却只需要 10 秒。这是给所有企业的醒世恒言。

实现企业高质量发展

党的十九大做出"中国经济已由高速增长阶段进入高质量发展阶段"的重要论断。经济高速增长解决的是"有没有"的问题，而高质量发展解决的是"好不好"的问题。和宏观经济相同，我国企业尤其是众多大企业也正从高速增长进入高质量发展的阶段。高速增长解决的是"大"的问题，而高质量发展解决的是"伟大"的问题，解决的是"强"和"优"的问题。

▶ 故事 23 ｜ 玉兰之约

2018 年 3 月 25 日，我跟北大国发院的陈春花教授有一场玉兰树下的对话。陈春花教授专门研究管理理论，被称为"中国的女德鲁克"。我们曾约定在国发院玉兰花开的时候，讨论一下高质量发展阶段企业该怎么做。有意思的是，往年 3 月下旬玉兰花就绽放了，但 2018 年春天天气冷，到了对话前一天还不见花开，枝丫上挂的全是花骨朵。没想到一晚上的工夫，玉兰花就被风吹开了，对话那天满树的玉兰竞相绽放，微风吹来，花瓣雨飘飘洒洒，很是漂亮。

对话中，陈老师从管理学角度出发，分析了高质量发展阶段企业实现可持续发展必须关注的重点内容，以及企业实现质量革命亟须的能力。我则从企业的角度出发，从高质量发展阶段的来临、企业面临的挑战、高质量发展的内涵、高质量发展的战略目标及措施等方面讲述了自己对高质量发展的认识。

我是从高速增长阶段走过来的，对于时代发展有着切身体会。记得国资委刚成立时，中国建材处于快速发展期，我几乎每个星期都会参加开工奠基或竣工投产。高速增长阶段的确造就了我国众多的大企业集团。但与此同时，中国企业在高速增长中也积累了很多问题。目前，我国绝大多数产业过剩，智能化时代来临，资源环境遭遇瓶颈，低成本优势正在消失，这些变化使我们过去的速度和规模型经济不可持续，当务之急就是加大创新转型力度，推动高质量发展。凡是高速增长到一定水平就迅速转向高质量发展的，就能实现从优秀到卓越、从大到伟大的跨越，成为百年老店；而凡是一味追求速度和规模的，就会遇到种种危机，可能失败甚至会轰然倒下。在对话中，我也谈了这些经历和体会。

玉兰树下的那场对话很有意义，举办得也很成功，而且玉兰花的点缀让活动增添了许多浪漫色彩。对话现场，腾讯、搜狐等几大门户网站进行了现场直播，北大很多学生也闻香而动、闻声而来。无论线上还是线下，大家都感觉很过瘾，因为既欣赏了玉兰的美景，又收获了思想的智慧。

◯ 观点 23 ｜ 放下"望远镜"，拿起"放大镜"

对大企业来说，高质量发展意味着从大到伟大的跃升。我国著名学者刘俏在《从大到伟大》一书中讲到，规模的扩大是改革开放以来中国企业的第一次长征，但我国大企业的效益和可持续发展能力还有待提升，为此中国企业要进行从"大"到"伟大"的第二次长征。

中国建材是一家在高速增长阶段快速壮大起来的企业，进入高质量发展阶段后，我们明确了打造具有全球竞争力的世界一流产业投资公司的目标,并为此制定了"335"中长期发展战略。过去,我们是以大小论英雄,拿着望远镜寻求速度和规模;今后,我们要以素质论英雄,拿起放大镜寻求质量和效益。

第一个"3"是"三步走"发展目标:

- 到2022年,实现营业收入5000亿元、净利润300亿元。
- 到2035年,营业收入6000亿元、利润总额500亿元左右,创新能力、盈利能力、管控和治理能力、市场竞争力均达到世界一流水平,全面建成具有全球竞争力的世界一流企业。
- 到2050年,营业收入超万亿元、利润总额上千亿元,成为超世界一流、受世界尊敬的伟大企业,通过一代代中国建材人的不懈努力,把中国建材集团建成一家享誉世界的百年老店。

第二个"3"是重点把握三件大事:

- 稳健中求进步。每个企业都想进步,但前提是稳健,要在把握风险和实现发展之间求得平衡,做到平和进取、行稳致远。
- 发展中求质量。不能满足于造出产品,而要把产品做到最好,不能只求速度、规模,还要求质量、效益。
- 变革中求创新。全球正经历新一轮科技和产业革命,互联网、大数据、基因工程、新材料等领域的创新层出不穷,我们要抢抓发展机遇,求新求变,筑牢企业核心竞争力的基石,努力实现赶超。

"5"是聚焦高质量发展五大任务:

- 做强主业。业务要归核化,逐渐去除边边角角的非核心业务,加强利润平台建设，提升核心竞争力和盈利能力。
- 瘦身健体。在企业个数已经压减 20% 的基础上，争取再压减 20% 左右，最终目标是压减到 1000 家以内，确保提质增效。
- 强化管理。"格子化管控"，以及"八大工法""六星企业""增节降工作法""三精管理"等特色管理方法都是经过实践检验过的好工法，要继续用好，练好企业基本功。
- 创新转型。把创新驱动放在战略之首，通过持续创新，不断培育新的发展动能，增强企业核心竞争力。
- 机制革命。建立有效机制，构建企业干部员工利益和企业效益之间正相关的关系，使企业焕发新的活力。

做企业要有格局和能力

做企业，格局与能力很重要。企业能否壮大取决于格局够不够大，能否攻坚克难取决于企业蕴含的能力。格局是企业的时空观，古人讲"不谋全局者，不足以谋一域"，讲的就是格局问题。能力是企业的内在素质，指的是卓越企业应具有的特殊能力，而不是一般性经营能力。格局和能力需要相互匹配、相互促进。中国企业要想走向世界，成为一流的跨国企业和百年老店，需要我们的企业家有更大的格局和更强的能力。

▶ **故事 24** ｜ 两材重组

2016 年 8 月 26 日，原中建材集团和原中材集团宣布重组，成立新的中国建材集团。这是央企新一轮兼并重组的重要案例，也是打造央企竞争新格局的战略布局，有着深刻的历史背景。自 2003 年国资委成立以来，央企通过兼并退出、新设合并、破产撤销等方式，已由最初的196家减至现在的96家。党的十八大以来，新一轮央企开展了新一轮重组，南车和北车、中远和中海、五矿和中冶、招商局和中外运长航等央企两两重组，均取得了良好效果。这一轮央企重组，发生在全球竞争升级、中国经济新常态、"一带一路"倡议、企业迈向高端化的大背景之下，可以说，重组更多是从国际竞争的角度来考虑。这是强强联合的内在逻辑。

原中国建材和原中国中材以前都是国家建材局的所属企业，建材局撤销后进入了央企序列。最初，两家企业业务有所区别，原中国建材偏重于建材的生产制造，原中材偏重于建材的工程设备安装，在后来的发展中，两家企业的业务越来越同质化，相互间常有竞争。2014年我从国药卸任后，根据上级领导的指示，主动推动两材合并。经过两年的马拉松谈判和细致的方案制订，两材终于走到了一起。

两材重组的工作是繁重的，一方面要梳理组织机构，另一方面要重新制定发展战略和企业规划，还要进行深度的业务整合。在战略方面，我们以大格局规划和布局未来发展，制定了"打造具有国际竞争力的世界一流企业"的战略愿景，明确了"行业整合的领军者、产业升级的创新者、国际产能合作的开拓者"的战略定位，提出并积极实施"创新驱动、绿色发展、国际合作"三大战略。重组不是简单地把土豆、萝卜、白菜装在麻袋里，而是要把这些东西做成一锅好菜。怎么做呢？我提出发展战略、总部机构、二级平台、制度体系的"四大优化"和品牌文化、组织板块、水泥业务、国际工程业务、产融、产研的"六大整合"。

两材重组以来，中国建材规模实力和效益大增，在水泥熟料、商品混凝土、石膏板、玻璃纤维、风电叶片，以及国际水泥工程和玻璃工程等七个领域位居世界第一，控股13家境内外上市公司。2016年重组当年利润总额81亿元，实现了开门红；2017年利润总额151亿元；2018年利润总额207亿元，同比增长37%，营业收入3480亿元，同比增长15%，中国建材成为全球最大的建材企业。两材重组虽然整合力度非常大,但非常平稳迅速,整个过程可以说是春雨润无声,真正实现了"无缝对接""1+1>2",成为央企重组的典范。

观点 24 │ 格局和能力决定企业未来

两材重组后,基于对大企业发展的战略构想和对企业宏观目标、内在素质、发展逻辑等方面的长期思考,我写了一篇文章叫《企业的格局与能力》。我觉得,同样的企业有的能迅速壮大,有的却裹足不前,有的遇到风雨后能东山再起,有的却折戟沉沙,格局和能力可能是两个关键因素。格局和能力决定企业的未来。企业在每个发展阶段都会迎来新的挑战,成功的企业总是把格局和能力建设考虑在先。

企业的格局主要反映在四个方面:

- 企业领导的认知格局。企业领导要见多识广,了解市场情况、行业走势、技术和商业模式的新变化,洞悉重大机遇,"读万卷书,行万里路,交四方友"。
- 企业的战略格局。不同的战略格局会带来不同的结果。制定战略时,既要锁定目标,也要确定市场范围,应是明确目标后,缺什么找什么,而不是有什么做什么。像麦当劳和星巴克把生意做到世界各个角落,首先得益于全球化战略格局。小企业也可以有大格局,比如隐形冠军都是以国际市场为目标市场。
- 企业的工作格局。企业怎样看待资源,怎样制定分配机制,怎样处理环保、安全和效益的关系,怎样面对竞争者等,这些都是格局问题。
- 处理复杂问题的格局。对待复杂问题要战略上藐视,战术上重视,站在问题之上、问题之外看问题,用历史的、发展的眼光看问题,学会把问题简单化。处理问题要拿得起，放得下，有取有舍，当断则断，抓主要矛盾，不要把问题长期化和僵持化，也不要眉毛胡子一把抓，要能纲举目张。面对困难要有平常心。一方面认真解决处理好问题，另一方面用发展解决问题，费过多精力在小问题上纠缠，不如腾出手来做些新业务，用新业务的成绩"以丰补歉"。

做企业需要格局，格局越大，企业就越自信。现在中国企业正处在亟须转型和自我超越的关键阶段，我建议大家在思考战略、目标、管理、发展时，甚至在遇到困难和问题时，更多从格局出发展开思考。

企业的能力，不只是企业管理、市场开拓等应知应会的一般能力，更是卓越企业应有的特殊能力，具体如下：

- 捕抓力，主要是对机遇的捕抓能力，企业要善于发现并把握机遇，保持敏锐嗅觉，持续跟踪学习。
- 整合力，企业不应只有创造资源的能力，关键是要有整合资源的能力，像中国建材就是借助整合力，实现了自身快速成长，推动了水泥行业健康发展。
- 创新力，企业竞争力的强弱取决于创新力，如果不能持续创新，企业再大也没有竞争力，在成长中遇到巨大风险就会轰然倒塌，更不可能获得良好的经济效益。
- 承压力，做企业会不停地遇到难题，我们要有逆势而上的定力，耐得住寂寞，耐受住困苦，不拼到最后一刻绝不放弃。面对困难，我常讲三句话：困难不是哪家企业独有的，可能人家比你困难还大；任何困难都会过去，要用发展的眼光看问题，不要被困难吓倒，最困难的时候，可能就是黎明前的黑暗；面对困难要主动作为，不要怨天尤人，不能坐等天亮，要用积极的发展解决困难。

● 复原力，是指企业抗风险的能力和企业受到打击后的恢复和再生能力。企业要把风险和困难当成成长过程，保持良好的心境，用我们的生命力和赋予企业的希望来渡过难关，这是企业最重要的特质。

大企业战略应是国家战略

改革开放以来，随着社会主义市场经济体制的建立和完善，一大批优秀的中国企业脱颖而出，尤其是其中的大企业，它们对中国经济总量的贡献度不断提高，全球影响力日益提升。在2019年《财富》杂志世界500强企业榜单中，中国企业数量首次超过美国。种种迹象表明，中国已进入大企业时代，进入大企业生成、大企业引领行业、大企业参与国际竞争的时代。

▶ **故事 25** | 昨天·今天·明天

1980年春天，我第一次出国去瑞典等欧洲国家培训学习了三个月。记得参观沃尔沃公司时，一进门，我就被其现代化的办公环境惊呆了：大开间办公室，一人一台电脑，立体式零件仓库，与当时中国工厂里比较落后的人工生产流程比起来，眼前的一切是那么不可思议。在斯德哥尔摩，我第一次见到超市，看到货架上商品琳琅满目而且可以自由选择，也觉得很"神奇"，而那时国内还是凭票供应。外国朋友对我们说："只要你们努力，中国很快也会拥有这一切。"

当时，党的十一届三中全会刚刚提出"对内改革、对外开放"的战略决策。但是这条路会给整个中国带来怎样的变化，我们并不清楚。听了外国朋友的话，我想，这不过是一种安慰罢了。然而，中国的历史真的被"改革开放"改写了。40多年来,中国发生了翻天覆地的变化,书写了世界发展史上的传奇故事。

1988年秋天,美国商界传奇人物李·艾柯卡在人民大会堂做演讲时说:"中国一只脚迈进了明天,一只脚还留在昨天。"他指的是行驶在北京长安街上的既有进口小轿车,也有一些老旧的国产车。艾柯卡是我崇拜的企业英雄,我作为那次演讲的听众,还得到了一张他的签名照。时过境迁,过去40多年间,中国迅速跃升为全球第二大经济体,中国企业也在时代变革中披荆斩棘,强势起飞,在支撑国民经济发展、引领行业技术创新、参与国际市场竞争、承担社会责任等方面发挥着越来越重要的作用。在2019年世界500强企业榜单上,中国企业数量达到129家,首次超过美国,跃居首位。尽管实现高质量发展仍任重道远,但这一历史性时刻却是中国企业成长的一个里程碑。

记得早年间出国,能参观一家世界500强的下属企业我们就会高兴好久,现在中国大企业也已日渐崛起于世界经济舞台。2013年,《财富》杂志在北京举行世界500强企业的发牌仪式,我和中国建材、国药集团的两位总经理一起参加。那天,记者一定要让我一个人拿着两个世界500强的证书拍张照。那张照片后来也常让我感慨。应该说,中国企业由极度弱小到世界500强企业成规模地出现,是中国企业快速崛起的一个象征,也是中华民族崛起的一个重要特征。

在高质量发展新阶段,中国正努力培育具有全球竞争力的世界一流企业。这是个长远的战略性目标,大多数国内一流企业要实现这个目标还需要5~10年或更长时间的努力,这不是一朝一夕、敲锣打鼓就能完成的。我们对此既要有埋头苦干、长期奋斗的心理准备,也要有克服困难、迎接未来的决心和信心。

观点 25 | 中国的事业是企业

在中国历史上，受传统"重农抑商"思想的影响，商业不被重视，商贾甚至是受鄙视的，被排斥于社会主流之外。从士、农、工、商的"四民"排序就能看出，经商者的社会地位非常低。100多年来，中国企业在跌宕中萌芽发展，从清末的洋务运动到民国的实业救国，再到新中国社会主义建设时期，一批批企业家前赴后继，为振兴民族工业付出了不懈的努力。但受列强欺凌、政治动荡、体制机制限制等因素影响，企业整体上仍是弱小的。我国真正的企业时代，正是改革开放的这40多年。随着中国特色社会主义市场经济体制的建立和完善，中国企业迎来快速发展的春天。

企业是国家的经济命脉，是社会的财富源泉，是国民就业的主要渠道。企业的每一次重大创新、每一份经济贡献，都将推动社会的进步和繁荣。举个最直观的例子，无论哪座现代城市，那些高耸入云、令人惊叹的地标性建筑无不是由企业投资和建设的。从更高层面来看，企业的整体实力代表着所在国家的经济实力。从全球平均水平来看，一个国家的世界500强企业占该国GDP总量的比例为35%~45%。是否有一定规模的大企业，是衡量一国竞争实力的关键指标之一。就拿日本和韩国来说，一提到它们，大家马上就会想到丰田、三菱，以及三星、现代等知名企业，没有这些企业，很难想象这两个国家会是什么样子。中国也一样，如果没有蓬勃发展的大企业，中国经济又会怎样呢？

这些年围绕大企业和中小企业，社会上有些争议，核心点是大企业挤压中小企业，政府和银行支持大企业、不支持中小企业。其实，大企业和中小企业是大河和小河的关系，大河有水小河满，大河无水小河干。大企业是中小企业的用户，中小企业是大企业的分包商，谁也离不开谁。关于银行贷款，因为大企业信用等级高，还本付息能力强，所以银行愿意贷款给大企业，而大企业的贷款很大一部分则流向了配套的中小企业。说句公道话，这些年银行是把部分给中小企业贷款的风险转嫁给了大企业。当然，我国的银行系统也正在加强对中小微企业的信贷服务。关于扶持政策，20年前韩国奉行大企业政策，培养出了一批具有国际竞争力的企业，而我国台湾地区是中小企业政策，这些年没有形成像样的工业体系和国际品牌，前几年我去看台中工业区，很多加工厂空空荡荡。大企业战略应成为我们的国家战略，同时也要发展好与之配套的中小企业群体，形成强有力的根植海内外两个市场的工业体系。

企业是国之重器、国之根本。企业强则国家强，企业兴则国家兴。诺贝尔奖获得者保罗·萨缪尔森在《经济学》一书中曾引用美国第30任总统约翰·卡尔文·柯立芝的话："The business of America is business"，意思是"美国的事业是企业"。在我看来，中国的事业也是企业。中国要从世界经济大国成为世界经济强国，道路只有一条，就是培育锻造更多具有国际竞争力的一流企业，以企业的崛起、实业的振兴，扩大中国在世界范围内的影响力，推动中华民族真正屹立于世界民族之林。中国的大企业时代才刚刚开始，这个时代需要优秀企业家和企业英雄。祝福年轻的企业家，也拜托大家，加倍努力，矢志不渝，创造更加精彩的企业故事。有企业英雄，才有英雄的企业，有英雄的企业，才有英雄的国家。

第二篇

管理

迷思六　科学管理和人本管理
人与企业的价值统一

从工业革命以来，企业的根本目的一直设定在获取高额利润上。泰勒[一]先生的"马钟计时法"开启了科学管理时代，强调的是用科学化的、标准化的管理方法代替经验管理，最大限度地发挥人的效率，从而实现生产效率最大化。后来行为科学理论逐渐兴起，从梅奥主持的霍桑实验到马斯洛的需求层次理论，从麦格雷戈的X-Y理论到威廉·大内的Z理论，管理学越来越重视人的主动性和创造性，企业逐渐进入人本管理时代。科学管理与人本管理不是绝对对立的，两者应结合起来，真正实现人的价值与企业价值的统一。

[一] 弗雷德里克·温斯洛·泰勒，美国著名管理学家、经济学家、科学管理的奠基人，被后世称为"科学管理之父"。

管理的目标是提高效率

从工业革命开始,在人口和需求增长的持续牵引下,企业一直面对的最大问题,就是怎样更多更好地提供产品,怎样提高劳动者的技能和效率,由此开启了企业管理时代。自1911年科学管理理论诞生以来,管理经典层出不穷,但发展至今,管理的出发点始终都是让人、机、物、料更好地匹配,目标始终都是提高效率。即使是100多年后的今天,日本丰田等企业的生产组装线上,仍能看到泰勒科学管理的景象。

▶ 故事 26 | 丰田的变与不变

2018年11月,时别10年我再次来到日本丰田。10年前,我正和丰田合资做工厂化房屋,[一]而这次则是中日两国政府在北京召开首届中日第三方市场合作论坛后不久,我组织中国建材代表团到日本进行创新转型的学习,丰田是此行的最后一站,也是最重要的一站。

在位于爱知县丰田市的丰田总部,我参观了丰田汽车展示馆和皇冠轿车组装线。展示馆里有最新款的丰田汽车,如雷克萨斯油电混合车、红色

[一] 2002年,北新集团与日本新日铁、丰田、三菱合资组建北新房屋有限公司。

跑车以及豪华世纪车等，最耀眼的还是"未来牌"氢燃料电池汽车，3分钟加气6公斤⊖足以行驶600公里。燃料电池的能量利用率达到80%，关键是用新能源制氢技术还解决了能源储存问题，对目前的"弃风弃光"找到了解决方案，日本企业也在做大型的太阳能—制氢—燃料电池发电厂，再过几年，这些电厂也会商业化运营。

丰田装备生产线上高效有序的作业令我印象深刻。丰田管理是零库存，现场看所有外包企业送来的组件只有两小时存放时间，所以根本没有备件库。皇冠组装线的工人采用两班倒，每班工作7小时，每小时有10分钟休息时间。组装线上，几十年如一日地实行看板管理，工人们像机器人一样组装操作，紧张作业。安装工作完成后，工人们会拿小锤子轻轻敲打每一个螺栓，根据声音来辨别其松紧度，真的是达到了精益求精的地步。参观时正好赶上午饭时间，为了节省电力，工厂车间里的灯一下子全熄灭了，工人们整齐地列队去餐厅。丰田职员告诉我，这些工人都是二三十岁的年轻人，高中毕业后经过职业培训就到工厂做工。另外，丰田坚持全员创新，公司成立后一直沿用"好产品、好创意"的口号，工厂里人人创新，常年坚持。

我在想，丰田是一个完全制造型公司，并没有特殊的资源依赖，但却成了全球优秀的企业。丰田这些年虽然发生了巨大变化，但有的东西始终没有变，那就是持续创新、科学管理和工匠精神。

● 观点 26 ｜ 科学管理没有过时

在科学管理诞生之前，管理就已经存在，但人们崇信"天赋才能"，觉得管理靠的是个人经验。1911年泰勒出版的《科学管理原理》，把科学引入管理实践，使管理成了一门可供研究、传授和复制的学问。泰勒对车间生产和工人劳动状况非常熟悉，他最早是工厂学徒工，后来做过工长、技师、总工程师等。当时美国正处在工业化初期阶段，劳资双方动不动就闹矛盾，

⊖ 1公斤=1千克。

资本家希望工人多干活，但工人多劳不多得，所以"磨洋工"等现象很严重。泰勒提出的解决办法是，不要过分关注盈余分配，而是通过提高劳动生产率增加盈余，让劳资双方都受益。他认为，提高劳动生产率要靠科学方法，严谨的实验和精密的计算可以充分发挥人、机、物、料的潜能，包括工作标准化、工时研究、劳动动作研究以及实行差别计件工资制等。

科学管理是一场革命。泰勒告诉我们，管理要解决的就是如何在有限的时间里获取最大限度的产出，这就是管理要达到的目的。科学管理理论的诞生，对美国工业快速崛起乃至全球经济发展都起到了巨大的推动作用，使得整个20世纪制造行业的劳动生产率提高了50倍之多，加快了人类社会的飞速进步，这是一项非常了不起的成就。时至今日，科学管理的许多效率措施仍在全球广泛使用，可以说，经过100多年的发展，科学管理理论仍散发着光芒。当然，任何思想的产生都有它的时代背景，随着社会和经济发展，科学管理面临的挑战和自身的局限也比较突出。

工业革命初期的管理，主要是对人进行作业管理，像福特公司应用科学管理方法，装配流水线生产效率提高了8倍。今天社会已步入智能化时代，在互联网、大数据、无人机器等现代工具面前，科学管理那一套还管用吗？答案是肯定的。科学管理是管理的地基，不会过时，它最大的贡献在于把科学带进生产管理中，使效率最大化研究成为可能。科学精神、理性主义是任何时候都不能丢弃的。像分工、标准化、定量化、科学测量、有效激励、科学选拔等科学管理的内容，放在今天来看仍然非常重要。时代在进步，我们也要赋予科学管理新的生命力，用新的技术手段，创造新的管理模式和理性工具，不断提高效率、简化流程。

从科学管理自身看，它虽然解决了劳动效率问题，但把人当成了纯粹的"经济人"⊖，当成了只会简单重复枯燥劳动的机器。电影《摩登时代》

⊖ "经济人"，这种假设认为，人的一切行为都是为了最大限度地满足自己的私利，工作只是为了获得经济报酬。

中,喜剧大师卓别林饰演的螺丝工,看见圆形的东西就拧,连纽扣、鼻孔也不放过,再现了科学管理下流水线作业对人的异化。20世纪二三十年代开始,行为科学学派开始关注人的因素,研究人的需求、行为动机、人际关系等,提出了"社会人"假设[⊖],此后几十年里人本管理思想逐渐演进成熟,并为社会广泛接受。人本管理认为企业的一切要围绕着人开展,人是企业的主体,做企业的根本目的是促进人的自由全面发展。人本管理弥补了科学管理的不足,但两者又不是完全对立的,科学管理是基础、人本管理是升华,我们应该兼收并蓄,让两种管理模式在企业里相得益彰。

做企业要以人为中心

提到企业,人们首先想到的可能是厂房、设备,其次是产品,最后是资本。但我认为,企业中最重要的是人,是那些富有奉献精神和创造力的干部员工。正确看待人是企业中最重要的事情。20多年前,在北新做厂长时,我提出"以人为中心"的管理理念。那时候还没有"以人为本"的提法,所以我提的是"以人为中心",这也成了我做企业一直坚持的原则。

▶ **故事 27** | 点燃员工心中的火

1993年1月,我被任命为北新厂长。当时北新非常困难,面临资金紧张、原料紧张、运输紧张等诸多难题。当时我只有36岁,面对着几千名"嗷嗷待哺"的员工,感觉压力很大。当厂长没多久春节就到了,回家过年时,原本健谈的我几乎五六天都没说一句话,每天凌晨4点就醒来了,满

⊖ "社会人"假设,即人具有社会性的需求,人与人之间的关系和组织归属感比经济报酬更能激励人的行为。

脑子都是厂里的难事。

问题千头万绪，该从哪里入手呢？我想起开会时大家冷漠的眼神。什么是冷漠呢？我在学习管理学时老师讲过一个实验：在鱼缸里把吃鱼的鱼和被吃的鱼用玻璃板隔开，吃鱼的鱼反复碰撞玻璃板无果之后再把玻璃板移开，吃鱼的鱼和被吃的鱼就可以和平相处了。老师说，这就是冷漠。北新员工当时就是这样，大家对企业完全失去了信心。

春节过后，北新石膏板厂经过大修后让我为热烟炉点火。把熊熊火把投入炉中后，我转身对大家说了一句让我自己终生难忘的话："其实，我最想点燃的是员工心中的火！"为了唤起员工的信心和热情，我一个车间一个车间地座谈，针对当时国企分配机制和管理方式的问题，逐一解答疑问，目的就是让大家知道企业效益与员工利益之间的关系。有的车间没有会议室，我就站在车间的空地上给大家做动员。当时，大家对我能不能当好厂长仍将信将疑，私下议论纷纷："宋厂长太年轻，管得了这么大的企业吗？""宋厂长以前主要跑市场，不懂设备和生产。"这些话传到我这里，我认为他们说的是事实，当厂长对我来说是个很大的挑战，但是我懂"人"，懂得员工的心，这是我的长处，也是当时企业最需要的。

有一次开座谈会，有员工跟我说，他们现在没有房子住，工资也好多年没涨了。我说："大家想想房子钥匙在谁手里，就在大家手里啊。"知道员工关心的事情是什么就好办了。我提出"工资年年涨、房子年年盖"的口号，并把这句口号做成条幅用气球挂在厂区上空。后来，我兑现了承诺，当厂长10年间盖了10多栋宿舍楼，员工工资也比周边企业高出不少。

除了让员工有好的收入待遇，还要让员工有好的精神生活。北新原来厂里环境脏乱差，我做厂长后，下定决心要把这事解决好。治理环境的契机是上级通知美国黑格将军要来工厂参观，我们动员全厂职工打扫了一个星期的卫生。可后来黑格先生因故没来，职工们很有意见，认为厂长糊弄大家。我召集干部们开会，问大家干净的作业环境是为了给黑格将军看，还是为了满足我们自身工作需要。之后，我带着大家"外学日本、内学宝钢"，推行 5S①管理，建设花园式工厂和花园式家属区，还修起了运动场、职工食堂、爱心湖、喷水池。经过一番整顿，北新模样大变，一平方公里的厂区湖光水色、树影婆娑、绿草如茵，每条马路、每个厂房、每块玻璃，甚至每个厕所都干干净净，员工慢慢把企业当成了自己的家。

员工有心气，企业就有生气。北新原来从德国可耐福公司引进的年产2000万平方米石膏板生产线每年最多只能生产800万平方米，但我当厂长第二年产量就达标了。这让可耐福公司很是意外，纳闷以前十几年都不能达产，怎么来了个新厂长突然就做到了呢。我点火的那个热烟炉也是这样。石膏板热烟炉是烧煤的，因当时煤炭紧张拿不到高热值煤指标，低热值煤又不大好烧，常常中途灭火。但说来奇怪，从我那次点火后，热烟炉真的没有熄灭过。另外厂里原来总出责任事故，我当厂长 10 年里，没有出过一起伤亡事故。其实，我哪有什么神功，事情能做好，从根本上得益于员工良好的心情和状态，得益于充分激发了员工的能动性和积极性。员工心中的火点燃了，有了热情，有了责任心，企业的火自然会熊熊燃烧。

● 观点 27 ｜ 企业是人，企业靠人，企业为人，企业爱人

在管理学中，有一定实践意义的是组织行为学，它研究的是一个组织在特定环境下的行为。著名的霍桑实验表明，人在特定环境下有不同的表现。北新的发展充分印证了霍桑实验的结论。古语说："水能载舟，亦能覆舟。"同样的员工，可能会使企业蒸蒸日上，也可能会使企业江河日下，关键在于能不能点燃员工心中的火。员工心中的火是企业发展的圣火。回想做厂长的 10 年间，我的主要工作就是围绕怎么"以人为中心"，怎么调动人的积极性，让大家真正以厂为家、爱岗敬业来开展的。

---

① 5S 指整理（seiri）、整顿（seiton）、清扫（seiso）、清洁（seiketsu）、素养（shitsuke）。

何谓"以人为中心"？到中国建材工作的这些年里，我在总结归纳北新实践和思考的基础上，把"以人为中心"进一步分解并升华为"企业是人，企业靠人，企业为人，企业爱人"。

- "企业是人"是指企业是人格化的、人性化的，被大家赋予了一定的性格和特征。说起联想，大家会想到柳传志；说起海尔，大家会想到张瑞敏。
- "企业靠人"是指企业的一切都是由人来完成的，要靠领导者的带领以及广大干部员工的努力和付出来发展，企业的所有成绩都来自大家的汗水。
- "企业为人"是指企业经营归根到底是为了人。我们办企业是为了服务三个群体：一是企业人，即我们的员工和他们的家属；二是投资人，即出资人和利益相关方；三是社会人，即我们要为社会提供更好的产品和服务，创造更多的价值。做企业的"三个信心"，即"没有比客户对企业有信心更重要的事，没有比员工对企业有信心更重要的事，没有比投资者对企业有信心更重要的事"。做企业有了这"三个信心"，就能把握发展的正确方向，否则就会寸步难行。
- "企业爱人"是指企业要以仁爱之心待人。孔子讲"仁者爱人""仁者安仁，知者利仁"，真正的仁者要有爱的真诚，真正的智者必须做事利仁。企业爱人，在企业之内，要发挥员工的积极性和创造性，关心和爱护员工；在企业之外，要积极履行社会责任，努力回馈社会，创造阳光财富，推动社会和谐发展。

人是企业最宝贵的财富。我常想，中国的文字真的是博大精深，企业的"企"字是"人"字下一个"止"字，就是说企业离开了人就停止运转、止步不前了。企业的财富、企业的进步都是由人来创造的。人是企业的主体，是推动企业前进的根本动力。坚持以人为中心，把实现人的幸福、人的价值作为企业发展的根本追求，这是我们任何时候都不能偏离的主线。

管理重在调动和发挥潜能

管理者每天要面对企业里形形色色的人，到底该怎样对他们进行管理呢？有的管理者把管理定位为控制和改变，这很不现实。因为人的本性是追求自由的，一味地控制会束缚人的思维和活力，这与管理的初衷背道而驰，同时人的性格和认知能力与他的成长环境、生活环境息息相关，可能在他很小的时候就形成了，要想改变是很难的。德鲁克讲："管理的本质是激发人的善意和潜能。"管理不是操控人的工具，而是要让每一个人的优势都得到充分发挥，这才是企业提高效率和效益最重要的手段。

▶ 故事 28 ｜ 插队时的两则趣事

我是做工厂出身的，对工厂管理很熟悉，也很热衷。不过，我最早的管理实践是始于40多年前。1974年，我高中毕业后的第二年就跟随"上山下乡"的洪流，到河北农村插队。我开始不太会干农活，学了一阵子就干得有模有样，春节也在村子里度过。乡亲们很信任我，选我当了生产队长，我就每天早出晚归地带着社员们在地里劳动。那时有两件事给我留下了很深刻的印象。

一件事是摘棉花。当时女社员们边摘棉花边聊天，我怕影响工作效率，就跟她们说："劳动的时候不要交头接耳。"大学毕业后有一次回到插队的村子，老人们见到我，还提到了这段笑话。其实，社员们把边摘棉花边说话当成一件快乐的事，但我当时认为这样肯定会影响工作效率，所以给社员提出了要求,现在想起来也觉得好笑。

另一件事是组建"诸葛亮小组"。生产队每天要种地搞生产,怎么能让工作更有效呢?我找来五位经验丰富的老农组成"诸葛亮小组",天天到180亩大田去看哪块地需要浇水、哪块地需要锄草,我根据大家的意见,在小本上做好计划,再安排农活儿。按照这样的方法,我硬是把那个生产队长当得好好的。五位老农也非常乐意做生产队的千里眼和智囊团。

这两则故事算是我最初的管理萌芽,就是想办法提高生产效率。哪种方法更有效呢?比较一下,可能还是后一种做法好一些,就是尊重规律,发挥人的能动性,提高资源配置效率。做企业也是这样。人不是被动的、消极的管理对象,企业的一切应围绕着"人",要充分调动和激发人的潜能,施展人的才华,实现人的价值,而不是去控制或刻意改变。

● 观点28 | 管理要学会"求同存异"

这些年来,我常被问到管理风格。曾有学员问我:"宋总,没见你时猜测你很严厉,可见了之后觉得你很温和,那做领导到底要温和还是严厉呢?"我说,举个例子,不一定恰当,但能说明问题。父亲有严父和慈父之别,严父会训斥人甚至打人,慈父很温和,从来不打孩子,就像朱自清《背影》里描写的父亲一样。企业领导也是这样,铁腕式管理、春风化雨式的管理都有做得好的,比管理风格更重要的是管理的出发点,即是否从"人"出发,激发和调动大家的积极性,能不能以责任和担当推动企业发展。

以前,我曾把管理目标定位于改变人,即树立正确的价值观,培养良好的素质和能力等。但是,我也常常为之苦恼。因为有的人虽然跟我工作了很长时间,但为人处世仍是当年的水平,正所谓"江山易改,本性难移",我为此常感叹管理的苍白,充满挫败感。后来,随着年龄的增长,我逐渐明白:改变一个人的性格与思想确实很难。所以我们不必纠结于苦口婆心地去改变别人，也不必为改变不了别人而难过，应当回到德鲁克讲的，把管理定位于如何各取所长、各尽其才。

后来，我把管理的目标定为"改善和发挥"——不仅重视提高人的素质，更要重视发挥人的长处。现实中不同的人有不同的性格、不同的经历，再好的管理也只能做到"求同存异"。能做到用人所长，让大家认同企业的方向和文化，鼓励大家把聪明才智发挥出来就可以了，没有必要拘泥于每个人的性格特点。中国建材在全国各地有上千家企业，对于二级、三级企业的一把手，我非常了解他们的专长和能力，我所做的只是给他们讲清战略思路和文化理念，适时给他们鼓励和提醒，生产经营方面的事从不干涉，让他们甩开膀子放手去干，大家越是做得起劲，能力越是发挥得好，这样企业就会越做越好。

当然，管理要发挥人的才能，不仅是个人的发挥，更是集体的发挥。讲管理课时，老师常用乐队做例子讲解管理的效能。如果每个人都能按照乐谱和演奏要求，各司其职，相互协作，把自己的专长完美地展现出来，这样的乐队一定是一流的。这就是西方管理学讲的，好的管理通过集体既能满足个人需求，又能实现组织目标。企业就像一支乐队，企业里每个人都要清楚自己的责任和目标，在各自岗位上发挥最大能量，进而形成配合默契、高效协作的组织。优秀的企业必定是一流的乐队，领导得当、个人发挥得好、组织协调得好，就能干出一番大事业。

小型涨落是进化过程

要做到"求同存异"是不容易的，因为人与人之间的差异是客观的。怎样看待和处理这些差异呢？比如员工涨工资，有的高，有的低，大家不满意怎么办？MBA课堂上老师的一句话让我茅塞顿开，这句话是："小型涨落是进化过程。"涨落是个物理学名词，指的是矛盾和冲突。大矛盾、大冲突会伤害感情和破坏团结，但小矛盾、小冲突是客观的，甚至是有益的。这句话改变了我的管理思维，中国建材运用小型涨落原理推动组织进化，收到了很好的效果。

▶ 故事29 ｜ "脸"比"钱"重要

在中国建材重组的民营企业家中，有很多富甲一方的人物，他们都是千万富翁甚至亿万富翁。这些人进入中国建材后，不仅没有丝毫懈怠，甚至比以前更加积极、敬业，经常是"五加二""白加黑"。为什么会这样呢？在我看来，这是因为人生来就是有进取心的，公司为这些民营企业家提供了一个更大的事业平台并给予一定的股权，他们自身的价值变大了，同时对标优化的管理方法，在企业内部形成了良性的竞争关系，让大家工作更有干劲了。

对标优化包括对外对标、对内优化，核心内容是以行业和内部优秀企业为标杆，以KPI为核心，定期对主要经济技术指标做对比、找差距，不断提升改进。

对外对标，是指在日常经营中选择与海螺水泥、拉法基等海内外优秀企业对标，定期对比同类数据，进行管理方面的学习。记得当年重组徐州海螺时，我请教时任海螺董事长郭文叁该怎么管好水泥企业，他说关键是做好两件事：一件是管理好中控室的操作员，每个月工厂内部对标，进行末位淘汰；另一件是工厂之间横向对比，吨煤耗、吨电耗、吨油耗、吨球耗、吨耐火砖耗、吨修理费等各项成本指标要持续对标。这些做法后来引入中国建材，通过对照关键指标，找差距，定措施，抓落实，我们的成本、消耗、管理费用、销售费用等不断下降，各项经营指标持续优化。

对内优化，是指在内部成员企业之间开展对标，逐步优化业务指标。

就像袁隆平选种一样，从大量的稻子中选一个好的稻种，集团也会在众多企业中优中选优，不断发现并推广优秀的管理经验与方法，迅速在同类企业内推广复制，从而实现整个系统的不断改善、不断优化。当众多管理方法放在一起时，你会发现谁更优秀，这就是集团的优势。现在，集团内从总部到业务板块再到区域公司，开的大多是对标会，年初制定 KPI，月月对标、按季滚动、逐步优化。每次开会，各单位负责人都得先报 KPI，数字硬碰硬，做得好不好大家一目了然。有了这个办法，各级管理者都对自己公司的指标了然于胸，大家你追我赶，唯恐落后。

在对标优化机制的带动下，伯乐相马变成了赛场赛马。在集团外部，哪家企业有好的经营管理方法，我们就主动交流学习；在集团内部，哪家企业有节支降耗的好做法，其他成员企业就会快速借鉴并复制，哪家企业做得不好，就会成为"帮扶对象"。互相参照之下，既是一种激励，又是一种鞭策，大家你追我赶，互相学习借鉴，形成比学赶帮超、先进带后进的良好氛围。所以，有民企负责人感慨道：在中国建材干活，"脸"比"钱"更重要。

观点 29 ｜ 小冲突小矛盾未必是坏事

经过实践，我明白了一个道理：做企业不可避免地存在矛盾与冲突。对于那些必要的小矛盾小冲突，我们如能理性客观看待，合理地运用方法加以解决，进行正确的引导，它们就能促进团队进化，起到建设性的作用。这就是西方人讲的冲突管理，处理冲突的最好方式，不是控制、妥协、退让、牺牲，而是在认同双方利益的基础上，实现利益的整合。

所以，企业内部管理还是得用一些考核和激励的手段，开展些"小型涨落"性质的内部竞争，才能更加有效地推动企业的发展。有了这些情感的刺激和心灵的撞击，人才能前进，如一潭死水的团队只会退化。例如，在用人方面，企业应引入一定的竞争机制，但不能制造矛盾，要用有效的机制去约束人、激励人。用人的标准是在某岗位上有所创新，而不是维持日常不犯大错就能保住职务。企业每年都应对干部任职资格和经营业绩进行考评，根据考评结果，能者上、庸者下，让人人具有上进心。再如，开会讨论有时会出现意见不一致的地方，对于立场、意见不一样的人，我们应心生欢喜，看法多一些、意见多一些总是好的。如果我们因为别人有不同意见就冷落或是排斥对方，难免会堵塞言路，不利于得出正确的结论。

需要注意的是，考评和激励手段是工具而非目的。早年间，我曾去英国进行企业人力资源管理培训，学习过 360 度考评。这种考评方法是上下级之间互提意见，之后充分讨论，达成共识，最终目的是提高员工的能力和水平，促进组织和员工共同发展，而不是对员工进行晋升、奖励或绩效考核等。但我们的企业经常把考评与晋升、涨工资等联系起来，使它变成单纯的奖惩制度，这种功利化的做法不利于企业的长期发展。就像德鲁克讲的那样，管理绝不是"胡萝卜+大棒"，胡萝卜是利诱，大棒是威胁，它们分别利用了人性的贪婪和恐惧，无论哪一种都与"激发人的善意和潜能"这一管理初衷背道而驰。

企业要靠规范的制度约束行为

在企业管理中，制度是底线，之上才是管理的艺术。孔子讲："克己复礼为仁。一日克己复礼，天下归仁焉。"这里说的"礼"，就是今天讲的制度。做企业要以人为中心，但制度又是基本前提。没有规矩不成方圆。企业要用规范的制度约束行为，让员工在一定的框框内说话行事。如果没有相应的约束机制，缺乏标准化、流程化、规范化的东西，企业就会乱套，人本管理也就成了一句空话。

故事 30 | 新官上任三把火

做企业要用好制度,不能失控,这个道理我 20 多年前就深有体会。我刚当厂长时,北新职工纪律散漫,我行我素,每天早上总有不少职工上班迟到,上班时间也有职工外出买菜。上任不久,厂里人劳处给了我一份关于劳动纪律的处罚条款,但我没有签字。我说先等等,员工迟到也不能怪大家,国企是从大锅饭走来的,不少人觉得工作干多干少一样,松松垮垮惯了,不能一上来就处罚,得给大家一个过程,只要改了就行。处罚不是目的,而是管理的一种方法。

1993 年春节上班后的第一天,我和人劳处处长一起站在工厂大门口数迟到人数,居然有 280 多人。之后,我就每天早晨站在门口,6 天后迟到人数减至零。我说,可以贴告示发通知了,以后严格遵照制度来,不许迟到,只要迟到就罚工资,从我自己做起。这个办法合情合理,大家都一致遵守。后来,厂里基本没有迟到早退现象,也没因此罚过职工,我自己则是每天早到一个小时,下班晚走一个小时,十年如一日。

不仅是迟到问题,当时北新工人情绪比较浮躁,普遍对领导有抵触情绪,一些分厂的厂长总得哄着大家干活。一些工人长期不上班、不请假,在外面干私活,还有的殴打分厂领导。我认为,职工的这些毛病必须改掉。家有家规,了解清楚事实后,厂里开会决定开除这 10 名员工,每周除名一人。那时,除名职工也不容易,有个在外边开出租车的职工来找我,坐在我的办公室里不走,说我都不认识他就把他除名了。我对他说了两点:一是出去开出租车自谋职业多挣钱,这种情况我理解;二是如果全厂 2000 名职工都这样做,不除名是否行得通。最后,他站起来走了。那个殴打分厂领导的职工后来托了好多人找我说情,我还是坚持了厂里的决定。大家说,这么多年没见宋总和员工红过脸,怎么会这么坚决地开除人呢?我认为,包容不等于纵容,不正确的行为必须坚决纠正,这是原则问题。

在对违纪职工进行处罚的同时，我们也对贡献大的职工进行奖励。记得有一位干部多年在外施工，成绩突出，厂里奖了他 5000 元。当时大家工资都不高，5000 元是笔大钱。消息一传出，厂里炸了锅，很多人觉得为什么奖励那么多啊，他干得好，我干得也不差啊。我说，我们就是要奖勤罚懒，奖得一些人眼红，罚得一些人心惊肉跳。这些事在员工心灵深处引起了震撼，过去那种懒散、消极、大锅饭的工作状态慢慢不见了，大家的劳动积极性前所未有地提高了。

● 观点 30 | 用制度来"治未病"

管理需要人性化，一方面要尊重人、关心人、激励人，提高大家的积极性，另一方面也要引导人、教育人、约束人，做到严格管理、赏罚分明。提到人本管理，大家总会想到那种春风化雨式的管理，其实任何管理都必须以约束机制为内容和基础，以人为中心和对人有约束不仅不矛盾，而且相辅相成、刚柔并济。

在约束机制里，最重要的就是制度保证、规范实施，让人的行为有所遵循，使人知道应当做什么、不应当做什么、怎样做是对的、怎样做是错的。制度是"防火墙"，是"灭火器"。一个企业如果在制度建设上出了问题，一定会险象丛生，甚至轰然倒塌。这在逻辑上是什么道理呢？

- 企业人员多了，点位多了，面大了，幅度宽了，就必须有统一的标准和共同的约束。
- 做任何事都是个过程，有了制度大家才知道每一刻怎么做，没有制度过程就会走样。

所以，企业越大就越需要健全组织及各项制度，按制度和流程运作。

这样不仅能提高效率,还能减少随意性和盲目性,降低风险。

事实上,任何风险的防范和应对都有赖于制度建设。企业规模大了,层级多了,风险有时会防不胜防,只靠口头提醒或简单的惩罚还不够,关键要靠内部制度的规范和约束,用制度来发现风险、防范风险、化解风险,将风险预设在安全可控的范围之内。就像中医里的那句老话,"上医治未病,中医治欲病,下医治已病。"说的是,最厉害的医生不是擅长治病,而是能预防疾病发生。企业里,这个"治未病"的良药就是制度。

在制度规范之外,思想文化的规范也非常重要。企业要有一套先进的文化体系,要让员工鲜明地知道企业的发展思路,明确企业成长跟自己的关系,在企业中得到自豪感和幸福感。精心打造的优秀、统一的文化是一种激励人心的无形力量,能让人义无反顾地向着高远的理想迈进。如果文化导向、员工思想出现偏差,企业就会出大事。制度是有形的,文化是无形的,制度和文化应相互结合,转化为人的主动遵守和自觉行为。所以,我提出企业要"用优秀的文化指引心灵,用规范的制度约束行为",缺一不可。

迷思七　管理和经营
正确地做事，还是做正确的事

经营和管理是两个不同的概念。经营是面对企业外部经营环境中的不确定，选择技术路线、市场策略、价格策略、商业模式等，目标是盈利。而管理则是面对企业内部具体的人、机、物、料，更多的是方法和制度，目标是提高效率。经营者的使命是赚钱，而管理者的使命主要是降低成本。从某种意义上说，管理是经营活动的一个子项，重点在于解决成本问题，成本降低会增加利润，但如果经营出现失误，即使管理能做到零成本，企业也不见得会盈利。

搞管理靠工法

在企业管理里，我受日式管理影响较深。日本企业管理有两个特点：一是对标管理，二是管理工法。所谓对标，即谁做得好就向谁学习，工业学大庆、农业学大寨，就是对标。所谓工法，指的是把管理方法格式化推广的一种方法，如 5S 管理、准时生产㊀（just-in-time，JIT）、全面质量控制（TQC）等。工法不是系统地讲一套理论，而是针对一个点位、一个事件，推出一些宜操作、宜拷贝的实战方法。

▶ **故事 31** │ 中国建材的武功秘籍

借鉴日本企业管理工法的概念，中国建材多年来在实践过程中，经过认真归纳和总结，形成了"八大工法""六星企业""增节降工作法"等一整套管理的"武功秘籍"。这些工法都不是多么高深的理论，最大的特点就是实践性，是那种"治大病的小药"，对提升集团整体管理水平起到了非常重

㊀ 准时生产是保持物流和信息流在生产中的同步，以恰当数量的物料，在恰当的时候进入恰当的地方，生产出恰当质量的产品。这种方法可以减少库存，缩短工时，降低成本，提高生产效率。

要的作用。

"八大工法"是中国建材在联合重组中总结出的八种管理方法，包括五集中、KPI管理、零库存、对标优化、辅导员制、价本利、核心利润区和市场竞合。

- 五集中是指市场营销集中、采购集中、财务集中、投资决策集中、技术集中。这主要是针对重组企业过去各自为战，采购、销售、融资成本都很高，技术资源不全面，管理基础参差不齐，还存在着市场交叉、内部竞争等隐患，我们对症下药，将重组进入的企业聚合为一个整体，解决组织的负外部性，实现规模效益、协同效益。
- KPI管理是把关键指标数字化，用数字说话。
- 零库存，是将原燃材料、备品备件、产成品库存降至最低，并加快周转速度，从而减少资金占用、避免资源浪费、降低生产成本。
- 对标优化是对外对标、对内优化，不断改进提高。
- 辅导员制。我有一次坐飞机读到《哈佛商业评论》上的一篇文章，文中介绍丰田汽车在全世界造的车质量都是一样的，因为它在全球有3000名辅导员。比如当年在天津做丰田车时，公司就派来300个辅导员，和中国工人一起干，手把手教会了再走。受此启发，中国建材通过派驻辅导员，将集团先进的技术工艺、管理理念和企业文化准确快速地复制到重组企业中。这就像学开车，辅导员相当于副驾驶座上的教练，手把手教你怎么做。
- 价本利不同于我们常说的"薄利多销"，而是围绕"稳价"、以销定产、降本增效，维护区域市场供需平衡。
- 核心利润区是细分市场，针对某一区域提高产业集中度，增强在区域市场上的话语权。
- 市场竞合就是在市场中既竞争又合作。

"六星企业",就是好企业的六个标准:业绩良好,管理精细,环保一流,品牌知名,党建先进,安全稳定。下面,分别以业绩良好和管理精细为例。我做过多年上市公司董事长,深知业绩良好对企业来讲是第一位的,作为企业领导人要千方百计做好业绩。管理精细也是好企业的重要标志,做企业时间长了,只要到企业里转一遭,大体上就知道这个企业管理水平如何。企业员工的表情就是一面镜子:管理好的企业,员工的表情一般是幸福和友好的;而管理差的企业,员工的表情往往比较木然。另外,现场管理也透射出企业管理的好坏,现场干干净净,产品码放整齐,这样的企业一般都不会差。

"增节降工作法",就是增加收入、节约支出、降低消耗。基本做法是,将当期成本与上年同期进行比较,通过管理、技术等各种创新手段,实现增收、节支、降耗,并计算出金额,进行考核兑现的一种精细化管理方法。这套方法始于1998年的亚洲金融风暴,经过十多年的积累和沉淀,不断提炼优化,成为精细管理的特色工具和市场竞争的撒手锏。

中国建材这套管理的"武功秘籍"在全集团普及推广,极大地提高了公司的核心竞争力和整体管理素质。我们把这些工法的操作要点和典型的案例故事结集成册,供内部学习交流,而且年年更新,保持了不断总结固化、不断推陈出新的状态,这也成为集团内部对标优化的重要方法。不少外单位的人听说这套书也很感兴趣,有的竟托人跑来要书学习。

● 观点 31 | 把好的经验做法归纳成可供复制的工法

我做企业 40 年,国内外企业看过不少,企业管理的书也读过不少,我一直在反复思考企业管理的问题。我觉得,管理其实并不复杂,也不高深,就是把平时认可的那些尝试,归纳成一些方法。搞管理要靠工法。工法的意义是什么?一是让管理有了抓手,有法可循;二是让管理变成一种乐趣。

管理靠人，企业要想把管理真正做好，就得让干部们对管理产生浓厚的兴趣，把近似枯燥的管理变成一场场喜闻乐见的活动，把那些优秀的管理经验提炼成简单易行的工法，让大家对这些管理工法耳熟能详，并从管理工法的拷贝中取得成效，在管理活动中找到乐趣和成就感。

就拿辅导员制来说，中国建材的辅导员是从标杆企业里选出来的，每个小组一般有五人，分别负责工艺、控制室（主控室）、采购、市场、现场装备管理等事务。辅导员并没有高额报酬，每月只多发几百元的象征性津贴，但大家的热情非常高，因为做辅导员让大家充满了荣誉感、成就感。很多工人原本可能要在车间干一辈子，但做了辅导员之后，可以跨越大半个中国，到另一个工厂传道授业、获得尊重，这是一种自我价值的实现。在企业管理中，收入待遇固然重要，但能创造兴趣更重要，要让大家活学管理、乐在其中，而不是成为额外负担。辅导员制的效果非常明显，起到了"点石成金"的作用。比如在重组泰山水泥的过程中，我们派驻辅导员不到半年，企业就实现了从上半年亏损 6000 余万元到下半年盈利 7000 余万元的巨变。

管理不复杂也不神秘，往深了讲可以写好多本书，简单说就是把好的经验做法归纳成可供复制的工法，并且长期用好。我崇尚大道至简。中国建材的管理信条不多，如果一定要写在纸上可能不超过两页纸，关键在于长期实践。这就像是拧螺丝一样，螺丝要一点点拧，最后才能拧紧。记得 20 多年前，国家经委就在全国推广"管理十八法"，TQC、看板管理、量本利分析等都在其中，可惜不少企业做一阵子就放弃了。而在日本，很多企业至今还在坚持这些传统工法。

做企业是一门实践性很强的工作。我不大迷信管理理论，对一线的工人、作业人员来说，这些理论很难学习运用。相比之下，大家对来之于实践、用之于实践的大量工法很感兴趣。美国教育家约翰·杜威先生说，"一克实践远比一吨理论更加重要。"我认同这个观点。我常想，企业管理没有秘诀，如果一定要说秘诀，那就只能是持之以恒地做下去——只要扎扎实实、一板一眼地做好那些最基本的工作，把我们熟知的管理信条真正付诸长期实践就可以了——正是那些看上去繁杂琐碎的管理制度、朴实无华的管理方法、一丝不苟的监督落实，成就了企业的基业长青。

质量和信誉是永远的追求

1979年，我大学毕业后的第一份工作就是在北新的生产车间做质量管理工作。那时我只有20岁出头，为了更好更快地开展工作，就在当时北京一家外文书店买了不少专业书，学习了"鱼骨图（因果图）法"等先进的质量控制方法。之后40年里，尽管工作岗位不断变化，但质量工作始终是我关注的重点。当然，质量管理不是狭义上的产品的质量，还有服务的质量等，以及各环节各要素的质量。

▶ 故事32 | 一张自罚告示

在企业经营中，我们常讲质量是生命，但具体做起来往往并没有把质量当成生命来看待。1994年，北新与韩国一家公司签约出口一批价值5000美元的岩棉吸音板。谁知没过多久，这家韩国公司因在一箱产品上发现了一只脚印而向北新投诉。收到对方来函后，我迅速召开经理办公会议，做出了向货主道歉、赔偿、退换产品的决定，还亲手写了一份通报，对责任人进行罚款：罚我自己500元，罚分管生产的副厂长300元，罚分厂厂长200元。有人认为我小题大做，我却说：这个脚印看似踩在产品上，实际是踩在我们龙牌产品的金字招牌上。如果今天把一笔小买卖小事化，那明天就会出现更大的纰漏。这件事在厂里引起轰动，让全体干部和职工都受到了教育。这件事后，我提出"质量和信誉是我们永远的追求"。

围绕质量管理，厂里开展了"TQC活动"，车间班组都成立了"TQC小组"，这些活动对工厂质量意识的增强和质量管理水平的提升起到了基础作用。那时，ISO9000质量管理体系认证工作在我国刚开始兴起，当时并没有强制推行，只有一些管理超前的公司在采用。北京新型建材总厂聘请了一家法国公司进行质量管理体系认证，那还是企业自我施压的。我担心认证工作流于形式，因此提出要做就真做，严格按照ISO9000标准建立国际一流的质量管理体系，接受最为严格的认证。我在工厂工作那么多年，只有这件事不是上级安排的检查，而是企业"自找"的检查。工厂围绕质量管理体系建设做了大量的系统性工作，从厂长到每位职工都有相应的质量责任，那次认证活动让企业的质量工作上了一个大台阶。

北新是我国建材行业最早引入质量管理体系的企业之一。尽管我离开北新很多年了，但我当年提倡的"质量一贯的好，服务一贯的好"的原则得到了很好的执行。今天，北新的"龙牌"纸面石膏板因为品牌过硬，价格比普通品牌高出20%，成为在规模、质量、技术、品牌、效益等方面全面超越外资世界500强同行的中国自主品牌。奥运场馆、世博会、北京世贸、上海金融中心、G20峰会等项目都采用了"龙牌"石膏板。2019年8月28日，北新建材继荣获中国工业领域最高奖——中国工业大奖之后，又获评中国质量管理领域最高荣誉"全国质量奖"。我也因一贯重视质量和品牌建设，获评"全面质量管理推进40周年卓越企业家"。巧合的是，那天也是北新成立40周年的纪念日，这一幕也算是企业成长的历史见证吧。

观点 32 │ 树立正确的质量观

质量是企业核心竞争力的集中体现，反映一个国家的综合实力，也反映一个民族的整体素质。怎样看待质量，如何提高质量，关乎国家发展，关乎企业命运。改革开放以来，从成立质量管理协会到全面推行TQC，从引入 ISO9000、ISO14000、ISO18000 等质量管理体系到引入卓越绩效模式，中国企业的质量管理水平取得了长足进步，但对比世界先进水平仍有一定差距。我们要坚持正确的质量观，树立质量第一的强烈意识，持之以恒地把质量工作做好。

质量是兴国之道、强国之策。世界上很多国家制造业的兴盛都源于质量的崛起，德国、日本、韩国等莫不是如此。以日本为例，日本产品几十年前口碑非常差，在欧美国家被嗤之以鼻，后来日本人在美国质量管理专家戴明先生和日本质量管理专家石川馨先生的帮助下，卧薪尝胆，做出了世界一流的产品。索尼（SONY）公司创始人盛田昭夫还专门写了一本书《日本制造》(*Made in Japan*)。中国制造原来被视为低档货，我30多年前第一次去美国时，发现很多中国产品在超市里上不了架，被堆在地上的大筐里售卖。而现在，中国制造的产品摆上了全世界超市的货架。

实现国家富强、民族振兴，质量是基石，是保障。在我国改革开放初期，我们曾出现重视成本、忽视质量的情况，后来通过推进全面质量管理，推动了中国制造的发展。党的十八大以来，党和国家把质量提到了更加重要的战略高度，"实施质量强国战略"列入国家"十三五"规划纲要，"建设质量强国"也写入了《政府工作报告》。我坚信，质量立国、质量强国、质量兴国，全面提高产品和服务质量将成为中国走向制造强国的坚实基础，成为中华民族在世界民族之林崛起和腾飞的有力支撑。

对企业来讲，质量是生命。企业靠什么生存？就是质量。张瑞敏砸冰箱的故事，掀起了海尔的质量革命。北新的产品能做到全球第一，是因为当年大脚印事件后的反思。中国建材这家企业也非常重视质量，我们不仅有世界第一的业务规模，更有全球领先的制造水平。但即使这样，我们仍在不断努力。记得有一年，我去青岛的四方车辆厂，当时赵小刚还在中国南车①做一把手，我对他说，日本川崎的工厂我去看过，你的工厂已经不输

---

① 中国南车，中国南车集团公司的简称，前身是中国南方机车车辆工业集团公司，2015年3月和中国北车合并，成立中国中车集团有限公司。

他们了。赵小刚却说，形似而神不似，我们现在停留在"要我做"，日本的企业是"我要做"，这就是区别。我很认同这一点。中国企业要跻身世界一流，还需要自上而下触及灵魂的深刻变革。"虚心使人进步，骄傲使人落后。"我们的产品即使今天打遍全球，也还要看到别人的长处。

质量是企业家基本的人生态度。我们做企业、做产品、做服务，从根本上讲做的是质量。质量是有成本的，而我主张在质量上要有过剩成本，即把产品做得更好些。在工厂里，个别技术人员搞负公差，我坚决制止。我在生产线上做过质量控制，知道只有公差，从来没有什么负公差，搞负公差是想靠偷工减料降低成本。我们的任务是尽量减少公差，使产品尺寸、容重更加精准。俗话说，"一分钱一分货"，我们的产品可以贵一些，但必须保质保量。

做好质量工作，一靠制度，二靠方法，三靠工匠精神。企业里应设置负责质量管理的组织和专人专岗，在企业内部普及先进的质量管理方法。质量管理光靠严格不行，还要有一套方法，要开展全员参与和全过程质量管理，让每个节点的质量都得到准确把关。另外，还要弘扬工匠精神。中国企业坐拥14亿人的国内市场，同时又有国外的大市场，这样的条件得天独厚。我们要把产品做精做好，不能"萝卜快了不洗泥"。

在做好质量的基础上，企业要实现从质量到品牌的转变。品牌和质量有着千丝万缕的联系。质量是品牌的核心内容，没有过硬的质量就没有响当当的品牌。但品牌又不全是质量，品牌是在质量的基础之上加上设计、文化、营销理念等形成的价值综合体。衡量质量最后还得回到品牌上，质量做不好就会砸牌子；质量一贯好，再加上品牌宣传，就能出现很多国际品牌。我们要认真研究瑞士等国家的品牌经验，以质量为根基，培育优秀品牌。品牌战略既是企业战略又是国家战略，要整体设计、协调联动，塑造热爱、使用、维护、宣传国产品牌的风气，提高全球市场对中国企业和产品品牌的认知度。

当前，我国正着力推动中国制造向中国创造转变、中国速度向中国质量转变、中国产品向中国品牌转变。宏观的转变需要微观的托底，企业要以质量创新助力"三个转变"。质量是做企业的出发点，也是对企业里所有工作成果的综合检验。质量工作是千里之行，我们唯一能做的就是努力，努力，再努力。

从管理到经营

管理是做企业的基本功。从工业革命开始，企业的核心就是提高劳动生产率，由此开启了管理时代。但面对今天快速发展的新技术革命和需求变化，如果只依赖管理，企业很可能会停滞不前，甚至倒闭。因为在这个时代，大量的技术和经验嵌入智能化机器，作业员工的数量大大减少，传统管理的效能在减弱。企业的主要矛盾已不再是管理问题，而是经营问题，即如何在不确定环境下做出选择，实现盈利。从管理到经营，是今天企业和企业一把手必须要转的弯子。

▶ 故事33 │ 鲁南水泥厂里的思想撞击

我刚到中国建材时，发现很多企业的员工着装、办公环境、厂区卫生等都非常整洁，但对业绩却不够重视。2003年非典刚结束，我就去中国建材所属鲁南水泥厂考察。鲁南水泥厂人才济济，培养出了一大批新型干法水泥人才，是中国建材在水泥业务领域出管理、出人才的摇篮。当时，厂里有两条日产2000吨的新型干法水泥生产线，是国内比较先进的大型水泥厂。

鲁南水泥厂现场管理得不错，干部们也很有心气，大家对我的到来非常期待，但没想到我们却在经营理念上发生了撞击。在会议室汇报时，大家讲了不少企业发展、企业文化和省里领导表扬"全省学鲁南"的话，却闭口不谈效益指标。我是从北新建材做了五年上市公司董事长过来的，习惯一上来先问效益情况。我得知企业并不赚钱后对他们说，全省学鲁南，鲁南不赚钱，学什么，怎么学？我说，做企业应该效益优先，你们不要把我当成领导，而要当成股东。如果把我当成领导，热情接待就可以了；但如果把我当成股东，就要把效益讲清楚。

这让我想起刚到中国建材工作时的情景。那时已是2002年3月份了，集团要开工作年会，却不知道2001年的经营数字。后来办公室人员只能给所属企业挨个打电话要数字。当时集团的干部们也没有数字概念，一问就是大概齐，讲宏观，讲形势。这些事情让我觉得不可思议。在北新工作时，我每天都在想经营上的问题，上个月盈利多少，这个月赚了多少。这是企业的核心，可是很多做企业的人没有这个概念。有一次，一位上市公司老总问我："宋总，你说北新建材一直赚钱，怎么做到的呢？"我说，"那你说该怎么办。"他说，"我们上市后很少赚钱。"其实，当时很多国有上市公司都是这样，没有把盈利意识建立起来。

这些事在我脑海中反复回荡，我觉得这是根子上的事，必须想办法解决，不然企业的一切都是空谈。2003年春节，我就在想干部们为什么没有绩效观，为什么没有数字概念，该怎么办，等等。因为转过年来，集团就要开年度工作会议，所以春节期间我就自己写了年会讲话稿。春节过后，集团在上海会议中心开年会，我讲话的核心就是企业要创造价值，把盈利作为首要目标。经过长期熏陶和训练，中国建材逐步形成了多赚钱为荣、不赚钱为耻的文化，绩效观深入人心，涌现出一批管理优秀、业绩优异的"明星企业"，而当年的鲁南水泥厂也早已成为效益标杆企业。

◉ 观点33 │ 经营之道就是赚钱之道

很多企业领导者常把经营与管理混为一谈，认为只要抓好管理就万事大吉了，这是非常错误的。2018年，我写了篇文章叫《从管理到经营》，谈的就是这个问题。经营和管理其实很难分开，经营里有管理，管理里蕴含着经营，但两者又有区别。管理面对的主要是人、机、物、料之间的关系，是看得见、摸得着的。经营是在不确定性中研判和选择技术路线、市场策略、价格策略、商业模式等。两者的侧重点和目的不同。

管理学家法约尔将企业的全部活动分为技术活动、商业活动、财务活动、安全活动、会计活动、管理活动这六种，并提出计划、组织、指挥、协调、控制作为企业行政管理的主要内容。泰勒提出例外原则，指出企业的高级管理人员把一般的日常事务授权给下级管理人员去处理，而自己只保留对例外事项（即重要事项）的决策和监督权。虽然他们已经意识到超出管理的技术、投资决策等经营问题，但在早期工业阶段，大都是卖方市场，技术相对低下、员工人数众多，在那种情况下，管理就是主要矛盾，只要能提高劳动效率、降低成本、保证质量，企业就可以生存和发展。而随着技术提升、竞争加剧，企业的不确定性越来越高，今天做企业，不仅需要好的管理，更需要好的经营。

世界上管理杰出的企业因为一个经营失误就轰然倒下，这样的例子屡见不鲜。大家熟知的摩托罗拉就是这样，著名的"六西格玛管理"就是它创造的，但当年它投资铱星电话的一个经营失误就使它一蹶不振。诺基亚公司倒闭时，诺基亚总裁说了一段引人深思的话，"好像我们什么也没做错，但我们倒闭了。"他说的什么也没做错是指诺基亚一直按照管理原则正确地做事，但并没有适应平板手机这场变化，没有了解手机用户的新需求，所以面对苹果平板手机只能轰然倒下。

由此可见，管理是正确地做事，主要目的是提高效率；而经营是做正确的事，主要目的是提高效益。现在对企业的一把手来讲，最重要的不再是管理，而是要把管理授权给别人去做，自己花更多的时间、精力去面对不确定性。我经常跟大家讲，管理是眼睛向内，经营是眼睛向外，企业一把手，既不是当官的，也不是传统的管理者，应该首先是个经营者，核心能力是经营能力。经营之道就是赚钱之道。赚到钱的不见得都是好的经营者，但赚不到钱的一定不是好的经营者。企业是经济组织，是营利组织，不会赚钱的人不能做一把手。一把手要坐镇经营，自己先做正确的事，再让大家正确地做事。如果自己要做的事情选择错了，即使大家做得再正确也没用。

强调从管理到经营，不是说管理不重要，而是经营更重要。在改革开放 40 多年后的今天，我国企业管理水平普遍提高，如果还有哪个工厂跑冒滴漏、脏乱差，就是不具备基本能力，就好比研究生不会四则运算一样。回想以前我当厂长那会儿，企业开会大多数是管理内容，大修理、质量控制、现场管理等，而现在开月度经营会主要围绕市场、价格、创新商业模式等经营问题，每次会都是 EMBA 的高级课程。正是因为这样，经过多年训练打磨，中国建材培养出一大批经营者。

在中国建材，各业务板块的一把手，80% 的工作是经营内容，20% 的工作是管理内容。因为中国建材是一家成熟企业，管理的基本功该有的都有了，大量的管理工作下移，而企业高层可专注于经营工作。在中国建材，我要求工厂管理必须出色，无论是水泥厂、玻璃厂，还是石膏板厂，都要管理得井井有条；同时，管理工作要交给主管生产的企业负责人，而一把手要把工作重心从繁杂的日常管理工作转向核心经营工作，身份也由管理者转变为经营者。我不提倡企业一把手一天到晚泡在车间里，一把手要时刻关注外界最新变化，把经营做好，让企业赚到钱。

从管理到经营，在教学上我也有一些看法。我是三届全国工商管理专业学位研究生（MBA）教育指导委员会的委员，在北京大学、中国政法大学等高校也给 EMBA、MBA 上课。商学院主要讲的是管理内容，因为近百年的企业重点工作就是管理工作，而且管理工作也容易归纳，便于教学。但在今天这样的创新创业时代，学员希望学到赚钱的本领，如果不教这些东西就会文不对题。有人认为商学院教不出企业家，越学越不行，关键就在这里。现在不少商学院开始设置启发和研讨课，增聘成功企业家做实践教授，这是个进步。我进一步建议课程设计上多一些经营的内容，开放思维，帮助学员提高学习和应变能力，增强选择判断的能力和整合资源的能力等。

开展三精管理

进入做强做优、高质量发展新阶段后，企业要如何进行管理呢？如何应对"后高速成长"时代的管理挑战？在归纳总结以往经验的基础上，我把经营与管理理念融合在一起思考，提出并推行组织精健化、管理精细化、经营精益化的"三精管理"，旨在构建精干高效的组织体系、成本领先的生产管理体系和效益优先的经营管理体系，让企业实现从数量到质量、从速度到效益的转变。

▶ 故事34 │ 让大象也能跳舞

中国建材曾是个资不抵债、年收入只有 20 亿元的草根央企，这些年靠资本运营和联合重组发展壮大起来，但也积累了企业户数和层级过多等问题。近年来，我们围绕"三精管理"做了大量工作。

1. 组织精健化，聚焦减机构、减层级、减冗员。在减机构上，两材重组后，总部部门由 27 个减为 12 个，人员由 275 名减为 150 名，二级企业由 33 个减为 10 个，各级企业严格定岗定编，同一层级上的机构尽量合并。在减层级上，以"准四级"为限，除股份公司因下设南方水泥等特大型企业可宽限至四级外，其他所有子企业均以三级为限。2018 年，我们提前一年圆满完成国资委下达的三年压减总目标，累计减少法人444户，压减比例达20%。在减冗员上，集团总部以下采取"五三三"定员，即业务平台公司定编50人，区域运营中心定编30人，日产5000吨水泥熟料生产线定编300人并进一步精简精干，智能工厂已做到50人。

2. **管理精细化，聚焦降成本、提质量、增品种**。降成本方面，全面落实成本费用节约计划，深入实施八大工法、六星企业、增节降工作法等特色管理组合拳，持续降本增效，干毛巾也要拧出三滴水。以中国建材所属中国巨石为例，过去十几年间产业规模从几十万吨提高到120万吨，但员工人数从1.2万人降至8000人，年节约成本超过2亿元。提质量方面，把质量作为企业的生命线，把产品质量、服务质量、过程质量等做到最好，不断追求卓越。增品种方面，精耕细作，沿着产业链延伸，不断开发新品种，提高产品附加值。以水泥为例，中国建材开发了道路、油井、核电、水工等近70种特种水泥，满足了国防、石油、水电、冶金、化工、建筑、机械、交通等行业工程建设需要，还推出用清水混凝土做的厂房设施和水泥产品，让水泥成为美观时尚的艺术品。这就是我常说的，我们不仅要磨面粉，还要做包子、馒头、花卷，增加附加值。

3. **经营精益化，聚焦价本利、零库存、集采集销**。中国建材要求企业负责人牢牢树立"从管理到经营"的理念，在做好管理工作的基础上，着重研究市场、价格、环境等层面的问题，深入基层，聚焦一线，提升各项效益指标。所谓基层，一个是工厂，一个是市场。抓工厂，就是做好生产管理，以"零库存"为目标优化供应链整合，推进集采集销等集中管理措施；抓市场，就是精耕细作区域市场和产品市场，开展市场竞合，践行"价本利"理念，提高市场话语权。比如在集采集销方面，南方水泥有100多家工厂，不能每家工厂都分别采购煤炭、单独卖水泥，只有依法合规地集中采购、集中销售，才能控制成本、提高效益。

"三精管理"提出后，中国建材各企业结合自身实践创造性运用，管理创新蔚然成风，涌现出许多好的经验做法，集团专门召开内部研讨交流会。我希望，中国建材通过持续深入"三精管理"，不断提高组织竞争力、成本竞争力、可持续盈利能力，做到既有体量又有质量、既有速度又有效益，实现高质量发展和世界一流的目标。借用郭士纳[○]的一句话说就是：谁说大象不能跳舞？

⭕ 观点 34 ｜ 管理的核心是精简和瘦身

"三精管理"的核心是精简，为什么要精简？因为企业成长是有规律的，就像一棵树，需要修枝剪叶才能长得高、长得壮、长得健康，只追求规模是不可持续的，而且企业也不可能总在变大。英国物理学家杰弗里·韦斯特的《规模》一书就探讨了这个问题。书中主要观点是，企业和生物一样都不会一直保持线性增长。百年老店的概率只有 0.0045%，全世界有 1 亿家企业，能生存 100 年的不过 4500 家。以美国为例，今天美国上市公司的半衰期只有 10.5 年，也就是说美国有一半上市公司存活期只有 10 年左右。这些退出企业的消亡方式不见得都是破产倒闭，大多数是被收购兼并了。据麦肯锡研究，1958 年在标准普尔上的 500 强企业最长可达 61 年，而今天只有 18 年；1955 年在《财富》500 强榜单上的企业到 2014 年也只留下了 61 家。

这些分析着实让人震惊，因为一直以来我们都将让企业永续发展作为目标，但韦斯特的统计数据和亚线性分析却让我们警觉要客观面对忠告。企业终有生存极限，企业的衰落看起来源自一些过失，实际上和人一样，经历了美好的少年、青年时代也会步入老年。10 年前，我们很难预料像诺基亚和摩托罗拉这样的公司会黯然倒下，也很难想象像 GE 这样的巨头有一

○ 路易斯·郭士纳（Louis Gerstner），IBM 公司前总裁，曾出版自传《谁说大象不能跳舞？》一书。

天不得不苟延残喘。华为享誉全球，令国人为之骄傲，但它的领袖任正非也坚持认为华为总有一天要倒下。我认为，这并不是任正非的谦虚，也不是一种未雨绸缪的警觉，而是他对企业有生有死的洞悉。

企业和人一样在一天天变老，我在国药做董事长时曾对大家说，我们制药的方向是让人长生不老、返老还童，大家都笑了，没人会相信有这样的药。人的理性目标，是希望能在有生之时活出质量，能健健康康地走向百年，安然面对死亡，把心放平，快乐生活可能更好。由此我也顺着这个想法去看企业，企业不一定真能做到永续发展，也不一定非要做成巨无霸，而是要在生命过程中活好自己。

韦斯特对公司规模的极限做了计算，认为公司的最大资产额是5000亿美元，也就是3万亿元人民币。他说科幻片里的那些巨无霸动物在自然界不可能存在，因为其腿骨根本无法承受超常的体重。一只蚂蚁可以拖动多只蚂蚁，一个人只能背动一个人，而一匹马很难驮动一匹马。这就是规模的代价。其实，大企业有三五千亿元人民币营业额，中等企业有三五百亿元营业额就可以了，不见得都要把目标锁定在超万亿元上。规模是把双刃剑，企业做得得心应手、规模适度才是最好。超越规模最大和基业长青，去追求活得更好、活出质量，这才是企业存在的真正意义。

在经历了多年高速增长之后，中国建材从实现高质量发展、建设世界一流企业的目标出发，着力推行"三精管理"，深化内部整合优化，进一步提高了企业的竞争力和盈利水平。我之前提出的稳健中求进步、发展中求质量、变革中求创新，也是基于对中国建材多年高歌猛进后如何发展的再思考。其实，企业的自发过程往往是个扩张和膨胀的过程，而只有持续强化企业管理才是精健和优化的过程。我回想当年插队的时候，就学会了两样手艺：一是给树木剪枝，二是杂交育种，没想到若干年后在企业经营管理中都用上了，成果就是给企业瘦身和发展混合所有制。

定价制胜

企业的经营之道是什么？靠什么盈利呢？我觉得主要靠几点：

- 技术创新，制造高科技产品，靠产品、技术、服务的领先性来盈利。
- 竞争策略，综合运用成本领先、差异化、集中化等竞争方式，全面提升竞争力。
- 价格策略，把合理稳定的价格作为盈利的前提。
- 商业模式，即用不同以往的方式，提高价值创造能力。

在上述几点里，很多人对价格策略不能理解，觉得产品价格是由市场客观决定的，企业只能适应却无法左右。赫尔曼·西蒙在《定价制胜》一书中认为，企业不是价格的被动适应者，而应掌握定价的主动权。中国建材采取的就是从量本利到价本利的经营思路。

▶ 故事 35 │ 拉闸限电，因"祸"得福

量本利，是大家最熟悉的经营模式，通过增加销售量，降低单位产品成本，取得盈利。这是短缺经济时期的经济规律。卖 20 万辆汽车比卖 10 万辆汽车的单位成本更低，更能获得盈利；但在过剩经济的条件下，生产 10 万辆汽车能卖得出去，生产 20 万辆汽车，就可能有 10 万辆卖不出，不但没有真正降低每个产品的固定费用，还会占用大量的流动资金。在这种过剩的情况下，"量本利"就失效了。

中国建材探索并提出了一种全新的盈利模式——价本利。主张在过剩情况下，一要稳定价格，二要降低成本。价本利，价格是龙头，成本是基础，利润是目标，通过保价降本取得利润。如果放量降价，竞争者一定会

报复，使得产品价格一降再降，最后谁也不挣钱。我们讲了这些道理，但怎么验证？从"量本利"到"价本利"，怎么能够形成共识？2011年下半年，正好有了一个机会。这个机会是浙江和江苏的限电。由于电力供应紧张，再加上节能环保的需要，当地政府对工业企业分期分批控制用电，其中也包括水泥企业。一开始，不少水泥企业跑到电力局求情，说千万别拉我们的闸，后来发现拉闸限电后，水泥价钱竟因"祸"得福，一吨涨了100多元，虽然少生产了点，但是多赚了很多钱。2011年，整个水泥行业利润竟破天荒超过了1000亿元，确实受益于限电。

这件事提醒我们：以前大家把竞争放在"量"上，价格不停往下降，企业赚不到钱；现在减量了，大家反倒赚了很多钱。可见，行业的主要矛盾是价格，不是量，而且在过剩的情况下，想放量也放不了。通过这一年，大家认识到，影响企业效益的是价格，影响价格的是供需关系，这就把逻辑理顺了。量多不赚钱，量少才赚钱，要想取得好的利润，就不能盲目靠放量降价，而是要进行产销平衡，要以销定产，要减产保价。可以说，限电事件是对水泥行业进行的一场市场教育、一场价格教育。

◉ 观点 35 ｜ 坚持盈利的八字原则和五优方针

做企业不能一味地去降价、拼价格。价格和销量存在矛盾，最理想的状态是价涨份额不丢、量增价格不跌。当价格和销量不可兼得时，我们思考问题的原点应是确保合理利润，找到价格和销量之间的最佳平衡点。企业要有一定的市场话语权和定价主动权，否则只能靠天吃饭，像万顷波涛中的一叶小舟一样，无法左右自己的命运，一味牺牲价格去增销量是行不通的。西蒙先生算了笔账：一个产品如果减量20%，企业利润会下降15%，而如果降价5%，企业利润则减少60%。因此，在丢份额保价格和保份额降价格两种做法之间，走价格竞争的企业往往都倒闭了。

所以在金融危机中，西方大企业采取的应对措施都是缩量，比如航空公司会很理智地停掉一些航班，而不是杀价、送票。在世界500强企业中，日本企业的相对利润率是最低的，日本企业的竞争文化是由于狭小的国土市场形成的，它们把市场份额看得十分重要，因此价格超低。这点要学德国，德国产品质量一贯好，价格也相对高一些，没有太大折扣，反而让客户放心。

关于可否用低价策略来赢得竞争的成功，西蒙先生在书中列举了宜家家居和阿尔迪超市的例子，他认为除非有像宜家家居这种极特殊的产品特色或像阿尔迪超市这种能取得供应商极低价格的经营方式才能取得低价优势，现实中能做到低价格高盈利的企业少之又少。我非常认同这个观点。产品有成本，过度低价竞争容易诱发"劣币驱逐良币"现象，导致全行业垮掉的例子并不少见。过去，我国国产婴幼儿奶粉行业是不错的，但后来出了三聚氰胺事件，让整个行业遭遇严重的信任危机。这一事件固然是奶农违法以及奶粉厂负责人违背企业家道德良心所致，但客观上讲，不正确的价格导向也是一大诱因。当时有些地方官员就说，恶性的低价竞争是"逼良为娼"的原因。

企业要盈利，产品就要有合理的价格。成本是刚性的，而且是边际递减的，企业不可能永远降低成本，到了一定程度再降低成本一定是以牺牲质量为代价的。我们应该走高质高价的路线，而不是走低质低价的路线。好的价格和利润从哪来呢？我主张"质量上上，价格中上"的八字原则和"优技、优质、优服、优价、优利"的五优方针。"质量上上，价格中上"是我在北新工作时提出的，一直沿用至今，指的是在质量上要有过剩成本，即把产品做得更好些。这样做虽然要多承担一些成本，但能因此铸就品牌和赢得长远利益；在确保质量的前提下，要保持价格稳定，既不搞价格战，又要适当让利实惠，维护客户的长期利益。如何让价格中上并能保持盈利呢？这就有赖于"五优"策略，即用好的技术、好的质量和好的服务赢得好的价格与好的利润。只有好的价格与好的利润才能支撑好的技术、好的质量和好的服务。

迷思八　集权和分权
没有最好的模式，只有最适合的模式

集权管理和分权管理是两种不同的管控模式，也是集团企业总部与各业务单元责权关系设计的重要内容。有的企业主张集权管理，权力高度集中，像神华、宝钢、首钢等企业采用集权管理的方式，管理得非常好。有的企业采取分权管理，比如华润、中信等，做得也很好。我的看法是，世界上没有最好的模式，只有最合适的模式，企业应该根据自身发展阶段和发展实际，探索适合自己的管控模式和发展道路。

风险可控可承受

在企业里,大家往往重视企业的规模发展,但对管控尤其是内控、内审等则本能地排斥。所谓管控,"管"就是用好制度,"控"就是抓住关键点,不出大纰漏、不失控。我认为,做企业管控必不可少。自然界中的动物和植物都有免疫力,在受到侵害后会产生抗体,从而形成防御系统。但企业天生缺乏免疫力,靠一次次失败形成免疫力太难,而且只要人一换,就可能重复错误。形成免疫力归根到底还是要靠建立管控制度,靠完善管控措施和风险应对措施。企业有强大的管控体系,面临重大风险时,才有能力转危为安。

▶ 故事 36 | 见人见物

我在北新做厂长时,参观了很多日本工业企业,并对工业化房屋产生了兴趣。2002年,北新建材与日本三菱商事、新日铁和丰田三家日资公司合资设立北新房屋。日本是地震频发国,阪神大地震后日本政府要求研发一种既省用钢量又安全的钢结构房屋,新日铁开发出了轻钢结构房屋,每平方米用钢量只有36千克,甚至比砖混结构房屋的用钢量还少。为了了解北新的情况，日方专门安排我在东京新日铁总部拜会了当时的社长千速先生。千速先生是日本著名的实业家，进了他的办公室，我发现他的桌上放着一份我的简历。千速先生语速很慢地说："宋先生工作这样忙，听说还在读管理博士，这很不容易。我的部下都认为宋先生不错，我想当面验证一下，现在见到你本人，我决定投资了。"

丰田公司当时已经营到第三代，第一代人做的是纺织机械，第二代人做的是汽车，第三代人希望像制造汽车一样制造房子，于是做了几十年工厂化房屋。确定了与北新的合作意向后，丰田公司副社长立花先生，带着十几个人的代表团在北新建材整整考察了一天，还与我进行了长谈。日方是小股东，为何做事还这样细致？后来我才知道丰田公司做任何投资决策都要见人见物，出发点正是为了规避风险，避免重大的投资失误。这让我很受启发。

俗话说，百闻不如一见。中国建材在大规模联合重组的过程中，我总是提示部下要见人见物，不能纸上谈兵，集团重组的企业领导人我大都见过。后来，我到国药集团当董事长，也把见人见物的决策原则带了过去，大型项目、重要合资和收购项目，我都要与外部董事一起深入企业做实地调研和考察，对项目进行充分评估。刚到国药第一年，我几乎把所有的下属企业都走了一遍。通过对文本材料的研读，加上现场的直接观察和感受，以及决策讨论中的头脑风暴，我们才能做出正确的判断。应该说，两家企业的投资失误很少，与这个"三结合"的决策方法关系密切。

观点 36 | 应对风险要对症下药

在企业经营的过程中，我们会遇到很多抉择，抉择的关键是对项目的风险点以及自身的风险管控能力做出精准判断。中国企业常说要防控风险，不要发生风险，事实上这是做不到的，因为风险无处不在。但丁的《神曲》序言里有一句话："我们看那犁地的农民，死神一直在跟着他。"企业也是这样，企业的每一个决策、每一场博弈都会有风险。正因为这样，西方经济学里讲的多是风险管理，认为风险与利润是双刃剑，利润是平抑风险的边际。因此，海外招股说明书中的很大篇幅是用来披露风险的。如果一个企业连自己的风险都说不清，或干脆说"我的企业没风险"，那没人敢买其股票；对风险的认识越深刻，披露的风险越全面，越可能得到成熟投资者的信任。

任何投资和经营行为都是一场风险管理。最高超的经营艺术，就是把风险降到最低，即使有了风险也要可控可承受。"风险可控可承受"一直是我经营企业的重要原则。像中国建材的重组，尽管过程风驰电掣、势如破竹，但始终都是按照"风险可控可承受"的原则谨慎理智、规范有序地推进的。企业有风险是正常的，关键是要知道风险可能发生在哪儿、企业的承受力有多大、有没有强大的"防火墙"和"灭火器"。风险发生后，不能逃避，不能掩盖，要正视并投注力量迅速切割风险部位，尽可能把损失降到最低，绝不能投入更多资源盲目补救，否则风险点和出血点就会越来越大，最终"火烧连营"。

那么，风险到底如何应对呢？这个问题不能一概而论。企业风险可分为三类：

- 战略性风险，如投资决策等。这类风险的规避和防范要靠科学化的决策，避免"一言堂"和盲目决策。
- 战术性风险，如企业运营过程中的风险。这类风险往往需要规范管理来防范，如加强全面风险管理、完善管控体系、强化内控体系建设等。在这方面，最担心的是某个环节或某位干部的失误造成大的系统性风险。
- 偶发式风险，如火灾、地震等突发事故。这类风险往往不可预测，但可以通过购买商业保险来应对。

对于风险的理解，西方人和中国人并不相同。西方人讲的风险大多是偶发式风险，指的是不可抗力事件。而我们讲的风险多在经营决策风险层面，泛指经营失误，包括战略、用人、决策、管理等方面的失误，因此我们所讲的防范风险更多是指减少经营决策造成的失误。

实践证明，全世界任何一个大企业如果在风险控制问题上出了纰漏，一定会险象丛生，甚至瞬间崩塌。所以，所谓企业家能力，一个重要的方面应是发现和判断风险的能力、防止企业发生系统性风险的能力，以及出现风险后降低损失的能力。

选择适合的管控模式

企业发展到一定规模，总部职能部门和所属分支机构增多了，管理的难度也越来越大。集团企业到底是集权还是分权呢？答案并不是绝对的。其实，集权和分权两种管控模式各有利弊，《孙子兵法》讲"兵无常势，水无常形"，企业应根据具体环境变化，寻找既符合经济规律又适合自身实际的管控模式，动态合理地收权或放权，做到张弛有度。

▶ 故事 37 | 解散 30 多家子公司

我刚当厂长时，北新正面临重重困难。事实上，自 1987 年以来，北新的营业额就一直在 1 亿元左右徘徊，更为糟糕的是，企业机构越来越臃肿，管理很混乱。那时，厂里一些部门以搞活为名，成立了 30 多家小公司，这些小公司并没有什么经营能力，只能在工厂内部找活儿，实际上是蚕食企业的效益，而且由此增加了大量的人员，让企业背上了沉重的包袱。

记得刚建厂时，北新只有 1200 人，10 多年过去了，生产线没有增加，员工却增加了 1000 人！在企业中，如果不控制住人员的流入，各分厂都在增加人员，全厂一年就会悄无声息地增加几十人。例如厂里有个劳动服务公司，是集体性质，工厂人劳部不管它的用工权，它本来应该主要安排转岗职工或职工子弟，但是盲目地铺摊子，扩张到 200 多人。

1993 年当厂长后不久，我就果断解散了 30 多家子公司，之后按照"搞活主体、放开辅助、分级经营、集团管理"的方针，确立了总厂和二级厂（二级公司）的两级领导体制。在新的领导体制下，总厂主抓经营战略、资金运作、供销配套服务等；对二级单位充分放权，允许自主设置内部机构、自行聘任干部，工作重点转向抓现场管理、成本管理、设备管理、安全管理等实际工作。这种"少职能、多实体"的集中控制下的分权体制格局，有效解决了机构臃肿、人浮于事的状况。二级单位实行自主管理之后，积极性被充分调动起来，成为市场经济的"快速反应部队"，一年就初见成效，取得了可喜的成绩。

观点 37 ｜ 宜集则集，宜分则分

企业到底是集权还是分权呢？取决因素又是什么呢？我们从两种模式的特点入手，逐一具体分析。

在集权管理里，集团母公司集中控制和管理集团内部的所有经营和财务事项，做出财务决策，而所有子公司必须严格执行集团公司的决议。这种管理方式的特点是高度集权、事无巨细，适用于那些业务相对单一、专业化程度较高的资源型企业。像煤炭和钢铁类资源型企业，这类企业进行集权管理便于更好地提高效率，优化资源配置。我以前去过一家钢铁厂参观，这家企业采取军事化管理，员工都是排队走路的。相比之下，分权管理通常适用于规模较大、业务多元化、品种多样化、市场变化快、地区分布较分散的行业和企业。这种情况下，很难对所有企业的生产经营，按照

同一个模式逐级逐一进行管理，所以集团公司大都集中于关系全局利益和重大问题的决策权。

任何企业管理都有利有弊，如果控制得很严，大家的积极性就会受影响；但如果让大家过于自由，可能就控制不住，所以得做好平衡。就中国建材而言，我们的业务涉及水泥、商混、玻璃、石膏板、玻纤、风机叶片、碳纤维、锂电池隔膜等，还有科研、贸易等板块，全国有上千家独立核算企业，这么庞大的集团公司，如何有条不紊地运行？一方面，我们实行严格管控，下属企业没有投资权。中国建材不像中石油、中石化，有几个大的油田或石化厂就产生几千亿元的收入，我们是那种由小工厂组合成大集团的企业，就像老母鸡带着一群小鸡，所以管控体系特别重要，不然很容易出问题。另一方面，在严格管控的基础上，我们采取了灵活的分权管理模式。中国建材身处充分竞争领域，市场环境瞬息万变，业务形态多元化，因此生产经营应因地制宜、因时制宜。我的想法是：在战略清晰、文化统一、运作合规的前提下，让前线听得见炮声的人发命令，后方做支持，而不是后方发命令，前方去执行。

集权管理和分权管理各有千秋，一个企业到底是集权还是分权，会受企业历史沿革、领导个人、行业特性、企业特点、发展阶段等多种因素的影响。管控模式的选择宜集则集，宜分则分。比如企业在初始发展阶段、规模较小阶段，更适合集权管理；企业盘子大了、业务多了，就要考虑分权管理。

企业分多少层为宜

企业中的层级到底多少为宜，这也是企业管控的一大问题。从管控角度来看，企业实行扁平化管理最好，但扁平化的组织结构一般在大型工业制造企业容易实现，类似于销售组织就很难做到扁平化，比如加油站要到每个区、每条街道，要不停地分级，最后形成了金字塔式的组织结构。是采取扁平化管理还是金字塔式管理，最后合理层级是多少，是需要根据企业自身情况来做出决定的。

▶ 故事 38 ｜ 国药布局地市级销售网

国药集团原来并不是一个制药集团，而是一家以医药流通为主的企业。我到国药后认真研究了公司的发展现状，以及中国和全球医药企业的成长模式，提出国药"先发展壮大物流分销事业，再以终端拉动上游，最终形成科工贸一体化企业"的思路。针对当时全国医药分销网络过于分散的情况，我们决定先成立香港上市公司，之后融资重组全国的医药分销网。

国药上市采取了和上海复星合作的方式，先成立了一家由我们控股的"阁楼公司"，这家公司再注册一家拥有100%股权的国药控股股份有限公司，并承担起在香港上市的使命，复星并不直接持有上市公司股份。国控上市后，第一次就募集资金60多亿港元，我们用这些钱启动了全国大规模的联合重组，开始了国药网的建设。然而，国药网在建设过程中却出现了问题：过去大型企业工委管理时期曾提出央企以三级为限，按照三级为限的企业层级，国药集团一级，国控一级，销售网络最多只能到省一级，向下无法再延伸了。我去河南国药调研时就发现，三级的层级限制束缚了大家的手脚，而民营企业连镇一级的销售网络都在铺设，大家为此也很苦恼。

我觉得，企业层级有一定限制是对的，但三级对工业企业可以，医药配送企业却不能简单地以三级为限。思来想去，我在董事会上提出，对于国药配送网这样的企业可以适当放宽层级限制，建立地级市一级的配送企业，大一点儿的县级市也要建立配送企业，由省公司牵头，按照国控占70%、创业者占30%的"七三模式"发展下线。这个政策和方法是国药集团发展全国医药网的关键和基础，很快形成了遍布全国的药品物流分销配送网络。实践证明，正是这张庞大的营销网络成为一张最具实力的王牌，为国药集团的发展抢占了优势和先机，巩固了它在国内医药商业领域的龙头地位，赢得了市场话语权。2011年，国控成为国内首家医药商业流通业务超千亿元的企业。

观点 38 | 组织结构尽量扁平化

企业扁平化往往在大规模工厂管理中容易实现，大多数集团型企业很难做到。但并不能因此就说，大企业就应该设置很多管理层级，层级的多少与公司战略需求、管理能力有关，层级越多越难控制，因此还是要尽量扁平化。此外，层级多还会引起官僚化的问题，而且严格的等级造成了心理上的隔阂，也会造成沟通的不畅。大家都看过传话游戏，信息经过几层传递到最后一个人，就会大变样，甚至截然相反。企业也是如此，层级过多，管理肯定会失控，必须压缩。

现实中，很多企业盘子大了，资产规模和管理人员多了，管理层级也在不断拓展。像在央企里，有的企业法人层级竟有17级之多，管理层级也有九级之多，因而运行效率大大降低，业务"多而不专"。李克强总理在一次会议上说，他在地方工作时曾问过一个国企领导人自己的企业有多少下属公司，一开始得到的回答是80多家，第二次说100多家，结果最后摸底发现有200多家。总理说，连董事长自己都说不清楚自己的企业到底有多少家子公司、孙子公司，这怎么能提高企业管理效率、增强竞争力呢？

2016年，国务院常务会议为央企开出了"瘦身健体"的主药方，并对央企开展"压缩管理层级、减少法人户数"的压减工作提出明确要求，目标包括力争在三年内使企业法人户数减少20%左右，打造精干高效管理机构。此后央企在国资委的统筹推进下，着力开展"瘦身健体"，截至2019

年 5 月底，存量法人减少超过 14 000 户，减少比例达 26.9%，管理层级全部控制在五级（含五级）以内，法人层级 10 级以上的企业减少到五家，最高层级减少到 12 级。持续压减让央企"减肥消肿"，主业核心竞争力增强，运行效率显著提升。

对中国建材来说，通过深入开展压减专项工作，1700 多家独立核算企业现已减到 1200 多家，将来还要减到 1000 家，法人层级减至五级，管理层级减至四级：国资委直接管理的母公司中国建材是第一级；H 股上市公司中国建材股份是第二级，占集团 80% 的资产；上市公司下面有第三级平台公司，如北方水泥、南方水泥；平台公司下面的工厂是第四级。如果集团这一级不存在，直接是一个整体上市公司，三级就可以了。中国建材一直强调集团管控的权威性，要求令行禁止，所属企业必须在集团规定的战略范围内经营，突出专业化，明确主营业务、核心专长、市场占有率、品牌知名度等经营管理目标，严禁未经批准滥设公司，要求保持组织结构扁平化，以提高市场快速反应能力。

总之，大企业集团在层级设置上要有节制，围绕战略目标，形成主业突出、业务链条清晰的业务板块和管理幅度合理、管理层次精简的组织架构。还是我常提醒大家的那个道理，做企业始终不能忘了管理的目标和任务，如果企业有管理，就会向着精干高效运行；如果企业没有管理，就会盲目地扩张和膨胀。

格子化管控

中国建材是联合重组而来的企业，独立核算单位有上千家。在很多场合，我经常被问到的一个问题就是，"这么多企业怎么管啊？怎样做到多而不乱、管理有序呢？"答案很简单，只要找到一套适应企业经营发展的管控模式，事情就好办了。管控模式多种多样，而我的办法是进行"格子化管控"。

▶ 故事 39 ｜ 巧克力盒子里的秘密

买过巧克力的人都知道，巧克力盒子里有许多塑料格，各式各色巧克力被装在相应的格子里，就不会黏在一起。受此启发，我在中国建材提出了"格子化管控"的思路，集团众多企业都被划分到不同格子里，每个企业只能在自己的格子里活动，给多大的空间，就干多大的事。中国建材这个巧克力盒子里有哪些门道呢？怎样让大家各适其位呢？我研究了五个办法：

第一，治理规范化。集团里不管是几级企业，都要按《公司法》注册为有限公司，建立规范的法人治理结构，包括董事会、监事会、管理层在内的一整套规范的治理体系。上面是有限公司，下面还是有限公司，母子公司不再是简单的上下级，而要靠规范治理实现有序运作。

第二，职能层级化。它就是实行分层次的目标管理，把决策中心、利润中心、成本中心分开，明晰各层级的重点工作与任务，确保行权顺畅、工作有序。这是管理学里的经典模式。集团和股份公司是决策中心，不从事生产经营，只负责战略管理、资源管理和投资决策。业务平台是利润中心，任务是把握市场，及时掌握产品的变化、价格的走向，积极促进市场稳定，增强市场话语权和控制力，推动产品更新换代。工厂是成本中心，任务是研究在生产过程中如何把成本降到最低。按照相应的职能定位，在集团层面需要投资高手，目标是做高质量的投资；在业务平台层面需要市场能手，主要解决盈利的问题；在工厂里需要成本杀手，主要是控制成本。三个层级没有高低之分，关键是各司其职，各得其所。

第三，平台专业化。集团的业务公司都应该是专业化的平台公司，控制业务幅度；而集团的整体业务可以适度多元化，形成对冲机制。打个比方,集团公司相当于体委,旗下每一个平台公司都是专业球队,有打乒乓球的、打排球的、打篮球的,但乒乓球队只打乒乓球,排球队只打排球,篮球队只打篮球。中国建材所属企业都是水泥公司、玻璃公司、新型建材公司等专业平台,每个平台只做一种业务。今天的市场竞争异常激烈,我们的人才、知识和能力都是有限的,只有专注做专业,才能形成更强的竞争力。

第四,管理精细化。它指的是强化精细管理,核心是数字化。中国建材每个月召开经营分析会,企业一把手每人都要一上来就汇报关键绩效指标(KPI)。国有企业绝大多数干部过去讲数字不太准确,一张嘴就是"大概齐"定性的话,但今天做企业就是无数数字的堆积,如果数字搞不清楚,就很难搞好经营和管理。为了克服大家对数字不敏感的问题,我从北新到中国建材,都要求大家生活在数字里,赚了赔了都要说道说道。

第五,文化一体化。它指的是一个企业必须有上下一致的文化和统一的价值观。如果集团内各企业,各唱各的调、各吹各的号,随着企业的盘子越来越大、加盟的公司越来越多,企业就会越发危险。

实践证明,"格子化管控"解决了企业的治理结构、职能分工、业务模式等问题,平衡了结构关系,还对实施科学管理和集团式企业文化融合提出了要求。中国建材这些年依靠联合重组迅速发展壮大,但我们的扩张是规范有序的,是在严格控制和管理下进行的,确保了集团的平稳健康运行。

● 观点 39 │ 企业要杜绝"两乱":行权乱和投资乱

管控说复杂也复杂,说简单也简单,关键在于解决"两乱":一是行权乱,政出多门,不知道该听谁的,不能令行禁止;二是投资乱,投资决策不能高度集中,子子孙孙的公司都在乱投资,母子公司职能缺位。我认为,企业的混乱往往来自这"两乱"。管住了这两点,企业就能实现行权顺畅、步调一致、有序经营，否则就会"宽严皆误"。

企业管理要有原则立场。就中国建材而言，不同层级的职能是不同的，我们按照职能进行授权。比如南方水泥是利润中心，集采集销、市场定价就授权给它，但投资的权力还是在集团；南方水泥下面的工厂是成本中心，给它的授权只能是成本控制，在生产作业方面有权力，但不让它参与市场，在产品的价格、采购方面，它是没有权力的，甚至没有销售的权力。

在中国建材，资本项下的重大决策权都收归集团公司总部，下属公司只有投资建议权，而没有投资决策权。如果下属公司管理者认为自己擅长做投资，那我们欢迎他到集团总部工作，但留在子公司就只能扎扎实实做经营。我对这方面的要求向来非常严格，因为一旦投资和行权的点位上出问题，企业就会彻底乱套。以前有人给我讲过一件事，说国内一家日资公司买辆二手车还要总部派人来看，感觉很低效。可后来认真想想，它们为什么要这么做？虽然效率低了些，但从整个公司的投资决策来看，这样做是符合规则和章法的，会使公司的运作更稳健。

比如在中国建材的成本中心这一级，我总是强调，再大的工厂也没有投资权。我们的一个工厂投资动辄几十亿元，而且每个工厂都有做大的想法，如果由着它们自己去扩张，那就全乱套了。所以集团就让它们放下"武器"，明确自己的层级和权力，集中心思做好自己的事。我常跟工厂厂长说，你只考虑成本就好了，不要总考虑冲出亚洲、走向世界那些战略性的事情，扎扎实实地做好成本控制，你这个厂长就合格了。至于投资，这是集团总部层面考虑的事情。

全集团也是收支两条线，生产运营的资金和投资的资金不能相互挪用。过去有的工厂是自成系统，进入中国建材后就不能再做投资，甚至也不让卖东西了，主要的任务就是生产，这也有一个思想转化的过程。很多跨国公司的子公司就是这样，投资50万元的权力都不一定有，因为投资是总部的权力，但运营项下上亿元都可以动用。如果把生产运营资金拿去投资，这也是不允许的。

当然，下属公司虽没有投资权限，但可以提出自己的投资建议。比如，水泥厂想搞"水泥+"业务，要建设一座商混站或建一条骨料线，需要先上报到利润中心，待利润中心经过研究再上报到决策中心，最后由决策中心来决策。利润中心也是如此，虽然价格由利润中心来定，但集团决策层面可以对价格给予指导。三个中心的权力是清晰明确的，也是可以自下而上或自上而下沟通互动的。

破除谷仓效应

"格子化管控"解决了大企业集团纵向管控的问题，那格子与格子之间的横向沟通协作如何开展呢？怎样杜绝企业部门之间互相掣肘和下属企业恶性竞争的问题呢？这就要在破除谷仓效应方面下功夫。谷仓效应是英国《金融时报》专栏作家吉莲·邰蒂提出的，她把社会组织中的一些各自为政、缺乏协调的小组织称为谷仓，把这些小组织之间的不合作行为称为谷仓效应。这些观点值得深思。

▶ 故事40 ｜ 国际工程业务"手挽手"

中国建材是一路重组发展起来的企业，高速的集团化发展路径，使得企业有不少谷仓。近年来，我们加大整合优化力度，破除谷仓效应，增加协同效应，取得了很好的效果，国际工程业务就是个典型例子。

中国建材原有十几家涉及工程服务的公司，分别来自重组之前的原中建材集团和原中材集团。这些企业经过多年境外EPC项目的实施，建设了一大批世界一流的水泥和玻璃工程，但由于业务同质化，企业之间也经常打乱仗，大量内耗，损失收益。两材重组后，我们召开工程业务专题工作会，成立协调工作组，明确精耕市场、精准服务、精化技术、精细管理的要求，提出减少家数、划分市场、集中协调、适当补偿、加快转型的思路，确定统一经营理念、统一竞合、统一对标体系、统一协调机构的"四统一"原则，要求各企业间相互借鉴、深入交流，以"优势互补，互利双赢"为原则，发挥各自优势，扎实有效地开展合作。

针对"一带一路"建设，我们加大资源整合力度：

- 采用"切西瓜模式"，在全球划出重点市场区域，避免相互杀价，化解竞争冲突，使企业更专注于市场和长期稳定的经营，利用品牌优势深耕重点区域市场。
- 加强境外投资项目合作，把集团内的工程公司、设计院、大型装备企业等产业链上下游纵向联合起来，实现优势互补，协同作战。比如南京凯盛联合中建材国际装备，成功中标并签署了土耳其日产7500吨水泥工程项目合同。
- 突出核心专长、相关多元化经营，深化属地化经营，引导各工程公司逐渐从单纯的水泥或玻璃工程公司发展成为以水泥、玻璃为主，开展相关工程领域业务的综合类工程公司。

两材重组后，中国建材进入国际化经营新阶段，国际工程业务协同成效明显，凝聚起更强的竞争力，被媒体评价为"两河交汇涌起'走出去'的猛流"。

观点40 | 分家赢活力，协同赢合力

企业的合与分一直以来都是个迷思。《三国演义》第一回上来就讲道，

"话说天下大势，分久必合，合久必分。"做企业也是如此。今天多数大企业都是经过重组合并而发展起来的，合并做大了规模，减少了恶性竞争，但合并起来的企业在文化融合和管理效率上往往存在问题，失败的案例不在少数。20世纪80年代，我读过日本人写的书《我的企业分家》，主张企业要想有活力就要无限分家，尽量缩小核算单位。

企业究竟是合还是分呢？我主张，大企业要能小，小企业要能大。生命不能通过一个个个体而持久，而是通过一代代繁衍而延续的，从这个意义上看，生命本来就是永恒的。企业也一样，投资新公司、发展新业务就是延续生命的方法，而老公司和老业务该退出时就要退出，这就叫吐故纳新。像《家》《春》《秋》里写的那样，中国旧式大家庭到了民国完全失去了活力，大家长总想拢在一起过，年轻的小夫妻总想分开各过各的，但家最终还是要分的。其实，大多数央企是进行了企业分家的，像中国建筑就有八个局，每个局都是独立的竞争体。在这方面，我曾和中国建筑的领导讨论过分家后的协同问题，他却认为，正是中国建筑这样分灶吃饭甚至不惜内部竞争的代价，使中国建筑的企业获得了竞争力和快速发展。

分家让企业具备了活力，但分家后企业能不能有合力呢？这就要求我们大力破除谷仓效应。试想，如果一个大型企业集团只有垂直性管理，而没有水平性协同，各组织单元都是在一个个封闭的谷仓里运作，坚固高耸的谷仓隔离了内外联系，大家彼此看不到，也不知别人在做什么，这样各自为政往往会造成资源的巨大浪费和巨大风险。日本索尼公司曾是一家声名赫赫的卓越企业，但近年来由于分工过于精细，部门协调性和技术横向应用性差，在随身听等产品开发上，几个独立的开发部门推出了互不相关的创新产品，引起了市场认知混乱，再加上其他大企业病和外部竞争，从此走上了下坡路。我国一些集团企业下面也有不少谷仓企业，不但在国内市场上自相残杀，还跑到国际市场上互相压价、恶性竞争，影响很不好，造成了国家和企业巨大的经济损失。

谷仓效应的形成有其客观性，这就是细致的分工。我们很难想象，大企业如果不进行深入细致的分工，如何才能稳定高效运转。分工带来了巨大的效率，但是以协调成本的增加为代价的。由于分工，制度上缺乏协调性，对跨部门问题无人负责，人们也存在"各人自扫门前雪，莫管他人瓦上霜"的心理，以致出现分工容易合作难的现象。既然分工无法避免，我们的问题就是破除谷仓效应，处理好科学分工与良好合作的关系。办法主要有三个：

1. 解决认识问题。从战略层面认识谷仓存在的客观性和谷仓效应的危害性。在企业工作中既要看到部门的局部利益，又要看到企业的整体利益，树立为整体利益甘愿牺牲局部利益的大局观。管理层要强化统一的战略认同，特别是要精简机构、整合优化，将谷仓林立作为大企业病的突出症状之一加以重点防范。

2. 精心设计制度。在战略布局和组织设计中，要取得集团统一管控与所属单元自治活力的最佳平衡。通过强化垂直纽带和关键部位，确保集团必要的战略控制和信息对称。各单元间要归并联合相关业务，减少部门间过度分工，通过部门业务适度交叉和分工合作体制建设来减少复杂度，增加协同性；还要通过加强横向协同机制和信息共享平台建设，减少信息壁垒和消极竞争。管理学家法约尔曾提出，分属不同管理路径的平行部门跨越管理路径、直接协商解决的跳板原则，以提高效率，减轻决策压力。

3. 建立强大的企业合作文化，这是破除谷仓效应的最佳办法。像脸书公司（Facebook）采用开放式办公和开放式网上沟通，使大家的融合度大大增强。大型企业集团要重点加强管理层的团队意识，通过团队学习、人员交流、机制建设，强化各单元的文化纽带。中国建材每年举办下属企业干部培训班，增进了集团企业间干部们的交流和友谊，微信群的建立对于破除谷仓效应是十分有效的。另外，人员适当流动，换换谷仓，也有利于大家转换角度，增强企业协同。

迷思九 独资和股权多元化
宜独则独，宜控则控，宜参则参

企业股权结构到底是独资还是股权多元化呢？在实践中，独资企业有很多佼佼者，无论是国有独资还是家族企业，都有管理得很好的企业。股权多元化是现代企业的发展趋势，不仅把外部资本吸引进来，而且使企业决策体系、管理体制和经营机制发生深刻变化，使企业管理变得更加透明、科学、公平。发展混合所有制是目前改革的热点，但混改不能一刀切，企业选择何种股权结构还是应因地施策、因业施策、因企施策，宜独则独、宜控则控、宜参则参。

股权结构不是千篇一律的

在现代市场经济中,最普遍的股权结构是独资和股权多元化。国有独资公司是百分之百国有股权的企业;家族企业由家族成员拥有全部或大多数股权,一般也掌握着经营控制权;股权多元化的公司则具有开放多元的资本结构,最为典型的就是混合所有制企业。这三种模式没有优劣之别,不论哪种模式都有做得好的企业,也都有做得不好的企业。

▶ **故事 41** │ 走近法国企业

2013 年春天我去法国培训时,对法国企业进行了了解,法国企业的国有化程度原来很高。法国在 20 世纪 80 年代密特朗总统执政时期搞过国有化运动,不少企业都被收归国有。"右翼"执政后又搞起私有化运动,到现在还有 50 多家大型国企,其中一半是百分之百的纯国有企业,从事公益事业,另一半是竞争领域的国家相对控股或参股企业,比如法国雷诺公司有 25% 的国有股,法国燃气公司有 36% 的国有股。

在法国这 50 多家国企中,凡是国有股占 50% 以上的企业都作为国有企业管理,凡是国有股低于 50% 的企业都按市场上的股份公司对待。国有企业的领导者是通过社会招聘的方式甄选出来的，一般是有资历的股份公司的知名企业家。这些人的年薪只有五六十万欧元，不像私营企业那样动辄就高达六七百万欧元。不过，像法国燃气公司这个国有股占36%的非绝对控股公司，首席执行官的年薪达到200万欧元，这类企业不像国家绝对控股的企业那样限薪。

在法国期间，我和法国国资局局长见了一次面。我当时问他：法国政府为何保留国家参股公司，是出于什么考虑？他说，一是做好国家保障，二是为国家多挣点钱。以法国燃气公司为例，它原来是一家国有企业，2008年与法国苏伊士集团正式联合，成立法国燃气苏伊士集团。合并后，苏伊士集团变为法国燃气的第一大股东，国家退为第二大股东，占有36%的股权。国有股减持后，提升了企业经营管理自主权和市场化水平，增强了企业的国际竞争力。同时，由于36%的持股比例高过法律规定的国家持股33%的最低线，确保了国家对重大决定的否决权。

法国家族企业众多，而且实力强劲，在全球有着重要影响力，路易·威登公司就是一家，我在法国时对它也有一些了解。这家公司1854年创立于巴黎，经过路易·威登家族100多年的苦心经营，发展成为全球知名奢侈品公司。1987年路易·威登公司与酩悦·轩尼诗合并后成立LVMH，之后现任董事长兼首席执行官贝尔纳·阿尔诺大举买入股票，成为集团实际控制人。路易·威登家族现已传到第六代，家族成员仍在做箱包、皮具、腕表等产品，但公司经营权则交由高薪聘请的CEO，这也保证了路易·威登公司每年百亿美元的良好收益。对母公司来说，LVMH虽已上市，却被视为家族企业，阿尔诺通过家族公司控制了集团一半股权，是最大的个人股东，他的子女也担任公司要职。阿尔诺是个经营高手，他用资本运作和兼并收购的方式，让LVMH成为全球头号奢侈品集团，旗下有包括LV、香奈儿、迪奥在内的70多个高端品牌，2018年实现收入468亿欧元、利润100亿欧元。

迷思九 | **独资和股权多元化：宜独则独，宜控则控，宜参则参**

○ 观点 41 | 股权没有统一模式

股权结构是公司治理结构的基础。一般来说，有什么样的股权结构，就会有什么样的公司治理模式与之相对应。现代产权制度提倡多元化的股权结构，但国有独资企业和家族企业也占了很大比例。

对国有企业来说，是独资还是股权多元化，关键要看在什么领域。国外也有国有独资企业，像在法国，这类企业主要集中在公益领域，德国也是一样。德国的铁路公司 20 世纪 90 年代曾拿出 49% 的股份上市，由于股价很低，流动性差，2008 年政府又把上市股权全部收回了，后来柏林和汉堡也相继把原已私有化的水务和电厂企业收归国有了。我到德国时，德国政府官员跟我说，上市后股民会提出业绩要求，但铁路、自来水公司怎么增加业绩呢？铁路运量和用水量发展到一定程度后，就会处在均衡状态，要增加公司盈利，只能是提高票价、水价，但这样消费者又不买账，所以这些公司干脆改为国有独资，以此保证价格稳定和高质量的服务。这个观点，我很同意。公益企业不以盈利为目标，不宜引入民间资本去追逐利润，否则会引起不合理涨价，损害全民利益，有违办企业的初衷。

2015 年，国家三部委出台《关于国有企业功能界定与分类的指导意见》，其中就明确：公益类国有企业，主要是国有独资企业。主业处于关系国家安全、国民经济命脉的重要行业和关键领域，主要承担重大专项任务的商业类国有企业，要保持国有资本控股地位，确保国有经济控制力，保障经济安全运行。主业处于充分竞争行业和领域的商业类国有企业，主要是国有相对控股、作为第一大股东和参股方式，也就是混合所有制。在混合所有制企业里，国有股本依法进入，只承担股东责任和享受股东权益，企业经营决策交由董事会。董事会由各个股东派出人员，并设有专家型的独立董事，按市场规则运作，接受市场监督。这就把不同功能的企业和其对应的股权关系讲清楚了。

股权界限与企业性质也是需要明确的问题。在国际通行的做法中，一般把国有股持有 50% 以上股份的企业视同国有控股企业，而国有股低于 50% 的企业并不纳入国有控股企业。在下一步改革中，我们可以将国有绝对控股的企业视同国有企业管理，但也不应当成传统的国企，要积极引入市场机制，激发社会持续参与的热情；此外，将现行的国有相对控股、相对第一大股东和参股企业视同完全的市场化股份公司来看待。这样，很多竞争领域的上市公司就完全以市场化形式进行竞争，从而解决了市场化经营的内部机制革命问题，也解决了与民营企业融合合作、公平竞技的问题，还有利于国际化发展，因此意义重大。

从家族企业来看，股权设计同样至关重要。家族企业在全世界都非常普遍，像美国 90% 的企业都是家族企业，欧洲家族企业也极其兴盛，法国、德国上市公司中的家族企业数量超过 60%。大家熟知的沃尔玛、大众、福特、家乐福、宝马等大企业都是从家族企业发展起来的。与传统家族企业不同的是，现代家族企业在股权结构上一般倾向于从封闭的单一化走向开放的多元化，并且把所有权和经营权分离开来。比如，引入战略投资者、鼓励员工持股、建立规范的董事会、聘任独立董事和职业经理人等，这些都让现代家族企业的社会化色彩逐渐浓厚，有的还演变为大规模上市的公众公司。而在这些企业的股权结构里，家族成员仍占有重要份额，这也确保了家族地位的稳固。2019 年全球家族企业 500 强的入选规则就是，满足"对上市公司持股超过 32%，非上市公司持股超过 50%"这一条件，可见股权多少仍是家族企业最为重要的标志。

中国的家族企业可以追溯到明清时期的晋商、徽商，近代以来又以荣氏家族、张謇家族等为代表。改革开放以来，随着农村家庭联产承包责任制的推广，家族企业逐渐崛起，成为民营经济的中坚力量。家族企业经营灵活高效，凝聚力强，管理成本低，在创业初期能够迅速完成原始积累。尤其是对规模不太大、业务相对单一的企业来说，家族制度有着旺盛的生命力，比如在温州地区，家族企业非常多，而且不同家族之间协同发展，形成了上下游产业链上的企业集群。

不过，家族企业在发展过程中也容易出现产权不清、管理混乱、任人唯亲、以亲制疏等突出问题。同时，随着企业规模的扩大和经营环境的变化，股权高度集中不利于企业融资发展，家族制效率也会呈递减趋势，因此建立现代企业制度就成为迫切要求。在国外，不少家族企业为了使资产保值增值、科学管理，愿意出让一部分股权，并把公司经营权交给职业经理人。而在我国，不少家族企业裙带关系复杂，治理不规范，七大姑八大姨都想插一脚，家族内部爆发股权纠纷或家族成员与职业经理人闹掰的案例不在少数，最终危害了企业和股民利益，这些现象值得深思。

总之，股权结构不是千篇一律的，采取何种股权设计与企业性质、战略目标、经营水平、管理能力、领导者风格等有关，不可能硬把股权结构统一为一种模式，另外，股权结构也不是固定的，而是会随着企业发展的实际而改变。股权结构的选择没有统一标准，事实上，无论任何企业都要遵循市场规则经营，都要在市场化过程中依靠先进的制度取得发展的动力。谁治理结构落后，谁管理不科学，谁就会被市场无情地淘汰。

上市妙不可言又苦不堪言

股份制是现代产权制度的主要表现形式。在我国，从20世纪90年代开始，证券市场的快速发展为很多企业解决了融资难题，加速了国企和民企的成长壮大。从企业自身来说，上市不仅解决了融资问题，更重要的是，在公众投资者的监督下，一大批企业完成了公众化过程，成为公开透明、管理科学规范的股份公司，获得了强有力的发展。这是一场极为深刻的改造。

故事 42 | 把我的真心放在你的手心

1993年刚做厂长时,我就意识到北新只靠老办法做是不行的。一方面,企业没有发展资金,需要解决钱从哪儿来的问题。过去都是国家拨款,但是后来国家不拨款了,银行也给企业"断了奶",用自身取得的一点利润是很难再发展的。另一方面,当时国家对企业的管理存在一些问题,那时候有财务大检查,其他各种检查也非常多,形式上是对企业执行财务制度的检查,最终总要收缴企业一些资金,而企业里最缺的就是资金。我感觉好像不应该这么做。日本的企业、欧洲的企业,没有上级单位检查,企业自己就做得很好,这究竟是什么原因呢?就是企业有制度。1993年在接受媒体采访时,我提出做企业得建立适应市场经济的企业制度,只靠上级检查是不行的。制度不是一般的管理,而是企业整体适应市场的制度。

1994年入选"百户试点"后,北新走上了改制上市的道路。在改制中,我们分了两个步骤:第一步,改制。北京新型建筑材料总厂更名为北新建材(集团)有限公司,成为国有独资公司,简称北新集团。第二步,成立北新集团建材股份有限公司,并由它承担上市大任,这就是今天北新建材这家企业的由来。

北新建材是1997年6月6日在深交所上市的。我那张敲钟的照片一直保留着,我当时敲的其实不仅是北新建材上市的钟,更是企业希望的钟。从那一刻起,北新作为一家公众公司,开始全方位融入市场,在资本市场中搏击成长。北新建材上市募集了2.57亿元,我拿到财务人员打来的汇票时,激动地一遍遍数着数字。这对当时的北新来讲是一笔很大的资金,好钢用在刀刃上,这笔钱投向了石膏板二线和矿棉吸音板生产线,支持了公司的快速发展。

北新建材上市后业绩和股价一直稳定增长,但1998年受东南亚金融危机等因素影响,再加上市场竞争空前激烈,原本获利甚丰的石膏板价格一落千丈，正在加紧建设的矿棉吸音板、塑料异型材等新产品还不能产生当期效益，因此业绩不是很理想。那段时间，由于一方面要应对市场竞争，另一方面要主持两个国家级大型项目建设，我常常在工地上很晚才回家，因此很少在媒体上露面，有投资者来信问北新建材怎么了。

这提醒了我，即使再忙，也别忘了多和股东沟通，企业是股东的企业，丑媳妇总是要见公婆的。在这种情况下，我提笔写了一篇与股民们谈心的文章，整整一版发表在《上海证券报》上，题目叫"把我的真心放在你的手心"。这个题目其实是一句歌词。在那篇文章中，我向股民交代了北新发展遇到的问题和原因以及北新以后的发展计划。我觉得应该把北新所遇到的市场价格竞争问题和暂时的困难明确无误地告诉投资者。在市场经济的风风雨雨中，我们不能只喜欢股东的掌声，也要去接受股东责备的鞭笞。令我没有想到的是，这篇文章影响很大，直到现在还被一些券商及企业领导评价为上市公司老总写的文章中最令人印象深刻、影响最大的。

观点 42 | 上市公司必须做"优等生"

北新建材上市后，我总结了一句话，"上市妙不可言，上市也苦不堪言。""妙不可言"是指资本市场的支持使企业能以低成本获得发展所需的资金，促进企业快速成长。同时，上市后企业被放在大的参照系中，企业的重要信息、发展情况都一览无余，股价的跌涨、每年的业绩都要公告清楚。股民的情绪是跟企业的业绩挂钩的，你做得好，他用手投票，你做得不好，他用脚投票。这就迫使管理层不断给自己"加码"、加压。因此，我觉得上市又着实令人"苦不堪言"。但正因为有了"苦"、有了压力，才能促使企业不断提高自身素质，不断适应市场要求，从而获得发展。

上市是北新建材发展的重要里程碑。以上市为契机，北新建材通过一系列改造和历练，从一家传统的纯而又纯的国企变成了一家市场化、公众化的新型国企。离开北新建材后，2006年和2009年，我又先后推动了中国建材股份公司和国药控股公司在香港上市。香港上市的重要意义就在于，把我们推向了国际资本市场这个更高的平台和全新的坐标体系。资本市场会用世界一流的标准分析和评判我们的战略目标、治理管控、经营业绩等。这要求我们必须充分理解作为国际资本市场中的上市公司的价值体系，进一步清晰发展战略、明确管理方向、修正管理目标，建立市场化经营机制，完善法人治理结构。另外，国际战略投资者的引入，对公司迅速和全面国际化起到重要的推动作用，同时也能更直接地进行对标，学习国际知名公司的成功经验。这些都是非常重要的收获。

上市不仅让国企发生了巨变，民企也同样深受其益。在我国超过3600家上市公司里，民企占到2/3，国企占到1/3。尽管国企市值高于民企，但是近几年民企的新发和增发都占了大头。资本市场支持了民企的发展，民企也通过上市逐步走上规范治理的道路。上市改变了中国企业，而上市公司的发展也奠定了资本市场的基石，进而支撑我国国民经济的发展。这些都是联系在一起的。我国的上市公司涵盖全部国民经济90个大类，汇聚了全国各行业最优秀、最有竞争力的企业。上市公司总市值占我国GDP近50%，利润占全国规模以上企业利润总额的38%，创造的税收是全国企业税收的近30%，在贯彻国家战略、改造升级传统产业和培育新兴产业等方面担当了排头兵，可以说贡献巨大。

中国的上市公司起步较晚，只有近30年时间，而美国则发展了200多年时间。作为一支年轻的队伍，我们的上市公司还存在不少短板，例如总体经济效益还不够高，经营能力和治理水平还有待提高。托尔斯泰讲，"幸福的家庭都是相似的，不幸的家庭各有各的不幸。"这些年个别上市公司出了问题，原因无外乎偏离主业盲目扩张、信息披露不真实、编造虚假利润、操纵股价等，这些都是不该犯的错误。今天的投资者对上市公司的要求越来越高，上市公司也要把提高质量作为最根本的工作，使治理质量、运营质量和发展质量得到提升。

提高上市公司质量,有三条很重要:

1. 要合规。上市公司是公众公司,要比普通公司做得更加规范,明初心、懂敬畏、知底线,这是特征、基础和前提。初心是什么?就是当初你怎么发愿,想做成一些什么事情。不论原来是家族企业,还是国有企业,上市后都是公众公司,要为投资者、为社会担负更大的责任,把初心、原则和立场建立起来,这是根上的事。按照证监会要求,上市公司要明确敬畏市场、敬畏法治、敬畏专业、敬畏投资者的"四个敬畏",牢守不得披露虚假信息、不从事内幕交易、不操纵股价、不损害公司利益的"四条底线",做到本分经营,坚定原则立场。

2. 要高效。这就是本分经营,全力以赴提高效益。习总书记说,"做实体经济,要实实在在、心无旁骛地做一个主业,这是本分。"做企业就像做人一样,要知本分、守本分,在突出主业、瘦身健体、强化管理、创新转型等方面长期下功夫,踏踏实实做下去。上海有个老凤祥,是我国最早一批上市公司,上百年来一直做金银首饰,它的品牌能做到世界奢侈品品牌前列,真的不简单。企业要本分经营,而经营的目的在于提高效益。上市公司不仅要盯着利润,还要盯着股价,盯着市值。要把市值看成价值衡量的第一指标,加强市值管理,通过科学合规的价值经营方法,达到公司价值创造最大化、价值实现最优化。

3. 要负责任。上市公司要肩负起社会责任,锤炼企业品格,持续提升在 ESG⊖ 方面的表现。过去我们做 CSR⊖,现在要关注可持续发展的 ESG。在西方成熟市场,那些注重环境保护、能够照顾到利益相关方需求和利益、自身发展规范的企业,更容易获得客户的认可和市场的青睐,在资本市场

⊖ ESG,即环境(environment)、社会(society)、治理(governance),是与企业可持续发展相关的三个主要方面,近年来成为投资者在进行投资分析和决策时主要考虑的非财务因素。

⊖ CSR,即 corporate social responsibility,是指企业在创造利润、对股东和员工承担法律责任的同时,还要承担对消费者、社区和环境的责任。

上也能得到更高的估值和溢价。

总之，企业里的优等生不一定都上市，但上市公司必须是优等生。上市公司只有不断提高自身质量，增强价值创造和价值管理能力，才能在激烈的市场竞争中脱颖而出，并以令人尊重的方式，赢得长盛不衰的声誉，真正成为亿万企业主体中的佼佼者。

新国企"新"在哪儿

科斯理论认为，在竞争领域里国企的效率不及民企，当年英国的撒切尔夫人和美国的里根总统据此推行了大规模的私有化运动，但科斯理论所研究的要么是纯国企，要么是纯民企。在中国，国企经历了40余年的改革，大部分都已经上市，完成了股权多元化改造，引入了市场活力，成为新国企。所谓"新国企"，"新"在制度的创新与改善上，即通过产权制度和公司制度的改革，体制机制发生了根本改变。

▶ 故事 43 | 对话罗奇先生

2013年6月，《财富》全球论坛在成都举行，会议中有一场耶鲁大学资深教授史蒂芬·罗奇和我，还有陈东升、凌文等人的对话。罗奇先生是美国著名的经济学家，也是一名中国问题专家，他的著作《未来的亚洲》在我国影响很大。2007年南方水泥成立，社会上对此有一些质疑，而罗奇先生认为，宋志平整合中国的水泥业堪比印度米塔尔重组东欧的钢铁业。

这次对话的话题十分敏感，是"国企和私企"。罗奇先生当时问我两个问题：一是作为国企的领导者，你怎样理解让中国国企成为充分竞争市场中的一员？二是你认为20世纪90年代关于国企上市的决定，是不是推动中国国企提高竞争力的主要力量？罗奇先生确实是位思想家，其实，他的问题正是答案。

我的大致回答是，中国的国企之所以有竞争力，原因在于市场化改革。回顾改革开放初期，由于体制机制不适应市场经济，国企曾经非常困难。"市场不相信眼泪"，国企当年被推下海后，流了很多泪，但市场并不会因为你流泪就去救你。我原来做厂长的北新，周边有清河毛纺厂、第五机床厂、北京轮胎厂等许多大型国企，但时过境迁，这些企业后来都不复存在了。从根本上拯救国企的是改革。几十年来，经过放权让利、抓大放小、股份制改造、建立现代企业制度、董事会试点、规范薪酬制度等一系列改革，国企发生了脱胎换骨的改变，市场化程度已经很高了。

中国国企的市场化得益于海内外上市。刚开始上市时，国企可能更多地着眼于解决发展的资金问题，但之后就走上了一条充分市场化的道路，取得了快速发展。以中国建材和国药集团为例，两家企业的国有资本占比分别是 1/3 与 1/2，都成了产权多元化、混合所有制的新型国企，实现了国有资产的保值增值，带动了民企的共同成长。

对话中，我向罗奇先生坦陈了"此国企非彼国企"的观点。我说，现在中国的国企既不是纯而又纯的国有独资企业，也不是完全靠国家输血、靠垄断和传统体制机制支撑起来的企业。市场化改革是新国企真正的内涵。因此，我建议大家深入研究一下今天的国企，否则大家批评的都是 20 年前国企的弊病，而无法对今天的新国企做出客观公正的评价。再用旧观点、老思路、符号化的眼光看待新国企，已经不合适了。

● 观点 43 | "央企市营"为改革探新路

对于这些年国企的发展，体制外有些人将其归因于垄断、"吃偏饭"，一些人认为，国企都是国家用钱堆起来的，这些企业占用了大量的国有资产和其他资源，得到了国家贷款、市场资源、税收、市场准入等方面的特殊优惠，与民企的竞争是不公平的。而体制内一些人认为用政府行政管理的方法照样能管好企业，甚至认为企业搞好搞坏和机制无关。两种认识都不正确。事实上，国企大都处于竞争领域，这些企业并不具备垄断地位，也没有捧过"金饭碗"，而是一开始就面临着全方位的竞争，在市场经济初期也一度打过败仗。能走到今天的国企都是幸存者，它们在市场机制的倒逼下果敢地迈入了市场，赢得了生机。

拿中国建材来说，我刚做总经理时，集团面临极端困境，是生存的本能让我痛下决心，思考央企市场化的系统方法。在那些困难的日子里，我常常难以入眠，苦思冥想后想出四个字——"央企市营"，没想到，这四个字把企业给救了。所以说，改革不像田园诗般浪漫，改革是被倒逼出来的，舒舒服服的人不会改革。2002年，中国建材就朝"央企市营"的方向做了起来，后来随着实践的深入，我们的认识也逐步深入。2008年，《财富》杂志中文版把这个观点首次刊发出来。2011年，《经济日报》用了一个整版的篇幅对"央企市营"做了系统介绍。

"央企市营"的概念其实不难理解，就是中央企业市场化经营。关于"央企"，首先要明确四个属性，包括坚持党组织的领导作用，带头执行党和国家的方针政策，主动承担经济责任、政治责任和社会责任，创造良好的经济效益，为国有资本保值增值，为全民积累财富。关于"市营"，我概括了五点内涵：

1. **股权多元化**。有关股权结构对企业影响的研究有大约40年的时间。多元化股份制一直是国企改革的大方向。大量的企业实践表明，无论是纯国有企业还是纯家族企业，单一的所有制效果都不理想，多元化股份制更利于企业经营。原因是，这种股份结构更适合建立规范的治理结构，经营管理比较透明，从而保证了企业活力和竞争力。

2. **规范的公司制和法人治理结构**。央企过去大部分是以企业法注册的，并非真正的市场主体和法人主体，所以应根据《公司法》重新注册。这必然会引出规范的法人治理结构，也就是要在企业里解决好委托代理关系，股东会委托董事会，董事会委托经理层，真正把所有者和经营者、决策层和执行层分开，这样才能规范运作，否则就会打乱仗。

3. 职业经理人制度。完善的董事会制度只解决了国企规范治理问题中的一半；只有把职业经理人制度建立起来，才能构成企业委托代理的完整闭环。中国建材近几年一直大力推行职业经理人制度，并积极探索经理人职业化机制。按照"市场化选聘、契约化管理、差异化薪酬、市场化退出"原则，我们正在全力推行契约化管理和职业经理人相结合的市场化机制，集团内部经理层全部实行契约化管理，原体制外的干部继续按照职业经理人管理。

4. 内部市场化机制。国有企业改革的初衷是要建立市场化机制。用人用工及分配机制等方面与市场接轨，干部能上能下，员工能进能出，收入能增能减。三项制度的改革看似简单，是改革最初的出发点，但直到今天仍是国企改革的难点。

5. 按照市场化机制开展运营。国企要在市场竞争中生存发展，就不能打着国家旗号，而是要坚持竞争中性原则，完全按照市场规则开展企业运营。什么是竞争中性原则？概括起来就是公司独立、以股行权、不吃偏饭、公平竞赛。在一次媒体会上，国资委领导问媒体记者，"过去国企干得不好，你们骂我们，现在干得好了，为什么还骂我们？"为什么会这样？因为社会上不少人认为央企垄断或受到了特殊保护。实际上，央企大多都处在充分竞争领域，没有任何垄断，发展的动力不是源自额外照顾，而是来自市场。当然，社会上的质疑也提醒我们，央企改革不能走回头路，只有遵循市场规则经营管理，才能赢得市场的尊重。

总的来看，"央企市营"并不复杂，就是植根"央企"的属性，提高"市营"的能力。无论是中国建材还是国药集团，在改革中都采用了"央企市营"这套方式和逻辑。一路走来,两家企业在市场中的步子越迈越大,市场化经营的信心也越来越坚定,实现了从"草根央企"到世界500强的跨越。"央企市营"的理论和实践可以说是多年来央企市场化改革的一个缩影,它从企业的视角,回答了央企这些年为什么能够发展,如何进行发展的问题。今天来看,这个提法还是非常准确的,概括了央企变化的实质。

混合所有制是把金钥匙

我们过去把企业分为国企和民企,后来出现了一个中间体,就是混合所有制企业。最早提出混合的概念是在党的十四届三中全会上,那时我们就意识到,在我国的经济生活中有国有企业、民营企业、外资企业,一定会出现交叉持股的企业形态。到党的十五大时,混合所有制经济的概念被正式提出来。党的十八届三中全会把发展混合所有制上升到基本经济制度重要实现形式的高度,这是革命性的,既是对多年来国企改革实践的总结和认可,也为新形势下深化国企改革指明了大方向、着力点。

▶ 故事 44 | 中国建材是不是疯了

中国建材在发展混合所有制方面是个先行者,但说实话,走上这条道路并不是因为我有先见之明,而是受企业生存本能的支配做出的选择,有点儿"歪打正着"。早在十几年前,中国建材面对企业做大做强和行业"多散乱"的双重压力,走出了一条以国民共进方式进行混合发展的新路。尤其是组建南方水泥这件事情,在社会上引起很大的轰动。因为一家央企,到江浙一带市场经济最发达的地方,和民企开展大规模的市场化联合,这是前所未有的创举。当时的情境是行业需要整合,民营企业家在低价混战中

迷思九 | **独资和股权多元化：宜独则独，宜控则控，宜参则参** 163

看不到出路，而只有我们从市场化角度提出了民营企业家认可的加盟条件。这场重组，不但掀起了行业整合的高潮，改变了区域水泥产业结构，也在这个过程中，较早地成功探索了混合所有制模式。

今天有混合所有制改革了，大家都说真好，但在当时并不是这样的。2008年3月，一份材料被送到了国资委高层的案头，标题是《中国建材是不是疯了》。撰写这份材料的一位市场人士坦陈了他对中国建材高速扩张的忧虑，并对央企大规模扩张的动因进行了颇为偏激的推测。同时报纸上也登了文章，题目是《国资委重拷中国建材》，当时我的压力非常大。

当时社会上有两种声音：一种是国企干嘛去找民企，没好处你能去吗？另一种是国企为什么欺负民企，这不等于"国进民退"吗？大规模地收购民企，你居心何在啊？而在企业内部，也有干部想不通，觉得民企老板带着股权进来，而我们是堂堂国企，这不是无产者给资产者打工吗？当时一些领导劝我说："志平，这事不要再做了。"我是个性格温和的人，但也是个有理性和逻辑思维的人。中国建材处在充分竞争领域，要想发展就必须引进社会资本，必须和民企合作，除此之外别无他路可走。这些年来，中国建材一路重组混合了近千家民营企业，而我曾担任董事长的国药集团也复制了中国建材的改革模式，用混合的方式重组了数百家民企。

在央企里，像中国建材和国药集团这样成规模、有章法地进行混合所有制改革的还是不多见的。但坦率地讲，我们是一路顶着压力过来的。党的十八届三中全会把混合所有制经济上升到我国基本经济制度重要实现形式的高度，我心里的石头终于落地了。十八届三中全会之后，中央电视台《对话》栏目做了一期专访，让我专门讲讲发展混合所有制的故事，并作为开年的第一期节目播出，取名为"尝鲜混合所有制"。2014年7月15日，国资委宣布央企四项改革试点，其中混合所有制试点单位仅有两家，中国建材和我刚卸任不久的国药集团两家企业能入选试点，我很高兴。

2018年底,中宣部、中央广播电视总台联合制作了致敬改革开放40周年的纪录片《我们一起走过》,其中《血,总是热的》一集里播出了中国建材重组混改的故事。在访谈中,记者问我如何评价当年混改中曾遭受的那些阻力,我说,"改革者,不会因为听到责难就停止了脚步,停下来,那他就不是改革者。"这是我的肺腑之言。这些年,中国建材通过发展混合所有制,以400多亿元国有资本吸引了1300多亿元社会资本,撬动近6300亿元总资产,成为全球最大的建材企业。这场企业自主"混合"还推动了水泥行业的供给侧结构性改革,在国家没有投入一分钱的情况下,实现了行业的自救。

可以说,中国建材的混改和重组为国家、行业做出了贡献,企业也获得了快速发展,完全符合"三个有利于"改革标准,即有利于国有资本保值增值,有利于提高国有经济竞争力,有利于放大国有资本功能的改革初衷。当年如果不是毅然决然走向市场,与民企携手、探索混改新路,这一切都是不可想象的。后来,国资委领导在一次演讲时说,"中国建材重组水泥,遇到过不少质疑,也有人给委里写信反对,现在看来中国建材这件事做对了。"

● 观点 44 │ 混合所有制不是"谁吃谁"

中国建材的混改实践是央企改革的一个缩影。改革开放以来,随着产权制度改革的深化和公司制、股份制改革的推进,我国混合所有制企业比重日益加大。目前,在我国央企集团及下属企业,混合所有制企业(含参股)占比已近七成,省级国有企业混合所有制户数占比近六成。很多国企虽然是其上市公司的第一大股东,但从股份的绝对值来讲,社会资本往往占大部分。实践证明,混合所有制是把金钥匙,它解决了"国有经济和市场接轨、国企深化改革、社会资本进入国有企业部分特定业务、国有资本与民营资本携手共进"四大难题,有力地支持了中国经济的发展和中国企业的成长,用好了可以一通百通。

我国经济是包容型、融合型的,大力发展混合所有制既是我国以公有制为主体、多种所有制共同发展的基本经济制度使然,也是中华民族包容和谐文化使然。中国问题专家郑永年讲"中国模式"有两点,一是有中国共产党领导,二是有强大的国有经济。国有经济的主导作用如何发挥呢?两个途径:公益保障领域由国有企业实现,目标是做好服务、降低成本、提高效率和减少浪费;竞争领域由混合所有制企业中的国有资本实现,目标是国有资本保值增值。

西方国家也有国有经济,但它们认为国有经济好时就搞国有化运动,当发现国有经济有问题时就全面私有化。中国在社会主义市场实践中找到了发展和壮大国有经济的有效方式:我们选择国有经济为主导,同时又要搞市场经济,我们希望国有经济进入市场,同时也要依照市场规律做强做优做大,还不要和民营企业纳税人竞争,最好的方法就是采用混合所有制的实现形式。这是我们的大智慧。其实,中国人很早就懂得辩证思维,能够把两个看似不同的东西融合在一起,像道家的太极图就把阴阳结合成极致,白鱼和黑鱼完美地融合在一起。今天,我们讲"两个毫不动摇",讲混合经济,都是看到了事物内在的对立统一关系。

对于混合所有制,有的国企和民企存有疑虑。国企担心民企"蚂蚁搬家",会把国有资产"蚕食"掉。民企担心的是,本来在体制外好好的,混合后国企行政化的那套东西会跟着进来,民营资本也会被"国营化"。其实,混合所有制是国有经济和非公有制经济成分交叉持股、相互融合的新型所有制形态。在混合所有制企业里,国有股和非公股都是平等股东,各自的权利都神圣不可侵犯,都在《公司法》下规范运作,以股权说话,因而不存在谁吃掉谁的问题。

这些年来,社会上常把国企和民企对立起来,一会儿讲国进民退,一会儿讲国退民进。出席一些论坛时，我发现听众对民企创业者往往报以热烈掌声，而有人批评国企时，台下也会鼓掌。我常想：能不能也给国企一些热情的掌声呢？其实，现实中国企和民企并不是像外界形容的那样生疏和隔阂。像道农会是民营企业家组织，有时也会邀请我参加，我戏称"羊群里出了个骆驼，但羊和骆驼相处得其乐融融"。中国建材重组时，民企也都是心悦诚服地加入我们。

国企和民企一家亲，两者是中国特色社会主义市场经济中的一对孪生兄弟，应彼此借力、相互融合、共同发展，不应人为地撕裂。我有个比喻，混合所有制企业好比一杯茶水，水可能是国企的，茶叶可能是民企的，但变成茶水之后就没办法分开了，也没必要去分。前些年我写了一本书叫《国民共进》，厉以宁老师在序言里讲道："国有企业、混合所有制企业、民营企业将会形成三足鼎立，支撑中国经济，但各自所占GDP的比例将有所增减，这是正常的。"

其实，企业发展到今天，所有制形态也在进步。从国企来说，不是所有企业都要进行混改，像自来水公司、电力公司等公益类企业应是纯国企，而竞争类业务则要放在混合所有制企业里。混合所有制企业要有量身定做的一套政策、一套体制，不能视同于传统的国企来管理，而应视同市场化的股份公司进行管理。对混合进来的民营企业家不要视同体制内的干部进行管理，应视同市场中的职业经理人进行管理。从民企来说，它们提供了众多就业岗位，缴纳了巨额税收，而且很多都做了股改，不再是简单的家族企业，而是成了股份公司或员工持股公司。

所以说，国企在市场化改革，民企在上市公众化，大家殊途同归，大的方向就是混合所有制。在充分竞争领域，今后只有企业与企业之间的竞争，而不再是国企和民企的竞争，我们要引入社会企业的概念，不要再贴所有制标签。在2018年的亚布力论坛上，我讲了一段话："我希望，将来只有一个名称，就是中国企业，只有一种企业家，就是中国企业家。"

央企的实力 + 民企的活力 = 企业的竞争力

我做国企 40 年的过程中也和民企打过很多年交道，我认为让国企完全市场化和让民企规范化都是很有难度的工作，而混合所有制提供了一个捷径，比较好地解决了国企市场化和民企规范化的问题，混得好可以起到 1+1>2 的效果。混合所有制不是简单的一混了之，也不是一混就灵，关键还得会混，要混得恰到好处，混了之后还要改，如果混得不好或只混不改，那就失去了混改的意义。

▶ 故事 45 │ 让民企带枪参加革命

混改到底该怎么做呢？关键要有方法。在长期的混改实践中，中国建材探索出一种"三七模式"，分为"正三七"和"倒三七"两种股权结构。中国建材大规模的联合重组之所以没有乱，实际上是得益于这种混合所有制的股权结构。

"正三七"是指中国建材持有核心上市公司的股份不低于 30%，保持第一大股东相对控股，其他投资机构及流通股不超过 70%。比如中国建材股份这家香港上市公司，中国建材持有其 42% 的股份，其余是社会资本。这样做一来可以有控制权，确保大股东地位，二来可以多募集资金。在上市公司股权结构中，我不主张一股独大。什么是一股独大？就是除中国建材之外全是散户。我的理念是，由国有资本和两三家非公资本组合形成公司的战略投资人，即积极股东，其余由财务投资人和股民持有，这样既能保证企业有负责任的股东，也能使广大投资人有高额的回报。

"倒三七"是指中国建材股份持有其所属子公司股份约 70%，给机构投资人和原民企创业者保留 30% 股份。不少民企创业者因此成为原企业的股东，并成为规范治理企业中的职业经理人，我称他们是"带枪参加革命"。

这一模式确保了上市公司有更多利润，有利润才有市值，股价才能升高，股价高了才能增发，从而实现良性循环。

通过"正三七"与"倒三七"的股权划分，中国建材形成了一套自上而下的有效控制体系，在保障国有资本控制力的同时保留非公资本，引入了市场机制，增强了企业活力，用少量的国有资本带动了大量的社会资本，共同推动企业发展。而且，民企的机制得以继续保留，民营资本也参与到国企的产权改革中。这些企业和企业家进入中国建材后，资本的价值放大了，干劲更足了，这是实实在在的共赢。

在美国，有些富人有钱了，仍愿意出去打一份工，做政府官员或职业经理人。在中国，人有钱了还有没有工作动力呢？这是我一直以来的一个疑问。在中国建材的联合重组中，这个问题得到了解答。在我们的职业经理人队伍里，有很多民企创业者，因为在企业中还有小股权，所以他们工作更卖力气，管理上的要求也比较严格。曾经有一位区域公司的总裁和我讲，他的夫人有一次抱怨说："你过去当老板还能经常陪我旅游，进入中国建材后，你简直把公司当成家了！你算算有多久没陪我旅游了！"这些职业经理人的敬业程度可想而知，他们是中国建材混改的重要收获。

◉ 观点 45 ｜ 混改的关键是"改"不是"混"

混合所有制改革是一项有难度的工作，要结合实际做细做好。现在大家都关注"混"，其实"混"起来容易，"改"起来难，而重点又要落实在"改"字上。"混"是形式，"改"是实质。混合所有制企业关键是转换经营机制，我倡导一个公式，"央企的实力＋民企的活力＝企业的竞争力"，就是说要把央企的经济实力、规范管理和民企的市场活力、拼搏精神有机结合起来。如果不在机制上下功夫，只图表面上混来混去，甚至把传统央企常有的官僚主义和民企常有的非规范化结合在一起，混合所有制一定是失败的。

混合所有制并非一混就好，或者一混就灵，混改要想成功，关键取决于有没有正确的思想，能不能发挥各自优势，能不能找到各方的最大公约数。中国建材在发展混合所有制的过程中，提炼出了"十二字"混改方针、"三优先"混改原则、"十六字"混改口诀以及一整套混改的基本做法。

"十二字"混改方针是混得适度、混得规范、混出效果。混得适度，即在"相对控股""第一大股东""三分之一多数"等基本前提下，探索多元化股权结构。混得规范，即结合市场监督机制与完善保护国有资产的相关制度流程，规范评估资产、规范治理结构、规范操作方式，有效防止国有资产流失。混出效果，即围绕提高运行质量和盈利能力，控风险、增活力、出效益，让其成为企业改革发展的强大动力。中国建材在混改中选择了"并联结构"，即各子公司按业务单元进行分类混合，这样做的好处是让每个单元都拥有机制、焕发活力，处于一种"赛马状态"，一旦出现风险也便于切割，不至于造成大的损失。

"三优先"就是活力、利润、机制优先。活力优先是指在考虑业务单元活力和对业务单元的控制力时，要把活力放在优先位置上。有活力才能使国有资产保值增值，如果过分强调控制力而忽视活力，企业留给国家的往往是一个烂摊子、一堆废铜烂铁。利润优先是指在考虑利润和收入时，要把利润放在优先位置上，创造良好的经济回报，不盈利的业务原则上不做。机制优先是指在开展员工持股与引入机构投资人之间机制优先。改革的动力来自混合所有制，混合所有制的动力则源于机制，无论采用何种混合方式，优先考虑的都是为企业引入市场机制。

在"十六字"混改口诀里，规范运作指的是细致做好各项制度设计，确保混合所有制改革全过程依法依规、公开透明。互利共赢，即坚持与人分利，兼顾好各方利益，有效保护各类出资人权益。互相尊重，即混合各方要彼此理解、信任和尊重，共同进步、共同提高。在中国建材重组时，我提出要充分理解民企，保留它们的"野性"，包括灵活的机制、创新能力、企业家精神、拼搏能力等，不能简单地同化它们。长期合作，即把混合所有制作为一种长期制度安排。搞混合所有制有点儿像恋爱结婚，凤求凰，大家只有坦诚相待、相濡以沫，才能执子之手、与子偕老。

在混改的具体操作上，中国建材也研究了一套方法，包括以"央企市营"赢得机制优势、以"三盘牛肉"①吸引民企、以"三七原则"设计股权结构、以积极股东完善公司治理、以包容文化推动和谐发展、以管理提升确保改革实效。混合是央企改革的活力之源，混合创造新物种。中国建材的混改之所以成功，得益于把握了央企市场化改革的方向，顺应了过剩行业产业结构调整的需要，也得益于发展了一套科学的制度设计，把央企的实力和民企的活力真正结合了起来，实现了"1+1>2"。君子和而不同，只有央企真正与民企形成水稻一样的"杂交"优势，才能确保混合成功，实现和谐共赢。

混合所有制不是一厢情愿的事。在混合过程中，我常想两件事：一是和谁合作。选择合作方要从自身战略出发，确保产生协同效益，民营企业家及其团队的专业能力和精神面貌也非常重要。二是我们能给予民企什么。我的体会是，央企要有清晰的发展思路，能给民企提供一些战略性支持，让它们看到美好的前景，也要通过先进的制度设计实现互利共赢，让大家既能看到眼前的利益，也能看到混合后的长远利益。另外，还要给予对方充分信任，让它们说得上话，做得成事，真正感到这个平台能够干事创业，如鱼得水。

对民企来讲，与央企合作也要研究几件事：

- 战略。要明确自身的发展目标，想清楚与央企合作的动因是否充分。

---

① 三盘牛肉，即公平合理定价，保留股份，保留团队并吸引创业者做职业经理人。

- 文化。越市场化的央企对民企的看法越公正，越是非市场化的央企对民企的看法越偏激。如果央企像防小偷一样防着民企，合作起来会非常辛苦。文化是合作的基础，即便是换将也不至于出大问题。
- 企业领导者。一个企业的领导者能不能包容他人、是否值得信赖，这也是很重要的。

改革不是你得我失的零和博弈，混合所有制改革有这个潜力，让大家都从中受益，实现双赢和共赢。赫胥黎的一句话说得好，真理因伟大而能取胜，但是真理的取胜要经过漫长的时间。改革是奔着问题来的，不改变我们就无法解决发展中的问题。混合所有制改革也是这样的，混改是一个新路径、一个大方向，既然认准了这条路，就要坚定地走下去，路会越走越宽。

10 迷思十 管理效能和机制动力
管理是生存之基，机制是源头活水

管理效能是企业管理效率、效果、效益的综合反映，是衡量管理水平的一把标尺。这些年常听到一种说法：有了好的管理方法和好的管理者，企业就能做好。现实中也有这样的例子，靠一个领袖人物，埋头苦干，攻坚拼搏，也能带领企业发展。但随着经济发展和科技进步，人力资本的重要性逐步凸显，开展机制革命迫在眉睫。机制是企业的分配制度，是微观搞活最根本的因素。做企业不仅要靠责任心、事业心、政治觉悟，还要靠激励机制。没有机制，神仙也做不好企业；有了机制，做企业不需要神仙。

管理与机制不能相互替代

管理与机制不同。管理要解决的问题是如何在有限的时间里获取最大限度的产出，也就是生产率最大化。机制属于治理范畴，指的是企业效益和经营者、员工利益正相关的关系，它研究的就是在所有者、经营者和员工之间如何分配收益，目标是调动企业各动力要素向企业目标前进。机制是所有企业都要面对的问题，无论是什么性质的企业，无论企业规模多大，有机制才能发展好，没有机制很难生存。

▶ 故事 46 | 一封告状信与一封辞别信

中国建材在发展混合所有制的过程中，吸纳了很多民营企业家，他们在企业里有一定股权并成为我们的职业经理人。传统国企的所有者往往是虚置的，无论是资产管理部门还是董事会，都只是所有者代表。而民营企业家进入中国建材后，把所有者到位的机制带了进来，企业因此多了一双民企所有者的眼睛，形成了良好的内部约束和激励机制。

几年前，我曾收到民企老板的来信，准确地说，是一封"告状信"。信中反映我们派驻的个别管理者做事不规范、花钱大手大脚，采购的润滑油够用好多年，实在叫人心疼。我看到信件后既生气又高兴。生气的是，这些管理者原来大都是地方国企的干部，身上还留有传统国企的一些老毛病；高兴的是，信中提的意见有助于改进工作，这恰好反映出了所有者到位的市场机制。否则，这些问题很难被发现。正是由于机制的作用，在南方水泥等水泥企业里，很多民企所有者在企业内既是股东又是管理者，他们把企业管理得井井有条，效益非常好，没让中国建材操很多心。

在中国建材，像这种股权型职业经理人毕竟是少数，而所有者到位也只是机制的一部分，怎么让广大管理者和员工真正与企业结成命运共同体呢？这是我近年来一直思考的事。事实上，随着社会的发展，人的知识与智慧、经验与能力对企业的贡献越来越大，企业内部机制如果不健全，就会出现人才流失的情况。中国建材有一个学财务出身的高管前两年离职了。他工作非常努力，也干出了很多成绩，临走的时候给我发了一条信息说："宋总，我非常热爱中国建材，也非常热爱您，但是我有两个小孩，现在公司给我的薪酬，我养不了家。我也知道公司不可能单独照顾我一个人，民营企业给我三倍于集团的工资。由于家里的情况，我考虑再三，决定离开。您总是教导我们要热爱企业，我是企业培养出来的，现在一走了之，没法面对您，只能不辞而别，希望您能理解和原谅。"

我看完这段话后很感伤。回顾这些年，中国建材比较重要的改革，就是发展混合所有制。我们用25%的国有资本吸引了75%的社会资本进行发展，撬动了6000多亿元的总资产，发展成为全球规模最大、综合实力领先的建材企业。今天中国建材还想继续发展，还想在科技创新上保持领先、在核心竞争力上有所建树的话，就必须进行机制上的改革。有了好的机制，我们才能吸引和留住优秀人才，才能有更好更多的创新成果，才能建设世界一流企业，不断提升核心竞争力。

观点 46 | 让人力资本参与财富分配

机制，说白了，就是通过合理的分配手段，让企业的所有者、经营者、员工的利益与企业效益挂起钩来。围绕企业财富有两种不同看法，一种是认为企业财富是资本的升值，另一种是认为企业财富来源于劳动者的创造。今天，随着高科技时代的到来，创新正推动企业生产函数的变化，相对于现金、厂房、土地、机器等实物形态，人力资本的作用越来越重要。我们要认识到，企业发展既离不开资本的投入，也离不开经营者的努力、员工的创造。资本、经营者和员工是企业的"三宝"，我们要把有形资本和人力资本很好地结合起来，给予经营者和员工充分肯定与相应激励，而不是从劳动成本上去考虑，所以我提出机制革命。

有人问，为什么用"革命"这个词？不是机制改革吗？机制改革不容易。过去，我们始终认为企业是所有者的，资本只有实物形态；现在，我们认为劳动者也是资本，承认人力资本，让人力资本参与分配，这是一个重大的思想转变，是一场革命。我们要通过机制革命，解决好利益分配问题，充分调动人力资本的积极性和创造性，让大家能在为企业创造的财富里得到他们应得的一份属于劳动者的待遇。我们要让辛勤工作的员工得到应有的回报，让大家觉得只要在企业里努力奋斗，一切都会有的。好的机制能够以人为中心，能够解决员工的核心关切，能让大家觉得有未来、有希望、有奔头。没有好的机制，企业是不可持续的，久而久之，高端人才、科技人才就会不断流失。这是摆在我们面前很严峻的问题。

做企业既要讲精神激励，又要讲利益原则，两者相辅相成，不可分割。马克思主义认为，追求物质利益是人类一切社会活动的动因，利益的基本内容是物质生活条件，利益的本质是一定的社会经济关系，高度和谐的利益共同体是人类社会的价值目标。我国正处在社会主义初级阶段，我们要创造性地运用物质利益原则，不能超越现实。每个人、每个集体都是在利益原则下生存和发展的。只有当人的利益得到维护和实现，人的自由全面发展才能真正落到实处；只有当个人利益和集体利益统一起来，社会才能真正和谐发展。

机制是企业的原动力。记得多年前，我跟一位老领导说，我因为企业的事天天愁得睡不着觉，这位领导跟我说，应该让你的干部睡不着觉，你就能睡着觉了。我十几年来一直在想这个问题，现在终于找到方法了，就是机制。就像给我写信的民营企业家一样，企业里如果采购的东西贵了，他会有意见；如果有人干活不精细，跑冒滴漏、不节约，他会有意见；如果把东西很便宜地卖掉，他也会有意见。如果大家都对企业的事情这么上心，出点问题就如切肤之痛，这个企业怎会做不好呢？！这就是我讲的，没有机制，神仙也做不好企业；有了机制，做企业不需要神仙。我在北新做厂长时提出"工资年年涨，房子年年盖"，员工的热情像火山一样迸发出来，今天回忆起来，北新的发展就是因为机制起了作用。

机制不是国企的独有问题，民营企业、家族企业同样存在机制问题。企业的所有制结构和机制之间的关系并不是充分必要条件，即使所有制结构完全市场化了，也不等于企业就有了好的机制。美国的企业大多是私营企业，但洛杉矶电话黄页中的公司每10年就有80%消失了，私营企业若没有好的机制，同样会倒闭。今天不管是国企还是民企都面临着改革，国企改革重点仍是继续适应市场化要求，而民企改革的焦点则是股份制改造和规范化运营，但两者都有共同的重点，就是建设充满活力的内部机制。

好的机制能够吸引和留住优秀人才，激发人的积极性和创造性，增强企业的凝聚力。同时，机制的动力还要与管理的效能结合起来，共同促进企业发展。像中国建材收购的水泥厂、商品混凝土厂大都是民营企业，这些企业机制并不落后，民营企业家也很有干劲和冲劲，但真正能把管理做好的企业不多。重组后，中国建材通过推广一系列先进的管理方法，统一市场、降低成本、改善内控、稳定价格，帮助它们实现效益最大化。所以说机制不能代替管理，管理还要靠学习、靠实践、靠反复对标、靠数字化训练、靠经验的积累、靠制度的建立。而从中国建材来说，我们有一流的管理，在完善机制方面也做了一定的探索，下一步还要继续加大改革力度，让企业插上机制革命的翅膀。

企业应是共享平台

开展机制革命，归根到底，就是要把企业打造成让资本所有者、经营者和劳动者分享、共享利益的平台。我们要让所有者获得远高于社会平均利润的回报，所有者才会增加投资，扩大再生产。我们要奖励优秀的经营者，让他们尽心尽力做好经营，把握市场机遇，做出正确决策，为企业增加效益。同时要考虑到广大员工，因为企业的财富都是他们的劳动创造的。今天，所有者要学会分享，已经成为金融、高科技、咨询等诸多行业的共识。

▶ 故事 47 ｜ 向华为和万华取经

2018年春节期间，有一天我凌晨3点醒来看到一则消息：华为2017年销售收入突破6000亿元，即将成为继苹果和三星之后的又一个收入超千亿美元的世界级信息和通信技术企业。看了这则新闻，我既有兴奋感又有紧迫感。兴奋在于，华为作为中国制造业的一颗耀眼明星，为中国企业迈向世界一流之列树立了榜样。之所以觉得紧迫，是因为华为的共享机制引发了我对加快国企改革的思虑。我有感而发，连夜写了一篇文章《机制革命与企业家精神》，后来被国资委主管的《国资报告》杂志刊发出来。之后，我又专门去华为拜访任正非，跟他就机制问题进行了长谈。

华为从一家 4 万元起家的小公司成长为 6000 亿元级的国际公司，靠的是两点：一是共享机制，二是任正非的企业家精神。任正非认为华为是那种"财散人聚"的机制，就是把财富更多地分给干部和员工，从而增加企业的凝聚力。不少人因为华为没上市而误以为华为是任正非的家族公司，事实上，任正非在华为只有 1.01% 的股权，华为的工会股份公司持有 98.99%，近乎全员持股，但华为把股权和能力、贡献和年功很好地结合起来，从而增加了企业的凝聚力、向心力和亲和力，提高了企业的创新力和竞争力。

2018 年，我还去山东万华①取经学习。万华是一家山东烟台的国有企业，最早是从日本引进技术装备，从事人造革生产，后来进入化工原料生产领域。历经 40 年发展，万华已成为全球最大的聚氨酯原料 MDI 供应商，年销售额超过 650 亿元，税后利润超过 160 亿元。习近平总书记到万华视察，讲了一段话：谁说国企搞不好？要搞好就一定要改革，抱残守缺不行，改革能成功，就能变成现代企业。这段话虽然不长，但是特别精彩，也特别精辟。

万华在改革方面主要做了两件事：一是员工持股。万华旗下两个员工持股公司共持有万华 20% 的股份，国有股占 21.6%，二者比例相当，合起来做一致行动人。二是科技分红。万华较早建立了科研奖励体系，实际上是技术分红权。万华奖励范围包括技术创新，也包括其他业务创新，研发新产品盈利之后 5 年内税后净利润 15% 给个人，一次性技改创造效益部分的 20%~30% 给个人等。早年间，有个技术团队做出重大创新，公司一次性奖励了 90 万元，其中带头人拿到 20 万元，当他把奖金拿回家时把爱人吓坏了，怎么也不信这是奖励，一定要他去公安局自首，而那时全厂工资总额才有 200 万元。

万华坚持人才是重要战略资源，让高管人员、核心骨干、专业技术人

---

① 万华化学集团股份有限公司（万华化学），其前身是烟台万华聚氨酯股份有限公司（烟台万华），成立于 1998 年 12 月 20 日。

员持股，给科技创新者真金白银的奖励，充分体现了劳动创造价值的思想，极大地激发了骨干员工干事创业的热情。曾有领导同志问，如果没有员工持股等改革，万华会怎样。万华人的回答是，那就没有今天的万华了。

观点47 | 改革需要开明的"东家"

华为和万华的成功是机制的成功，带给我们的启示是无论何种企业，都得进行机制革命，让企业成为财富共享的平台。有人说，为什么要共享？是不是搞大锅饭？我们经历过大锅饭、平均主义，也经历过效率时代，多劳多得，让一部分人先富起来。中国现在进入中等收入国家行列，应该说社会普遍富足。改革要解决的已不是打破平均主义那个层面上的问题了，而是通过机制革命，把企业打造成让所有者和劳动者分享、共享利益的平台。机制革命的核心是承认人力资本的存在，让人力资本参与分配，共享企业财富，打造庞大的中产阶层，促进公平正义，推动社会和谐。我们常讲社会主义共同理想的基石，其实就是共享，最终实现共同富裕，现在到了追求共同富裕的时候了。

建立共享平台，不是所有者的恩施，而是企业进化的重要标志，也是对企业财富创造者的一种尊重。现代公司制度强调股东至上，不少企业尤其是上市公司把股东利益最大化当成不二法则，损害员工利益的事时有发生，这是不应该的。人是最重要的资本，虽然企业资产负债表上没有记载人力资本，但人的智慧和能力已成为企业创造财富的原动力。企业在进行财富分配时，要充分维护经营者和员工利益，不能把他们当成会说话的机器来役使。在国外，分享财富是很多企业的通常做法，法国50%以上的企业都有员工持股，日本企业基本人人持股，埃及采用国家立法，要求企业每年必须拿出不低于10%的利润给员工分红。

一说到分红、共享，不少人会问，分红是不是要分所有者的红？是不是要从所有者身上"割肉"？其实，劳动者分的是自己的劳动成果。通过共享机制，员工可以凭诚实劳动多获得一些收益，企业效益好了，所有者就会赚得更多。过去，财富被认为是一个常量，你分了我就少了，但是今天我们应把财富看成一个增量，你分得多我就会得到更多。共享不是简单的分饼，而是把饼烙大，让大家都受益，这就是共享的意义。

怎么理解呢？举个不太恰当的例子，但能说明问题，就是土地所有者和长工的关系。一种是土地所有者给长工工钱，打的粮食都归土地所有者；另一种是土地所有者收一定的租子，长工多劳多得，这叫分成制度。过去，首钢搞承包制就是这个逻辑。国家大头、企业中头、个人小头，实际上对财富做了分配。我讲的机制革命是第三种分配方法，就是经营者和员工有固定的收入，也就是工资制分配，同时还能通过分红等方式共享一部分企业财富，这应是一种混合分配方式，对双方都比较安全。

企业能否建立共享机制，考验所有者的选择。从《公司法》来讲，我国企业是股东所有的，如果股东不把人力资本当成资本，就不会给经营者、劳动者分红。记得小时候读《半夜鸡叫》的故事，周扒皮为了让长工多劳动，半夜学鸡叫，但高玉宝这些长工上工就没有精气神，这就是机制不好，所有者不开明。清代的晋商很早就明白分享制的好处，他们的做法是赚的钱归东家一份，掌柜和账房先生一份，伙计一份，各占三分之一。华为的分配机制则是"东家"一份，"掌柜、账房先生、伙计"占三份，这种做法更先进。改革需要"东家"的支持，让不让"掌柜、账房先生、伙计"参与分红，有赖于"东家"是否精明。

从"老三样"到"新三样"

机制革命不应只在民企实现，国企也应成为共享平台。今天我国已进

迷思十 | 管理效能和机制动力：管理是生存之基，机制是源头活水

入高质量发展阶段，社会主要矛盾也发生了变化。国企改革的动力是什么？答案就是满足员工对美好生活的向往。员工不仅要工作，还要生活，怎样让他们负担起子女教育、老人赡养、购房购车等成本，在企业里安心工作，在社会上体面地、受人尊重地生活，这是改革的大问题。不解决这些问题，企业里的骨干就很难留住，年轻人也不愿意进入国企，企业就会失去竞争力，所有者利益也就无从保证。

▶ **故事 48** | **不败的纪录**

中国建材旗下有几个机制革命的先行者，南京凯盛就是其中之一，这家公司是中国建材工程板块子企业，成立于 2001 年 12 月。南京凯盛的成立是建材行业里非常有名的一件事，其创业者原来是南京水泥工业设计研究院（南京院）的一个设计组，因不愿意在院里吃"大锅饭"，希望与中国建材合作，成立一个员工持股的合资公司。

这件事当时引起了轩然大波，因为南京院当时划转给了兄弟单位中材集团，这涉及两家央企，又在一个行业。那时，我刚当中国建材的总经理，一上来就要面对这件事。中材的领导找到我，我说我可以劝他们回去，但是你们要善待这些骨干，不要因为这件事影响他们的发展。但后来关系越弄越僵，我发现这拨人回不去了。当时他们想单干，主要是希望能够自己有一些股份，而不是只做单一的工程技术人员，只有创业，才有希望把自己的劳动成果以资本的方式实现为财富，这是他们的根本想法。

我当时就想，中国建材可以支持他们做员工持股公司，看一看到底会怎么样。这是我的一个想法，正好赶上这样一个事件。那时这些人没多少钱，都是现金投资，只用 400 万元注册资本成立了一个小公司，他们占 49%，集团企业占 51%。公司成立后，我去看了一遭，当时十几号人挤在

一栋居民楼里租来的小办公室。我当时鼓励他们，南京凯盛要做一家绩优企业，三年内努力实现"三个一"：营业收入1亿元，净利润1000万元，员工100人。他们一年就做到了。我第二年又去，说希望做到"三个三"：营业收入3亿元，净利润3000万元，员工300人，过了一年又实现了。后来，我说你们要做到"三个五"：营业收入5亿元，净利润5000万元，员工500人，很快又实现了。

十多年过去了，今天的南京凯盛已逐渐从业务单一的设计院发展成为集研发设计、设备成套、施工安装、生产调试、技术改造、水泥工厂智能化建设等业务于一体的创新型国际化工程公司，每年有十几亿元收入和上亿元利润。最重要的是，这家公司成立至今，承接的200多项国内外大大小小项目中，无一失败亏损。对比之下，其他一些国有工程公司，做的不少项目出现了亏损，因为大家只重视拿项目，只重视现金流，只重视销售收入或规模，对经济效益却不太重视。但员工持股公司就不一样了，盈利是整个公司一致性的行动和目标。有媒体分析称，南京凯盛"不败的纪录"根源就在于机制。

观点 48 | 企业不发展是最大的国有资产流失

全国国有企业改革座谈会强调，激发微观市场主体活力，就是要加强正向激励，健全激励机制。会议提出"伤其十指不如断其一指"，"断其一指"指的就是机制。改革开放之初，为了打破"大锅饭"，我们进行了"劳动、分配、人事"三项制度改革，我称之为"老三样"。"老三样"主要解决"干多干少一个样、干和不干一个样"的问题，实现奖勤罚懒，提高效率。今天我们要推行员工持股、管理层股票计划、科技企业分红和超额利润分红的"新三样"，解决企业的财富分配问题，提高员工的获得感和幸福感。

1. 员工持股。依照《公司法》，通过普通员工、科技人员来持股，员工出资给一些优惠，科技人员以人力资本入股，量化后给一些股权，这是常规做法。持股分创业股和激励股两种。创业股指的是公司创业者占有的、可继承的股份；激励股是员工在公司时就有，不在公司时按照约定规范退出，再派给新员工的股份。万华做的就是激励股，员工持有的股份不流通，员工不享受股票溢价，由员工持股公司享受溢价，而员工享受分红权、净资产收益权，这样就不受股票下跌影响。企业也等于给员工戴了金手铐，使员工能够更加稳定地工作。中国建材所属合肥水泥研究设计院（合肥院）也是这种形式，院下面有6家员工持股公司，院持股70%，科技人员和骨干持股30%，股权的持有、退出、流转方案做得非常细致。合肥院原来是个小院所，现在每年有几亿元的净利润，成为最赚钱的水泥设计院。

2. 上市公司股票计划。它包括股票增值权、限制性股票和股票期权，我觉得股票增值权最好做。股票增值权，西方人称之为影子股票。什么意思呢？经理层不出现金，也不真正拥有股票，但享受股票的增值。比如股价现在是3元/股，给经理100万股增值权，当股价涨到5元/股时，经理就有200万元，从税前的成本里列支。这实际上是一种奖励，把经理的收入和股票价值联在一起，促使经理和股东的利益能够联在一起。股票增值权简便易行，对经理层来说是比较安全的，也是行之有效的办法。

3. 超额利润分红。对大多数非上市公司而言，激励机制主要采用超额利润分红权，这是从税前列支的一种奖励分配制度，就是把企业新增利润的一部分分给管理层和员工，也就是我们以前常讲的利润提成，这样既确保了公司的利益，也提高了员工的积极性，应该普遍实施。中国建材所属中联水泥做了超额利润分红，做法很简单，就是制定利润指标，超额部分提取15%，按照"118"进行分配：一把手、主要负责人10%，班子其他成员10%，员工80%。班子成员基本上都是一正两副，固定的分成比例也让团队始终保持精简状态。这个办法非常有效，实行超额利润分红后，中联水泥利润大幅提升。

从"老三样"到"新三样",建立共享机制会不会造成国有资产流失呢?这是很多人的疑问。我觉得,改革必须防止国有资产流失,这是底线和前提,但我们不能把国有资产流失变成一顶帽子,把它宽泛化或扩大化,否则就会让改革者患得患失,影响改革进展。我认为,只要按照"三个有利于"——有利于国有资本保值增值,有利于提高国有经济竞争力,有利于放大国有资本功能,所做的改革就是对的。

对企业来说,不发展是最大的风险,这才是最大的国有资产流失。国有资产流失,可以从两个维度去看。从静态看,寻租和损公肥私造成的损失是一种国有资产的流失;从动态看,国有资产不发展,或是低于社会平均发展水平,应该说也是国有资产的一种流失。所以要把做强做优做大国有资本、实现国有资产保值增值作为国资监管的主要目标。机制革命是让劳动者参与财富的分配,而所有者得到的更多,这不叫国有资产流失。如果企业没有机制,最后员工没有积极性,企业成了一堆废铜烂铁交给国家,那才是国有资产流失。

越是优秀的企业,越要在分配问题上向市场看齐,各种激励方法要综合起来,吸引最优秀的人才。我反复讲,机制革命是一场思想深处彻底的观念转变。共享不是把该给国家的给了个人,共享的是超额的部分,个人想拿得多,国家就拿得更多。国企要解放思想,打开心结,只有确立人力资本的概念,充分激发人的积极性,形成资本所有者和劳动者的利益共同体,才能造就更多具有全球竞争力的世界一流企业。

机制革命:推开国企改革最后一扇窗

机制革命是当前国企改革中最为欠缺的内容,也是最关键的内容。为什么这么说？如果我们梳理一下国企改革的脉络，就会看得更加清晰。改革开放以来，国企改革通过搞活企业、股份制和公司制改造、国资监管体制改革等，总体上已同市场经济实现了融合。党的十八大以来，国资国企改革在理论和实践层面都取得了丰硕成果，顶层设计基本完成，改革试点取得经验，中国特色现代企业制度基本建立。当前的改革还面临最后一道藩篱，那就是机制革命。我们要集中精力把这一关过去，打开国企改革这最后一扇窗。

▶ 故事 49 │ 时隔 20 年的改革试点

我大学一毕业就进入了国企，40 年来始终与国企紧紧联系在一起。在担任一把手的近 30 年中，我一直把国企改革放在工作首位，见证并参与了一系列重大改革进程，对两次改革试点记忆犹新。

第一次是 1994 年，北京新型建材总厂入选全国百户试点单位。百户试点，主要目标是推行现代企业制度，核心内容是四句话 16 个字，即"产权清晰、权责明确、政企分开、管理科学"。那时，国家经贸委副主任陈清泰同志多次到北新指导试点工作。有一次开会，他说百户试点企业是改革的尖刀班，改革就是要脱胎换骨。我理解他讲的脱胎换骨，是要把过去的体制机制变成另外一种新的体制机制。那一轮改革里，北新完成了公司化改制并在深交所上市，之后通过市场化的改造和历练，日臻成熟，成为新型建材行业的领军企业和管理科学规范的公众公司。

中国建材是从困难境地走出来的一家企业，穷则思变，10 多年来在推动国民融合、规范治理、建立职业经理人制度等方面先行先试，成为国企改革的先行者和铺路石。2014 年，中国建材被国资委确立为发展混合所有制经济和落实董事会职权双试点企业；2016 年，"两材重组"后的新集团被列入央企兼并重组试点，所属中材电瓷入选首批十大员工持股试点企业；

2018年，被列入国有资本投资公司试点。至此，中国建材共肩负了五项改革试点。集团还有四家子企业入选"双百行动"，两家子企业入选发改委混改试点。可以说，中国建材已成为央企里改革的一面旗帜。

入选改革试点是荣誉，更是责任。我的想法是，国企改革是个细致活儿，不仅要有热情，还要做得规范稳妥，要经得住时间的考验。中国建材成立了改革领导小组，按照"走出去，请进来"的原则，我带着小组成员到上海绿地、中联重科、浙江物产、山东万华、华为等企业调研学习，同时认真梳理和提炼自身改革经验，对改革的深层次问题进行了大量思考。在2017年全国国有企业改革经验交流会上，中国建材作为八家央企代表之一，做了交流发言。国资委领导同志在国务院常务办公会上报告央企重组工作时也表扬了中国建材。

这些年来，国企改革不断探索，我也在改革的道路上从黑发人变成了白发人，有国资委领导评价说，"宋总这些年来一直在改革。"让我欣慰的是，经过40年探索，国企改革的路线图今天已十分清晰。记得"百户试点"时，我们志在建立现代企业制度，现在的试点主要是落实以管资本为主、建立国有资本投资公司、让混合所有制企业获得市场活力、培育世界一流企业，改革的目标任务非常明确。中国建材正蹄疾步稳开展各项试点，为改革探索成果、总结经验、凝聚动力。

● 观点49 ｜ 解决好体制、制度、机制问题

党的十八大以来，国企改革进入新阶段。新一轮国企改革不同以往之处在于，更加注重改革的系统性、整体性和协同性，将顶层设计与试点先行相结合。国企改革的目的是适应社会主义市场经济体制，主要解决国企的效率问题。怎么把我国以公有制为主体、多种所有制共同发展的基本经济制度跟市场接轨，实现国有资本和市场经济的有效结合，是改革的出发

点和难点所在。经过理论创新和实践探索，这个难题基本解决了，就是做好改革的三件事：体制、制度、机制。

1. 体制就是处理好国有经济、国有资本、国有企业之间的关系。党的十八届三中全会提出"以管资本为主"，这是非常重大的改变。党的十九大进一步提出"改革国有资本授权经营体制"。2019年出台的《改革国有资本授权经营体制方案》和《国务院国资委授权放权清单（2019年版）》是国资国企改革指导思想最深刻的变革。[一]国资委成立后，对国有资产实现统一监管，结束了过去的"九龙治水"局面。围绕怎么管的问题，当时采取的是管人、管事、管资产相结合的方式，既当"婆婆"，又当"老板"。现在提出以管资本为主，国资委回归到国有资本出资人代表的职责上来，管好资本，管人、管事更多地交给董事会。

国资委要实现以管资本为主，关键是转变职能、简政放权，构建"国资委—国有资本投资运营公司—所投资企业"三层管理模式。国资委作为出资人，用资本运营的方式发展国有经济，优化国有资本战略布局，促进国有资本流动增值；国有资本投资运营公司由国资委直接监管，按照《公司法》，从资本收益、战略发展等角度出发，以股权方式投资产业平台；所投资企业完全按照市场化规则和现代公司治理要求进行管理，可以引入职业经理人制度，在薪酬福利和激励机制等方面与市场完全接轨。以管资本为主和把目标锁定在做强做优做大国有资本上，打通了我国社会主义基本经济制度与市场经济衔接的"最后一公里"，让国企走通了改革之路，成为真正的市场主体。

国资委"以管资本为主"，主要解决两个问题：

- 管好国有资本的布局和结构调整，使得国有资本能够解决国家亟待解决

[一] 2019年4月28日，国务院印发《改革国有资本授权经营体制方案》。2019年6月，国资委印发《国务院国资委授权放权清单（2019年版）》。

的问题，突破"卡脖子"技术壁垒等，把国有资本更多投入关系国计民生的领域，这是国有资本非常重要的功能。
- 要把握管住和管好的平衡。"以管资本为主"不能简单理解成"以监督为主"。监督管理有监督和管理两个含义。监督的同时更要注重管理，而管理又不是一味地要管住、管死，而是要管好。管好就要立足于把国有资本做强做优、发展壮大。"对国有资产的监管"含有"发展壮大国有资本"这样一个更重要的含义和目标。

2. 制度就是国企运作的方式，是所有者、经营者、决策者、执行者之间的关系。中国特色现代企业制度，"特"就特在把党的领导融入公司治理各环节，把党组织内嵌到公司治理结构之中，进一步对党组织、股东会、董事会、监事会、经理层等各治理主体的权利、义务和责任进行清晰界定，保证企业中各层级的权责明确。建设中国特色现代企业制度要做到两个"一以贯之"，坚持党对国有企业的领导一以贯之，建立现代企业制度一以贯之。加强党的全面领导，同时也要继续完善公司治理，在战略决策、选人用人、运营管理等方面加大授权放权力度。两件事之间要掌握好平衡，不能偏废。

3. 机制就是企业效益和经营者、劳动者利益之间的关系。现在国企改革在体制、制度上都有比较清晰的办法，而且改革已经初见成效，下一步要在机制上进一步发力，推开国企改革的最后一扇窗。在许多民营企业，特别是高科技企业里，人力资本都参与了分配，给了骨干员工很多期股、期权，但国企在机制上做得很不够，由此带来两个问题：一是优秀的科技人员和管理人才容易大量流失；二是创新能力不强，比如，现在前五大网络公司，没有一家是央企。我们经过反复讨论思考，发现是激励机制问题。所以这一轮改革，必须从机制上取得突破。

激发和保护企业家精神

做企业有"三大法宝":管理、机制和企业家精神。管理是基础,要持之以恒,一刻也不能放松。机制能调动人的积极性和创造热情,要靠深化改革取得。企业家精神是说企业要有好的企业家带头人。说到企业家这个词,法国人最早把流通过程中使货物增值的商人称为企业家,后来英国人又将其提升为使资源创造价值的企业主。经济学家熊彼特提出创新是经济发展的原动力,企业家是创新的组织者。管理学家德鲁克认为,企业家与企业规模、所有制形式无关,富于创新意识、为社会创造价值的企业领导者就是企业家。

▶ 故事 50 | 企业家是怎样炼成的

我做企业 40 年了。前些年,我常被人问道:"宋总,你觉得自己是企业家吗?"为什么这么问?因为很多人对企业家概念的理解还不甚清晰。不少人认为白手起家的创业者叫企业家,而国企领导人是红头文件任命的,不是企业家。其实,企业家是创新并创造价值的人,不存在所有制限制。2017 年 9 月,中央首次以专门文件的方式[一]肯定了企业家的作用,而且首次明确了国有企业家的地位和价值。看到文件后,我特别高兴。

回想自己的企业道路,我感慨万千。我年轻时的理想是做一名老师或诗人。没想到,大学毕业后,我被分配到企业,而且一干就是一辈子。不了解我的人,常认为我有多么高远的人生目标,我其实是个随遇而安的人,从不好高骛远、左顾右盼。我也是进入企业之后,才慢慢培养起做企业的浓厚兴趣。这些年来,曾有很多离开企业的机会,有的单位还开出了住房、

[一] 2017 年 9 月中共中央、国务院发布《关于营造企业家健康成长环境弘扬优秀企业家精神更好发挥企业家作用的意见》。

收入等丰厚条件，但都被我婉言谢绝了。因为我觉得自己已经企业化了，读书思考、看财务报表、管理工厂等，这些习以为常的东西早已融入我的血脉，就像布料被做成了西服，就很难改成中山装了。

做企业的过程并不容易，一路上会遇到很多风浪，经常处在煎熬的状态里。很多人对我的企业故事感兴趣，其实，我的企业生涯是由一个个困难串联起来的。我在北新最早做的是技术员，但当我看到厂里试生产的产品堆满库房卖不出去时，毅然选择了做一名销售员。那时销售员普遍被大家看不起，但我却毫不犹豫地干起了这一行。我当厂长也是受命于危难之时，当时工厂揭不开锅，但我还是咬牙挺了过来，硬是让企业起死回生，并带领它在深交所上市。

2002年，当中国建材面临经营困境时，上级让我去解决困难，我毅然跳进了"弹坑"，之后想尽办法把企业拖出债务的泥沼。香港上市后的经历同样惊心动魄。2008年金融危机时，中国建材股份公司的股票被恶意做空，股价从39元一路降到1.4元。那段日子，我压力巨大，但作为企业一把手，即使内心再难也要以微笑示人，要让员工感觉到信心的存在。那段时间，我天天心平气和地坐在办公室，稳定军心、鼓励大家，同时拜托银行的合作伙伴出手相助，最终度过了资金危机。

在国药任职也充满挑战。我起初是医药行业的"外行人"。到国药工作第一年的"十一"长假，我买了八本供投行了解医药行业的书，把自己关在家整整读了七天，后来又几乎转遍了国药的每个基层企业，渐渐把医药的业务框架在头脑里构建了起来。正因如此，国药同事从没有把我当成外行。任职五年里，国药集团快速成长，成功进入世界500强。两材重组也是难事，两家企业同业竞争十几年，关系疙疙瘩瘩，弄到一起谈何容易，但领导说，"志平，你去找大家谈"，我就开始了两年多时间的马拉松式沟通，最后大家终于走到一起。

从年轻时起，我就把西方一位哲人的话"忙的蜜蜂没有悲哀的时间"当成座右铭。很多人问我,"宋总,你是不是有什么悲哀啊?"其实,这句话应该积极地理解。忙碌的蜜蜂酿蜜的过程就是创造劳动价值的过程,它们无暇顾及做事情的目的和结果,因为劳动本身就是快乐的、满足的。这些年来,无论遇到什么情况,我都始终保持积极乐观的心态。我喜欢丘吉尔的名言"Never, never, never, never give up"。一分耕耘一分收获,从不懈怠、从不自我原谅、从不轻言放弃,这就是企业家成功的原则。

观点 50 │ 企业家精神是创新、坚守、责任

习近平总书记指出,"市场活力来自于人,特别是来自于企业家,来自于企业家精神。"企业家精神是对企业家价值取向和思想境界的概括,我简单归纳为六个字:创新、坚守、责任。

1. **创新**。企业家的灵魂是创新精神。企业家的特别之处在于,他善于发现机遇,敢于改变旧事物,勇于不断挑战自我。在大家都做一件事时,企业家想的是怎样做另一件事。企业家不以财富多少而论,如果没有任何创新、没有创造价值,即使再富有也不能算作企业家。纵观成功企业家,他们有的进行了企业制度的创新,有的进行了商业模式的创新,有的进行了技术和产品的创新,创新是他们成功的重要前提。

2. **坚守**。坚守精神,指的是企业家要认认真真地把做企业作为终生的事业,而不是升官发财的跳板。做企业是个苦差事,有没有坚守的精神,有没有超强的毅力和耐力,能不能板凳甘坐十年冷,这些往往是能否成功的关键。成功是熬出来的,企业家没有时间的积累成为不了"家"。我体会,做好一个企业,没有10~20年的工夫是不行的;想把一个企业做到世界一流,可能要做30~40年。有人问我,宋总,你是怎么计算出来的?我说这不是我计算出来的,是实践出来的。中国建材的纸面石膏板和玻璃纤维都是靠40年的坚守,才做到全球第一、世界一流的。

3. 责任。企业家还要履行责任。企业家不仅是财富的创造者，更应是给予社会最大回馈的人。在2012年中央电视台年度经济人物颁奖晚会上，嘉里集团董事长郭鹤年老先生给了年轻人四点忠告：一是专注；二是有耐心；三是有了成绩后要格外当心，成功也是失败之母；四是有了财富要回馈社会，而且越多越好。有人说中国的富人"富而不贵"，缺少对社会的回报，缺少西方的贵族精神。在西方，贵族不仅意味着财富，还意味着责任和担当。企业家要有"兼济天下"的责任感，不是自己富就行了，而是要考虑怎么照顾到更多人。尤其是国企领导人，更要埋头苦干，淡泊名利。实现保值增值是国企的必尽之责，同时还要考虑能多缴多少税，多提供多少就业，使多少个家庭幸福安康，使多少个屋檐下有孩子的欢笑，这也是企业家精神。

企业家是稀缺资源，是市场经济中最活跃的因子。近代以来，中国企业的发展历程，就是企业家队伍不断成长壮大的历程，就是不断发掘、培育和弘扬企业家精神的历程。从清末的洋务运动到民国时期实业救国的热潮，从新中国成立后社会主义工业体系的建立到改革开放后多种经济成分的共同发展，中国的企业家前赴后继，围绕实业报国、振兴中华这个核心主题不懈奋斗。今天，我们要继续弘扬企业家精神，在推动社会经济持续发展中再立新功。

党的十九大报告明确提出，激发和保护企业家精神，鼓励更多社会主体投身创新创业。激发和保护企业家精神，首先要尊重企业家的创新活动，从制度和政府层面加大对企业创新活动的支持，依法保护企业创新成果和知识产权，保护企业家在创新和经营活动中获得的财富，加大对企业创新活动的物质和精神激励，引导更多高质量的创新投入。同时要建立接纳创新的文化，建立"亲""清"的政商关系和企业家自律的风气。

企业家不是完人，也不是常胜将军，做企业常常会遭受失败，甚至会倒在征途中。因此，我们既要鼓励创新也要宽容失败，不能赢了就戴大红花，输了就打入冷宫。对遇到困难的企业家要雪中送炭，鼓励遭遇失败的企业家东山再起，再展雄风。要营造尊重和支持企业家的社会氛围，认真研究和落实"三个区分开来"的原则，建立和完善容错纠错机制，信任和理解企业家，给予企业家正能量、正激励，让企业家安心、安身、安业，在创新创业中越挫越勇。

此外，还要关注企业家成长，扶持和培育成长过程中的企业家，倍加珍惜和爱护成功的企业家，创造更多机会和平台使之人尽其才。同时还要关心企业家身心健康，引导企业家带头践行爱国敬业、艰苦奋斗等精神。对有成绩和做出突出贡献的企业家，要引导他们谦虚谨慎、戒骄戒躁，加强学习和提高自身素质，把时间和精力更多地用于管理的精进和企业的发展，不刻意去做社会上的"大咖""大腕"。

第三篇

创新

11 迷思十一　万众创新和企业创新
让创新成为社会基因

自从 2014 年 9 月李克强总理在夏季达沃斯论坛上发出"大众创业、万众创新"的号召以来，中国大地掀起了一场创新创业热潮。过去我们常讲企业是创新主体，是社会财富的主要创造者，现在提倡万众创新，发挥各种创新主体的创造热情。其实，两者并不矛盾，万众创新以企业创新为依托或载体，而企业创新归根到底是企业内部的全员创新，离不开科技知识的社会积累与传播，离不开"双创"汇集的智慧。

万众创新应与企业创新相融合

大众创业、万众创新被视为推动经济发展的"双引擎"之一。国务院印发的《关于大力推进大众创业万众创新若干政策措施的意见》,强调"双创"是"发展的动力之源,也是富国之道、公平之计、强国之策"。大众创业、万众创新怎么组织实施?它与企业创新是什么关系?这些都是值得思考的问题。

▶ **故事 51** | 对话诺奖得主费尔普斯先生

诺贝尔奖获得者——经济学家埃德蒙·费尔普斯有本著作叫《大繁荣》,这本书的观点是中国开展双创活动的重要参照。费尔普斯先生是中国政府"友谊奖"获得者,对中国经济很有研究,虽已 80 多岁高龄,但仍经常不辞辛劳地到中国讲学,2014 年和 2019 年我有幸两次与他进行了对话。

第一次对话是在清华大学举办的一个讲堂上。对话前,我从头到尾认认真真拜读了《大繁荣》,对书中两个观点印象很深:一是创新和制度无关,主要和文化有关,大范围的创新活动只能由正确的价值观激发;二是创新主要靠草根创新,创新是自下而上的进程,大多数创新是由千百万普通人共同推动的。我对前一个观点很赞同,但对后一个观点只同意一半。在对话现场,我跟费尔普斯说,草根创新的确重要,但大企业创新也很重要,大企业有能力解决一些系统上的问题,这是小企业无法超越的。因此,企业创新和草根创新应结合起来,发挥各自所长。那次对话上,费尔普斯先生就中国创新经济的瓶颈、知识产权保护等问题提出了很多中肯的建议,我听了很受启发。

第二次对话是在北京未来科技城的创新论坛上,地点是北新建材,也就是我原来做厂长的那家企业。那次对话由新瑞学院院长何志毅教授主持,话题内容涉猎非常广泛,如中美文化差异、中美贸易战、创新路径是什么、如何激发员工创新活力等。对话中,费尔普斯先生宏大的历史视角和严谨深厚的理论基础让我由衷敬佩。通过他的讲解,我更深入理解了创新活力是近两百年来西方经济大繁荣的根源,这对企业是重要启发。在对话中,我谈到了对创新的理解以及基于企业创新的方法和实践,还着重介绍了一线工人的创新案例。比如北新建材旗下的泰山石膏,原来1平方米石膏板有12公斤重,现在做到了6公斤,仅这一项技术创新,工厂一年就能多出3亿元利润。这种"草根创新"是了不起的,费尔普斯先生听了很高兴。

● 观点 51 ｜ 构建"万类霜天竞自由"的创新圈

关于大企业是否创新,一直存在争论。很多学者认为,大企业不创新,中小企业与草根更富创新活力和创新意愿。德鲁克在《创新与企业家精神》一书中提到,美国的一些创新并不源于大企业。比如汽车时代来临时,美国的铁路公司都想制造汽车,但是真正造出汽车的却是福特公司;航空时代来临时,美国汽车公司都想造飞机,而飞机却由波音和麦道等公司造了出来。虽然如此,德鲁克仍认为大企业在创新上大有作为,美国强生等大公司一路创新发展就是例子。我比较赞同这个见解。

从历史上看，大企业一直是技术创新的主体，是推动人类进步的重要力量。比如通信领域的通用公司贝尔实验室，汽车领域的福特汽车公司，计算机领域的IBM、英特尔、微软公司等。正是由于这些大企业在技术领域的创新和领军作用，开创了工业化的新时代，也创造了世界范围内的现代物质文明。当前，我国互联网等产业草根创新成绩斐然，涌现了不少创客。但我国工业的大量持续性创新仍由大企业承担，大企业在重大技术攻关和产业转型升级的创新中仍承担着正面作战的任务。我们引以为傲的神舟飞船、高铁、核电等技术都是大企业创造的。创新需要基础和实力，像编个软件，可能有台电脑，在宿舍和车库里就能搞出来，但要生产大飞机、研发航空发动机、冶炼特种钢材，还是要由大企业完成。

大企业常被认为官僚主义抑制创新动力，有的企业确实存在这种情况。但我感觉，一个企业创不创新与企业规模无关，与创新文化有关，与企业领导人的创新意识有关。大企业应克服的是惯性思维和阻碍创新的内部机制，提高创新意识，加强与中小企业协同创新，这才是最重要的。大企业可以搭建创新平台，把面临的问题放在平台上让中小企业"打擂揭榜"，也可以把成果汇聚到平台上实现资源共享。实际上，很多小企业都是借助大企业的投资和平台进行创新的，而且它们创新的成果也很快被大企业吸收转化。从内部来看，企业创新归根到底是科研技术人员及广大员工共同参与的全员创新。例如，日本主张企业内部搞全员创新，如推行品管圈（QCC）、质量功能展开（QFD）、全面质量管理（TQM）及 IE 工作概述等，都是借由企业内部的全员管理创新提升了企业竞争力。再如，海尔在企业里奉行人人是"创客"的组织文化，把全员创新推到新高度。

所以说，企业创新与万众创新并不排斥，两者相辅相成，关键看在哪个领域。国务院在《关于大力推进大众创业万众创新若干政策措施的意见》中提出，支持各类市场主体不断开办新企业、开发新产品、开拓新市场、培育新兴产业，形成小企业"铺天盖地"、大企业"顶天立地"的格局。这就说清楚了各自的创新任务。开展"双创",不是否定大企业在创新体系中的枢纽地位,而要建设一个"万类霜天竞自由"的创新生态系统。

创新的意义是创造效益

创新,通俗地讲就是要有变化和不同,能创造出全新的且与众不同的价值。创新具有丰富的内涵,广义的企业创新主要包括技术创新、管理创新、制度创新、商业模式创新,分别解决的是竞争力问题、效率和成本问题、活力和发展动力问题、效益和规模问题。从狭义上讲,创新主要是指技术创新。技术创新常与科学发明联系到一起,其实两者并不能等同。企业创新是一种创造财富、创造效益的技术活动,与科学发明不一样,这是必须搞清楚的。

▶ 故事 52 │ 为什么爱因斯坦不会被忘记

爱因斯坦在科学界的成就众所周知,可以说除了牛顿之外无出其右。我 2019 年 6 月去以色列时,参观了爱因斯坦档案馆,该馆学术主任、希伯来大学前校长哈诺赫·古冯德教授热情接待了我们。爱因斯坦档案馆是我见过的最小的档案馆,只有 30 平方米左右,两边都是书柜,不知道的人还以为进错了地方。哈诺赫教授介绍说,屋子里摆的藏书全是爱因斯坦的私藏,他将这些藏书连同阅读时常用的小书桌,全部捐献给了希伯来大学。参观中,我们还有幸看到了难得一见的相对论手稿原件。手稿每一页的笔迹都一丝不苟,连涂改都工工整整,看到第 45 页,也就是手稿的最后一页,爱因斯坦推导出了相对论的公式。如此复杂的理论竟然只用了几个简洁的公式来表达,真可谓大道至简。

2019年8月，哈诺赫教授在上海搞了一个以"爱因斯坦的异想世界"为主题的特展，我专程去看了展览，并就"创新与创业"的话题与他进行了对话，《解放日报》做了摘录并刊发出来，题目是"为什么爱因斯坦不会被忘记"。哈诺赫教授说，历史上的名人差不多60年以后就被忘记了，而爱因斯坦已经超过一个世纪的时间还在深刻影响着今天的人们，他的思想还在散发新的光芒，在他的科学理论指导下，还正在或即将获得新的发现，如最近得到证实的引力波。这也是爱因斯坦不会被忘记的缘由。

我很认同这个观点。在展出中，爱因斯坦被授予的1921年度诺贝尔物理学奖奖章引起了我的共鸣。奖章中央的图案描绘的是科学女神揭开神话女神伊西斯的面纱，伊西斯也是自然女神，代表大自然的规律，总是遮掩着一层神秘和朦胧的面纱，等待着科学的发现。图案周围则是一段拉丁文："发明使生活更加美好。"爱因斯坦就是一个充满梦想、不断探索未知的人。他曾说："我自己并没有什么特别的，只是充满了一种好奇心而已。"这就是创新的精髓啊！永无止境的好奇心、创意奔放的思维以及强烈质疑的态度等，这些爱因斯坦之所以成为大科学家的可贵品质，形成了指引人们更有效创新的思想基础。

在观展过程中，我还有一个很深的感触，那就是作为一位理论物理学家，爱因斯坦在发明和创新方面也很有创见，他做了很多工作，例如和其他发明人合作，参与了冰箱、助听器和陀螺罗盘等的发明。爱因斯坦是能够把科学、技术和创新贯穿并结合起来的人。他既是发现者，又是发明者，既理解和发现物质世界是怎么运行的，又把这些原理和改进人们的日常生活联系起来，这是非常不容易的。

● 观点 52 ｜ 科学与技术的目的性不同

爱因斯坦是个伟大的科学家，他认为如果没有对艺术和科学永远无法达到的东西的不断追求，生活就会显得空虚；最美丽的体验，是我们面对艺术和科学所感受到的神秘。联想到企业，我就在想，企业里的创新与爱因斯坦等科学家的创新有什么不同呢？最大的差别就是创新的重点和目的性不同。

我们常把科学和技术并称为科技，但科学和技术并不是一回事。传统上，我们把科技分为三个层面：基础科学，回答未知的问题；应用科学，回答如何把科学原理应用到现实中的问题；技术层面，回答产品如何开发制造，如何降低成本、增加品种、提高质量的问题。科学家的贡献主要集中在前两个层面，尤其是基础科学研究，而企业创新20%是在应用科学领域，80%是在技术创新领域。透过科技体系的分工，我们可以清晰地理解科学与技术的区别和联系，进而准确地定位企业创新的重点。

从区别上看，科学是为了认识世界，主要是探究未知的东西；技术是为了改造世界、服务人类，主要是解决应用问题。驱动技术发展的，是市场的需求和资本的欲望；而驱动科学发展的，是科学家的兴趣和人类的好奇心。技术开发者可以获得利润作为回报，而科学研究者收获的更多是名誉。从联系上看，科学成果很大程度上是被全人类共享的，科学有重大发现之后，很多规律可以引发创新，带动技术的突破，甚至是颠覆性的创新和突破。近代以来，重大的尤其是颠覆性的技术发明，往往起源于科学的发现和基础研究的突破。所以，尽管技术创新已经越来越和人类的生活密不可分，推动人类走进了现代社会，但是没有什么能够代替基础科学研究的作用。

我认为在科技创新的体系中，企业要对基础科学的原理性问题有一定的敏感性，尤其是大企业要积极支持和持续关注基础科学的前沿发展，比如在麻省理工学院、加州大学，很多企业出资支持基础科学研究，这是出于对未来科技走向和技术应用的前瞻性布局。而从企业自身来说，创新的重心不是基础科学研究，而是技术创新。企业的创新范围是极其明确的，研究目的就是要解决什么问题、做什么东西，都是和生产经营、市场变化密切结合的，最后要落到经济效益上。

做企业就得有效益，就得赚钱，创新也是如此。创新实际上是商业领域的技术活动，面对市场约束，企业必须做能赚钱的创新，把创新与经济效益紧密联系起来，创新没有效益，也就没能力投入再创新，烧钱烧到最后，企业都做垮了，创新也就失去了意义。中国建材近年来大力发展光电材料、复合材料、膜材料、石墨材料、工业陶瓷、人工晶体六大新材料业务，这些新材料都实现了工业化量产，而且都能盈利。2018年新材料业务利润总额突破百亿元，超过集团利润总额的1/3。中国建材是工业集团，我的想法是创新不是摆"花瓶"或搞"花架子"，不能量产、没有规模效益的创新坚决不做。

在企业里，我不反对大家研究宇宙奥秘，每个人都有自己的兴趣爱好，有强烈的好奇心、喜欢探索未知事物是好事，我也经常看一看最新的科技理论。但我同时认为，研究黑洞、引力波、人的起源这类问题，不是企业创新要聚焦的事情，企业也不可能为此提供专门的实验室和经费。不可否认，企业里部分技术人员有科学研究的实力，甚至能带来足以推动世界科学进步的重大成果，比如日本岛津制作所一位基层研究员就获得了诺贝尔奖。但总的来看，企业还是要发挥技术创新的专长，盯着新产品、新技术、新工艺，解决这些实际问题，这才是创新的立足点。我反复跟技术人员讲，专业带来效率，创新需要分工，一定要把创新的层级分清楚，知道企业创新的点位在哪里。

有效的创新才是好创新

现在社会上创新创业热潮如火如荼，我国市场主体总量超过1亿户，日均新设企业超过1.8万户，平均每分钟就有12.5家企业诞生，估值超过

10亿美元的独角兽企业有160多家。但大家对创新也有不同的顾虑，觉得创新是天才的专利，做起来不容易；也有人盲目创新，承担了不必要的风险。创新究竟要怎样做？怎样减少失败？我主张，开展有效的创新，简言之，就是提高创新效率，创造经济效益，减少盲目、不必要的风险，有效的创新才是好创新。

▶ 故事 53 │ 超薄玻璃：大国重器

　　中国建材有效创新的例子很多，如超薄玻璃。超薄玻璃也叫超薄电子触控玻璃，是电子信息显示产业的核心材料，用来做手机、电脑、电视显示屏基础材料。玻璃越薄，透光性能就会越好，柔韧性好，重量也会随之减轻。但是玻璃太薄又非常易碎，怎样让玻璃既薄又有足够的强度和韧性，是个世界难题。长期以来，超薄触控玻璃核心技术和全球市场完全被美国、日本公司封锁与垄断，导致中国电子信息显示产业关键环节缺失，产品价格长年居高不下。

　　中国建材以前的玻璃业务主要是建筑玻璃，近年来根据市场需求，我们进入电子显示玻璃的高端领域。确立目标后，所属蚌埠院做了大量准备，改革科研体制、强化激励措施、打造创新平台，在超薄触控玻璃高端化升级方面大胆迈步。短短几年时间，200多名科研人员先后突破1000多项关键技术瓶颈，让中国玻璃实现了从1.1毫米超薄到0.12毫米极薄的跨越，刷新了世界纪录，打破了国外对电子信息显示产业上游关键原材料的长期垄断，中国玻璃行业也因此实现了由追赶向领跑的跃升。目前，中国建材的超薄玻璃产品全球市场占有率已近40%。

　　超薄触控玻璃的问世意义非凡。这种玻璃厚度堪比一张A4纸，还可以像纸一样卷起来，同时还非常结实，被誉为"最轻最薄大国重器"。央视记者去采访时，技术人员做了个试验：55克钢球放在一米的高度，自由落体砸向超薄玻璃，这样的冲击力相当于一辆家用轿车以时速150公里的速度撞停到墙上的冲击力，但玻璃完好无损。正是这块玻璃，助力华为、小米等国产品牌腾飞，为曲面显示、可穿戴设备研制和生产打下了基板材料基础，使消费者直接受惠于民族产业的崛起，同时每年为我国电子信息显示产业降低成本约120亿元，为国家节约外汇约20亿美元，为保障国家电子信息显示产业安全做出了重要贡献。这项成果于2018年荣获中国工业大奖。

观点53 │ 创新是可以学习的

创新是引领企业发展的第一动力，但同时高投入、高风险、高收益、高外部性的特点也让创新具有了很强的不确定性，因此必须特别重视有效性，中国建材的创新都要在有效性上考量一番。大家可能觉得有效的创新很难、很神秘，其实不然。创新不能只靠个别人的"灵光乍现"，创新是可以学习的，有规律可依，有方法可循。开展有效的创新，应从以下几个方面去考虑：

1. 有目的地创新。提前分析机遇、目标和路径，细致地谋划组织。德鲁克认为，有目的地创新甚至能减少90%的风险。很多人一听到创新就坐不住了，项目不了解清楚就立马干起来，这种盲目创新的例子并不少见。2000年，社会上曾涌现出互联网热和纳米热，大家一窝蜂去做，结果很多企业都失败了，而现在又掀起石墨烯热，石墨烯技术的确重要，但不是谁都能做的。朱镕基同志曾批评有些盲目创新的人，斗大的字不识几个却要搞高科技，这是不行的。

企业不是兴趣小组，在创新上不能做冲动派，不能做盲从者，而是要有方向、有风险意识、有的放矢、谋定而动。如果机遇摆在眼前，我们又有创新的基础，那就要果断进入，如果条件不成熟时贸然进入就会很被动。中国建材在超薄玻璃、碳纤维、风电叶片、薄膜太阳能电池等领域的成功，都是在认真分析产业形势、市场需求、自身优势的基础上，锁定目标，长期技术攻关的结果，都是有目的的创新。

2. **有组织地创新**。创新不能靠单打独斗，任何创新都在一个系统组织中进行，形成功能互补、良性互动、开放共享的创新格局。创新需要战略勇气，而有效创新更需要系统支撑。企业要通过内外部资源的多元协同，充分发挥好组织创新的优势。例如，现阶段不少企业热衷于动力电池，跃跃欲试都想投资，其实这样的做法并不合理，企业之间应该合作，联合创新。过去我国三大电信运营商每家都有铁塔，现在新组建的铁塔公司把三家的铁塔统一起来集中运行，不但节省了巨额投资，还聚集了很多资源。

3. **在熟悉的领域创新**。相比而言，企业在熟悉的领域创新更容易成功。做企业，业务选择很重要，但选对了业务只是开头。业务选好后可能需要一二十年或二三十年，甚至更长时间，企业才能做到一流。在创新的过程中，如果我们放着熟悉的业务不做，反而进入一个完全陌生的领域，一切从零开始，犯下颠覆性错误的风险就会很高。我在做国药董事长的五年里，学到了不少东西，也发现了不少机遇，但我做建材时没有去做过医药的项目。为什么？因为我觉得建材领域的技术人员不熟悉生物医药的东西，在一个不熟悉的领域里我们无法决策。当然，我对跨领域创新并不是持否定态度，外部的某些创新可能对行业产生很大的乃至颠覆性的影响，这是必须认真研究的。但通常来讲，创新需要对一个行业有着深刻了解，不是有多年积累的内行，对于风险点和路径往往无从判断，盲目跨界十有八九会出问题。若确定要跨界且条件具备了，也需要有熟门熟路的盈利点作为底部支撑。

4. **创新要善于把握机遇**。抓住机遇是创新的巨大推动力，例如结构调整里有转型升级的机遇，新知识、新需求里有扩大市场的机遇，竞争压力下有技术创新、降本增效的机遇，时尚潮流里有提升品牌价值的机遇，等等。高铁、支付宝、共享单车、网购"新四大发明"广受欢迎，就是因为满足并挖掘了人们在出行和消费等方面的深度需求。所以说，创新的机遇无时无处不在。其实，每次在经济下行或大的经济结构调整中，总有企业因不适应变化而销声匿迹，也总有企业因敏锐捕捉并抓住创新机遇而快速发展。机遇需要用心发现，敏锐的创新意识来自长期实践观察，专业眼光、市场嗅觉与行动能力都需要长期的修炼，就像翱翔的雄鹰鸟瞰大地上的风吹草动，随时出击。

5. 选择合适的方法。很多年轻人不乏创新精神，但困惑于用什么方法创新。其实，创新有很多方法，自主创新、模仿式创新、集成创新、协同创新、持续性创新、颠覆性创新、商业模式创新等都是有效的创新模式。企业应根据自身状况和发展阶段，在实践中认真研究，活学活用。企业究竟选择哪种创新模式或兼而有之，取决于企业自身的基础、想法和发展阶段。企业往往从模仿式创新做起，进而发展为集成创新，再发展成自主创新，如遇到重大创新也要汇众之力开展协同创新。而在创新方向上，既要以现有业务为基础开展持续性创新，又要未雨绸缪进行颠覆性创新，还要把技术创新和商业模式创新结合起来。

6. 开展有效的管理。有效的创新有赖于有效的管理。现在一些科技型上市公司之所以运作得不太成功，原因之一就是科学家不擅长管理。科学家有了创新成果，常有自己做工厂做管理的倾向，而一旦把工厂做起来了，就会涉及贷款、生产、销售等各种问题，等于说科学家要向企业家转变，但做管理是不容易的。电灯的发明者爱迪生当年就曾创建了很多公司，但由于管理不到位，最终几乎都以失败告终。这说明，创新做得再好也不能替代管理。

让创新成为一种风尚

在我国建设创新型国家的过程中，建立创新文化至关重要，这是激发企业创新动力的沃土，也是点燃草根创新活力的火种。费尔普斯先生曾提出担忧，中国亟须进行高速的本土创新，大规模创新需要有智力能力和接纳广泛创新的大众，中国是否有这样的文化去推动创新？这个问题需要全社会共同关注。

▶ 故事54 | 以色列：创业的国度

以色列是个有浓厚创新文化的国家，也是个谜一样的国家。以色列土地贫瘠，地域狭小，国民只有850万人，却创造了经济发展的奇迹，2019年预测人均GDP能达到4.2万美元，关键是无论在芯片技术、生物技术，还是国防和智能化等前沿技术领域均走在了世界前列。近年来，索尔·辛格先生的《创业的国度》在中国翻译出版后，影响了很多年轻的读者。以色列是怎样做到的？为什么是以色列？我也非常好奇。2019年6月，我去以色列洽谈项目时，对此进行了"探秘"。

以色列把创业叫start up，是指找到创新的种子，并且把它变成小苗的过程，所以将以色列的创业企业理解为"初创企业"更加合适。作为"创业的国度"，以色列构建了一个由创业者、投资机构、孵化机构等组成的全方位且运作成熟的创业体系，营造了一个良好的创业生态，吸引了众多年轻人去创新创业。通过运作成熟的产学研创新合作机制，不断涌出的创业企业成为以色列创新力量的源泉。

以色列理工学院号称"以色列的MIT"，学生每四人就有一人创业，72家在纳斯达克上市的以色列公司中，有58%由该校毕业生创建或管理，这些企业总市值为220亿美元！特拉维夫大学产生了以色列50%的创业企业主，学校筹建的风险种子基金给优秀的学生创业者最高40万美元并进行辅导。在收益方面，教授创建的公司和学校五五分配，学生创业收益则完全归个人。这些学校都有自己的科技成果转化机构和技术代理公司，供师生入驻并提供技术筛选孵化、专利申请、寻找天使投资等服务。在我们到访的魏茨曼科学研究所和佩雷斯创新中心，云集着芯片、新药、纳米材料等众多创新产品。在以色列诞生的种子和长出的小苗，很多被美国买去做成了大产业，每年还有大批创新企业被谷歌等高科技公司收购。

在以色列，我与索尔·辛格先生进行了交流。我说，以色列所处的迦南，这片《圣经》里所述"流着奶和蜜的土地"，其实大部分是贫瘠的荒漠，而且群敌环伺，地缘环境恶劣。这样的一个"弹丸"小国，如何能够崛起成为一个创新的国度？犹太人的文化里是否已经存在创新的基因？辛格说，确实，犹太人的创新与其独特的文化和历史是有相关性的，2000年的流浪史，让犹太人不能安于现状，需要不断寻找让现实变得更好的解决方案。以色列有个词"胡茨巴"（chutzpah），大意是百折不挠往前推进。这个词体现了犹太民族大胆的创业和创新性格：勇气，热情，不惧障碍，绝不后退。这种性格让他们在创新创业的道路上成绩彪炳。

以色列前总理西蒙·佩雷斯是以色列创新立国的先驱人物。他认为，以色列自然资源匮乏，必须重视科技和教育，充分发挥人力资源的作用，人力资源比自然资源更重要。事实证明了一切。我想，正是以色列自由放飞梦想的文化环境，产生了众多蓬勃的创业公司，再加上无畏的"胡茨巴"精神，这就是以色列成功的秘诀吧。

观点 54 ｜ 大力弘扬创新文化

中国和以色列有很多相似之处，都有上下5000年的历史文化，建国时间都在70年左右，都有着谦卑勤奋的特质，都重视储蓄、家族关系与子女教育。此外，两国又有着巨大的不同和强烈的互补性。以色列人擅长创业，但不善于把企业做大，当然这也和以色列的自然环境狭小以及市场有限有关，而这正是中国的强项。两者如果能够结合起来，进行集成创新，以色列创新的种子，进入中国这片有广阔市场和强有力制造业的沃土，应该是一个好的选择，可以共创经济的又一个奇迹。

在以色列，与我交流的以色列学者和创业者普遍认为，平等、宽容失败和独立思考的民族文化与历史是以色列创新活力的源泉。以色列有两个鲜明特征：一是人与人之间说话直截了当，无恭维，观点直率，思想开放，课堂上师生非常平等。有人拿中国、美国、以色列的家长做比较：中国家长一般问小孩在学校考第几名，美国家长一般问小孩在学校学到了什么，而以色列家长会问小孩今天在学校给老师提了几个问题。二是人人创业，万众创新。大学里的学生、老师、校长都热衷于开公司。而且无论哪所大学和科技机构，都可以自豪地告诉你，有多少"改变世界"的关键技术，诞生于他们的研发机构和初创企业。

中华民族是勇于创新、善于创新的民族。古人就有"日日新，苟日新，又日新"的思想，在天文历法、数学、农学、医学、地理学等众多领域取得了举世瞩目的成就。16世纪以前世界上最重要的300项发明和发现中，我国超过一半，远超同时代的欧洲。中国人极富浪漫主义和想象力，像《西游记》里的想象令人称奇，会讲神话故事的国家就会创新。但近代以来，我们错失了多次科技和产业革命带来的巨大发展机遇。改革开放以来，中国人奋起直追，科技整体实力和科研队伍素质有了显著提高，但与以色列、美国等国相比，还是有一定差距的。《世界是平的》一书的作者弗里德曼曾提到，中国人可以把技术学去、拿走，但美国的最后一招还没学会，这就是美国民间的创新能力。在中国转型发展的今天，我们应始终保持清醒认识，大力实施创新驱动战略，积极营造鼓励大胆创新、勇于创新、包容创新的良好氛围，让创新成为一种人生态度、一种民族精神、一种文化风尚。梦想、勇气、创新和永不放弃才能使我们浴火重生。

对企业来说，要想让创新真正落地，创新文化同样重要。创新文化是阳光雨露，一旦形成，就会对各类创新群体产生影响，触发他们的创意并进而形成创新活动。北京大学厉以宁教授有个"创意、创新、创业"的三段式观点。他认为，创意驱动创新，创新带动创业。北京很多咖啡馆、俱乐部是创新发烧友的聚集地，经常有人在那里讨论创意何在，久而久之就形成了一种风气。有些企业对创意创新重视不够，从根源上讲就是缺少创新文化。

企业要想打造创新高地，必须有一套尊重创新、崇尚创新、宽容失败的文化，有一片能够激发创新热情、鼓励创新实践和提高创新回报的土壤，搭建事业平台、人生舞台，给予创新人才更多的自由、更少的羁绊，让他们可以有充分的时间和资源去放飞思维、实现梦想。创新是个破旧立新的过程，也是个试错的过程，因而企业既要弘扬敢为人先的创新精神，也要有包容心、宽容度和承受力，对于创新中的过失和失败，予以一定的宽容，不能成者王败者寇。

良禽择木而栖。企业要择天下英才而用之，更要营造有利于创新创业的文化氛围，培植好创新领军人才和创新团队成长的环境，这样人才才会源源不断地加入。没有好的大环境，没有适宜的机制，很难吸引人才，即便人才来了也很难留住，抑或是人才长期被压制，慢慢就会失去才能。这就好像挖来一棵树种在你的地里，如果你地里的环境不好，土壤干枯、缺水少肥、温度不佳，再好的树苗也难以成活。

迎接企业家社会

创新创业的时代是企业家和企业家社会加速形成的时代。不管是大企业家，还是中小微企业家，不管是国有企业家，还是海量的民营企业家，共同汇成中国企业家的洪流。不断壮大的企业家队伍和数不胜数的草根英雄，将成为推动我国经济社会发展、实现中华民族伟大复兴的强大动能。

▶ 故事 55 ｜ 德鲁克的叮嘱

在 2016 年 8 月的"总裁读书会"电视节目中，我向观众推介了彼得·德鲁克的《创新与企业家精神》一书。这本书出版于 1985 年，虽然出版的年头很久了，但书中的观点仍然非常重要，对中国当下的"双创"有很强的参考价值。这本书是我的床头书，我反复读过多遍，有些段落甚至可以背下来，许多地方被我用荧光笔做了标记，空白处还写了不少自己的观点。

德鲁克在这本书中提出了几个重要观点：一是要进行有目的的创新，从而减少创新风险；二是创新不只是依赖高科技，中科技、低科技甚至零科技都可以创新，大量的创新是和高科技无关的商业模式创新；三是从管理型经济过渡到企业家或创新型经济会使社会进行循序渐进的进步，保持持续的增长，避免长周期经济理论中的阶段性衰退。在全书的最后部分，德鲁克对人类步入高福利社会忧心忡忡。

他叮嘱后人，没有创新做基础的福利社会必然会坐吃山空，引发债务危机，甚至会造就懒惰的社会，因此应该保护和发扬创新精神，用企业家社会取代福利社会。前些年，希腊等国爆发的主权债务危机就验证了他的预言。而美国恰恰是用创新高潮推进了危机后的复苏。美国在 1965~1985 年，成功逃过了康德拉季耶夫长周期理论的"魔咒"，实现了经济繁荣和高就业率。什么原因呢？德鲁克把原因归结为，美国从管理型经济时代进入企业家或创新型经济时代。可以说，企业家社会是德鲁克留给人类社会的一剂良药。

德鲁克的叮嘱有着深刻的现实意义。当前，我国正由管理型经济向创新型经济转变，整个社会也向着创新型社会演进。一方面，我国经济进入高质量发展新阶段，要完成我国经济社会结构调整的艰巨任务，需要浩浩荡荡的创业大军和企业家队伍。另一方面，我们正处在新一轮科技革命和产业变革蓄势待发的时期，创新之外别无他途。企业家社会将推动经济持续繁荣，市场活力和创造力进一步被激发，企业的国际竞争力和影响力稳步提升，社会也将更加高效、公平、和谐。

观点 55 ｜ 创新创业需要智商、情商和胆商

在国家政策的深入带动下，现在社会上的创新创业热潮高涨，特别是互联网快速发展的今天，不少年轻人都希望成为企业家。但坦率来讲，创新创业不是一种碰运气的事，或者说不是一种大概率事件，只有少数人会成功，而且也不是人人都有创新创业的灵感，或者有这种性格、耐力。

过去40多年，中国的改革开放创造了百年不遇的创新和创业机会，同时机遇性事件降低了创新创业者的机会成本。今天中国逐渐进入成熟的市场经济时代，早期短缺式经济创造的机遇几乎不存在了。当然，新的技术经济转型又为我们创造了更大的机遇。但是应该看到，今天的创新创业过程是在一个高起点上的竞争。如果说过去创新创业是靠"胆商、情商、智商"的依次排列而实现，今天的排列则应是"智商、情商和胆商"。也就是说，科学的态度可能要放在首位，之后是艰辛的实践过程，而情商和胆商体现在对创新的热忱和坚守的毅力上。作为一个过来人，如果说要对年轻的创新创业者提些建议，我觉得有几点很重要：

- 清晰思路。思想不能糊涂，要首先想清楚发展战略，有人说战略是大企业的事，其实不然。不论什么规模的企业，都要明晰战略，明确做什么、不做什么、怎么做，知道企业从哪儿来、往哪儿去，企业的愿景和方向是什么。
- 学习精神。创新创业总是和不确定性绑在一起，因此我们要多听多看多读书，认真分析形势，及时学习新知识、新理论、新技术、新模式，始终跟得上时代步伐。今天我国企业正在经历加速全球化进程，虚心学习

国内外先进经验，提高国际视野至关重要。像王健林、郭广昌等企业家常在全世界出差考察，做出了最新的商业模式。

- 合作精神。创新创业不能单打独斗，既要注重自我创新，也要注重围绕人才、技术、企业等进行资源的集成和整合。要有与人分利的思想，能融合、能共享，推动合作共赢，只有这样才能获得更大的支持，获得更多的社会资源。

- 量力而行。过去我们常讲企业家精神是冒险精神和创新精神，但现在的观点是企业家精神中不包含冒险精神。开辟一项新事业，不是因为偏好风险，而是因为看到了其中的机遇，为了把握这个机遇，在可控可承受的条件下，承担适度的风险，这才是风险与机遇的逻辑。孔子讲"知者不惑，仁者不忧，勇者不惧"，但同时也说"暴虎冯河，死而无悔者，吾不与也。必也临事而惧，好谋而成者也"。做企业从来不应盲目冒险。企业在选择业务方向时要如履薄冰、如临深渊、战战兢兢，选定后就要扎扎实实，执着坚守，冒险不应是创新创业者的必然选项，任何创新创业都要量力而行。

- 耐得住寂寞。任何成功都是市场竞争严酷筛选的结果，企业家不是天才，也不是完人，从创业到成功往往九死一生，只有少数人长期奋斗，最终脱颖而出。爱迪生成功研制电灯，他为此试用了近1600种材料。日本三得利公司，历经整整三代人的努力，才酿造出全球一流的威士忌。做事不专注，这山望着那山高，耐不住寂寞的人是做不好事情的。这就好比一个运动员，既拿百米冠军又拿马拉松冠军是很难的，如果同时设定两个目标，可能哪个冠军也得不到。当然，创业也有偶然成功的例子，但绝大多数是漫长而艰辛的，没有坚守的毅力不可能成功。

- 提高自身修养。做企业如同做人，必须有健康的人格，以正确的企业观为指引，这是基本前提。企业家要树立终身做企业的理念，心无旁骛投身创新创业事业，同时要培育家国情怀和兼济天下的思想，不仅为自己创造财富，更要为国家和社会创造财富。

迷思十二　持续性创新和颠覆性创新
变与不变的平衡

哈佛大学克里斯坦森教授在他的《创新者的窘境》一书中提出了颠覆性创新理论,指的是利用技术进步效应,从产业的薄弱环节进入,颠覆市场结构。与颠覆性创新相对的概念是持续性创新,也叫渐进式创新,指的是企业对原有业务不断创新并加以完善,目的是让原有的业务更加稳固持久。我们要辩证地看待两种创新模式,解决好变和不变的关系,理顺现有产业和新产业之间的关系,在两难之间做好平衡和选择。

创新的基础是持续性创新

现在社会上对颠覆性创新很热衷,提到"颠覆"二字,不少企业就慌了神,总想着自己也得赶紧搞出些名堂来颠覆一把,否则就会被别人颠覆。其实,颠覆性创新大多 15 年左右发生一次,并不是所有企业都能做成,这主要取决于企业的战略,以及资金、人才、技术等资源条件。对大多数企业来说,还是应该立足于现有产业进行持续性创新,深入挖掘创新潜力。

▶ 故事 56 | "你们喜欢水泥吗?"

中国建材是全球水泥大王。在参加一些社会活动时,我常问大家一个问题:"你们喜欢水泥吗?"听到这个问题,很多人都笑了。在大家的印象里,水泥灰不溜秋的,反正知道它是建筑材料,谈不上喜欢不喜欢,又或者每天我们都生活在水泥钢筋的大楼里,已经忘了水泥的存在。

人类制造铜有 4000 多年历史,制造铁有 2500 年历史,制造水泥却只有 190 年左右的历史。水泥的产生是因为一个意外。在英国波特兰岛上,人们在烧石灰石时遇到了下雨,石灰石上粘了很多泥,没想到一烧竟烧出了水泥。水泥是个好东西,盖房子、建大坝、架桥梁、修机场,哪一样都离不开水泥。在一些特殊工程和领域，特种水泥更是大显身手，用于核电站建设可以防辐射，大坝使用可以抗压，隧道使用可以防水，航空领域使用可以做卫星发射导流槽。水泥虽然传统但不落后，多年前我去拜访拉法基董事长兼 CEO 乐峰先生，他当时问我："宋先生，你觉得未来 50 年有没有一种材料能代替水泥？"我想了想说，"没有。"他说，"我认为也没有。"也就是说，在可预见的未来，水泥不可能被颠覆掉。

水泥进入中国的历史不到 130 年。在建材"三大材"中，中国 90% 的铁矿砂靠进口，木材大多靠进口，而水泥原料石灰石在中国的贮藏量有 9 万亿吨，所以中国人偏爱水泥是必然的。中国现在每年消耗水泥 20 多亿吨，占全球总量的 60%。我是做新型建材出身的，对水泥并不了解，但进入这个行当后变成了一个水泥痴迷者。曾有多年不见的朋友问我，"宋总，听说你现在还在做水泥啊？"我说是啊，水泥取材容易，价格相对低廉，还具有耐火、抗压、胶凝等多重功能，是最主要、最普及的建筑材料，我怎么会不做呢？

水泥不会在短期内被颠覆，但工艺和产品质量都在持续创新。改革开放以来，从小立窑生产水泥到湿法水泥，再到现在的新型干法水泥，从最初日产百吨到现在的日产万吨，水泥的技术水平一直在进步。近年来，水泥行业通过重组整合、错峰生产、限制新增、自律竞合等措施加快行业结构调整，提高产业集中度，应对过剩经济；通过技术创新和商业模式创新加快转型升级，推进节能减排、提高附加值，供给侧结构性改革成效明显。水泥应用广泛，需求量大，经济效益潜力巨大，这样的产品能弃之不用吗？不管你喜不喜欢它，答案都是：只能做好，不能动摇。

◉ 观点 56 ｜ 过早放弃核心业务是致命的

企业中大量的创新都属于持续性创新。德鲁克曾说，多数企业家认为

10年之后企业90%的产品会改变,但统计数据显示,10年之后很多企业90%的销售收入还是靠已有产品,只不过这些产品在不断更新换代。就拿汽车领域来说,现在很多汽车公司都想开发电动汽车,但目前电动汽车在整个汽车市场的份额还不足3%。根据预测,到2050年,电动汽车能占汽车市场份额的15%,这虽是一个很大的比例,但是主流还是做汽油车,因此把现有的汽油车做得更节能环保仍是汽车公司的主要任务。

做企业不可能一天换一个新产品,关键在于对产品不断进行技术革新,不断提升它的技术水平和技术含量,使之产生更高的价值。我在北新做厂长时,有不少领导到企业参观,他们看后都感觉很奇怪,觉得北新没有什么特别的技术。我说,"赚了钱的技术就是好技术。"石膏板、轻钢龙骨、岩棉这些产品虽然看起来简单,但在持续创新的过程上创新点很多,像净醛石膏板、相变石膏板就把普通的石膏板"做出花来",受到顾客欢迎。我觉得,做创新不是为了创新而创新,而是为了解决顾客的问题,为顾客创造价值而创新,这是企业创新的根本理念。反过来,也只有持续性创新才能提高产品附加值,企业才能赚到钱。

美国人写了本书叫《为什么雪球滚不大》,书中通过大量案例分析发现:大公司发展到一定程度后,增长往往会陷入停滞,一旦成长止步了就会衰败,所以做企业应考虑如何稳定增长。书中特别提到,企业增长停滞的一个重要原因是早早放弃了核心业务:没有充分挖掘核心业务的增长潜力,也没能调整商业模式以适应新的竞争需求。事实证明,即便在不太景气的大型市场中,企业通过关注增长较快的细分市场,仍能获得较高增长,轻易地离开一个销量下降,但有巨大空间的行业是不明智的。

当年沃尔沃公司认为汽车行业衰退了,就跑去搞航空业务,结果航空业务没有做成,汽车业务也严重萎缩,后来被吉利收购了。而丰田汽车一直坚守汽车业务,如今是世界上最赚钱的汽车公司,2018年营业收入达到2651亿美元,利润225亿美元。其实,丰田一直在开发混合动力车、氢燃料电池等新型汽车，但传统汽车领域也在持续性创新，这也让它赚得盆满钵满。

中国建材在创新方面的思路很清晰，例如水泥，我们认准这个行业后，就一直在持续性创新的路上稳扎稳打。恰恰是这个看似最传统的建材领域，成为整个集团的压舱石和稳定器。水泥行业空间巨大，虽然技术和商业模式在创新，但原料和产品的最终形态没有根本改变，这也是我们能在这个行业里做产业相对安全的一面。所以说，开展颠覆性创新不能否定持续性创新，创新需要一定的定力，还是要先把手上的事做好，持续性创新是创新的基础。

既造"矛"又造"盾"

颠覆性创新和持续性创新就好比"矛"和"盾"的关系。对大企业来说，在做好持续性创新的同时，还要"另起炉灶"，积极开展颠覆性创新，既造"矛"又造"盾"，以增加抗风险能力。企业不能坐等新技术突破的出现，如果一直沿用过去的技术路线和商业模式，不做颠覆性创新，就很容易被新进入者淘汰。

▶ **故事 57** | "黑科技"来了

中国建材既重视持续性创新，也重视颠覆性创新，近年来以生物光导识别芯片材料为代表的"黑科技"脱颖而出，引起了轰动。这种芯片材料采用特殊的玻璃材料及结构设计，原来用于军用微光夜视仪，配备在狙击枪、坦克夜视镜上，可以捕捉到夜晚环境中肉眼看不到的微光，用于民品开发后很受市场欢迎。

这项黑科技为全球首创，原理挺复杂，简单地说，就是利用几百万根玻璃光纤压缩在一起，压成光纤棒，然后切成薄片。光纤之间是吸光材料，光导性非常好，能将指纹信息穿透3mm厚的玻璃盖板及显示屏，高清晰地传送到传感器上，实现多指纹信息的快速、准确捕捉，而且可以在微光环境下实现全屏指纹识别，这是全球范围内唯一的商业化大面积屏下指纹识别技术方案。普通人指纹的重复率是五万分之一，也就是说五万个人中有一个人能解开你的指纹锁。而两个指纹的重复率就是二十五亿分之一，基本解不开了，三个手指放上去就成了天文数字。将来大家买了新手机，用三个手指头记录下来，手机就必须本人才能打开。可以想象，这个技术一旦应用到其他安全领域会带来极大的冲击。

生物光导识别芯片材料是由中国建材总院独立自主研发的。2019年9月，在经历了短短10个月的建设后，总院在山东枣庄的新材料产业园正式揭牌，国内首条生物光导识别芯片生产线也正式启动投产。这个项目是中国建材为新中国成立70周年的献礼工程，山东省和枣庄当地对这类高新技术产业很重视，还把它列为新旧动能转换示范项目。目前，这项黑科技即将应用于小米、OPPO等手机，金融支付、智能门锁、基因测序、医疗影像等领域也在快速推广应用。所以可以看到，中国建材不光是做水泥，我们也在研究一些高科技产品，而且能够量化生产。在创新驱动的产业里，中国建材如果不做颠覆者，就随时可能被别人颠覆。

● 观点57 ｜ 不断寻找新的蓝海

颠覆性创新非常重要。在《创新者的窘境》中，克里斯坦森通过大量案例试图解答这样的疑问："为什么良好的管理可能导致部分企业衰败？"为什么管理层所做出的合乎逻辑的强有力的决策，可能会让企业失去领先地位？原因就是领先企业太注重现有客户和市场，对现在看起来最有保障的项目过于依赖，使得它们与颠覆性技术失之交臂。而颠覆者发现了被大企业忽略的低端市场或新市场的发展机遇，从"边缘地带"一步步吞噬主流市场，最终完成了逆袭。

就像克里斯坦森认为的那样，很多大的领先企业之所以失败，就是因为对持续性创新比较坚持而对颠覆性创新不够敏感。像央企里的华录、彩虹、乐凯等，都是前车之鉴。华录当年从日本买了一条录像机生产线，但装上不久，VCD、DVD出现了，买来的生产线就废掉了，后来这家企业转型做了动漫。彩虹原来引进了CRT，即彩色显像管技术，后来液晶电视做了出来，大家认为这种新技术存在很多问题，而且价格高，CRT还可以坚持用很久，城里不用，农村还用，农村不用，非洲还用。没想到，2008年金融危机下液晶大降价，而且技术飞速发展，彩虹的13条CRT生产线全部停掉。保定的乐凯胶卷也是这样，数码相机出来后，专家们认为这么个一两百万像素的"玩具"，怎么能取代有着上百年历史的卤化银技术呢？他们认为传统胶卷不可能受到威胁，所以还在扩大胶卷生产线。没想到，数码技术日新月异，像素迅速从百万级发展到千万级，柯达、乐凯这些老牌企业很快被颠覆掉，最后乐凯被另一家央企收购了。

不过，同样是胶卷企业，日本富士胶卷的命运却截然相反。面对数码大潮的冲击，富士胶卷在数码影像、光学元器件、高性能材料、印刷系统、医疗生命科学、化妆品等行业进行拓展与开发，成功实现二次创业（富士胶卷总裁古森重隆写了本书叫《灵魂经营》）。可见，企业不能采取一成不变的技术路线。新技术、新产品刚开始出现时，可能会有这样那样的问题，但问题是会被尽快解决的。企业必须主动出击，经常去外面的世界看看，扩展视野，发现问题，研究新方法、新模式、新市场，不断地否定之否定，不然等察觉到了变化，就悔之晚矣。

我时常提醒自己和部下两句话："大企业失败的原因往往在于总是用过去成功的经验。""我们总要向前一步。"意思是，一个企业不愿意创新改变，不研究新方法、新模式，只靠经验主义发展，注定会被颠覆，走向失败。迈出创新这一步不容易，因为大家会有惯性思维甚至惰性思维，但不创新必然死亡，不能等到临近崩溃或站到悬崖边上才幡然醒悟。做企业要始终未雨绸缪，我们常讲红海战略和蓝海战略，一个市场中哪种产品赚钱，大家往往一哄而上，所以既要在红海中改变竞争思路，让红海变蓝海，又要时刻保持颠覆性创新的警惕性，不断寻找新的蓝海。

跨越创新的两难

在持续性创新和颠覆性创新之间做选择是很难的。克里斯坦森提出了跨越两难的方案，即通过持续性创新，加强与核心顾客的联系，保证企业近期健康运行，同时动员足够多的资源开展颠覆性创新，而进行颠覆性创新的部分要独立出来，做个新部门，和原有业务分开，靠原有业务部门搞颠覆性创新是很难的。

▶ 故事 58 ｜ 水泥老总的忧虑

在建材行业，水泥是传统建材产品，石膏板等是新型建材产品，中国建材的做法是同时发展新旧业务，并且在业务领域内持续不断进行创新。以泰山石膏公司为例，多年来这家企业在专业化道路上矢志不渝，自主研发了年产2000万～6000万平方米的大型纸面石膏板生产线、百分百用工业副产石膏生产纸面石膏板新工艺、流化床一段式制粉新工艺，以及热风干燥技术、气流烘干技术、导热油余热余烟回收利用等上百项先进技术，形成了自己的核心技术体系。公司研发的石膏板发泡技术可降低10%的石膏用量，每年节约成本2亿元。泰山石膏的产销量长期居国内同行业首位，被业界誉为中国纸面石膏板行业的领跑者。

发泡技术是石膏板技术的持续性创新，而石膏板的发展对水泥业务来说则是颠覆性创新。有水泥企业一把手曾忧心忡忡地对我说，新型建材造的楼房非常漂亮，也有很多优点，可如果大家都用新型建材，水泥不就卖不出去了吗？这代表了不少水泥人的心声。我说，你能跳出水泥看水泥、思考产业的替代关系是难能可贵的，说明你是个称职的经营者，不过，你可以把心放到肚子里。

为什么？因为三点：第一，水泥产业发展空间巨大，精耕细作就能有好收成，这已被实践证明，要有这个战略自信；第二，企业的变化是倒逼的，挑战者会让我们变得更强大，技术、质量和服务水平更高，所以不要害怕新事物，重要的是我们能做哪些改变和提升；第三，水泥业务体量巨大，它是中国建材偌大一个集团的定海神针，是集团盈利和发展的"大功臣"，同时我们也要主动布局，孕育和发展新产业，实现持续性创新和颠覆性创新的平衡。不论是新产业还是旧产业，在各自平台上做好各自的事就是对集团最大的贡献，今天我们用水泥效益支撑新产业培育，等新产业成熟后也会拉动水泥业务的增长，要用整体的、长远的、变化的眼光看问题。听了我一席话，那位水泥老总解开了心里的疙瘩，踏踏实实接着做水泥去了。其实，我非常理解他的想法，因为这恰恰也是我自己多年来的忧虑。企业领导者永远都处在判断和选择之中，正是出于对未来的忧虑，才会不断学习、观察和思考。

● 观点58 │ 用全新的人马做全新的事

企业怎么做颠覆性创新，由谁来做，这是需要思考的问题。不同业务，原理不同，价值主张也不尽相同，不能相互套用，因此我认同克里斯坦森的建议，搞颠覆性创新最好的方法就是启用新的团队，用全新的人马去做全新的事。比如传统相机和数码相机虽然都能成像，但卤化银技术成像和数字成像机理完全不一样，做胶卷的是化学专家，搞数码的是数字专家。再比如，汽油车和电动车看起来都是四个轱辘，但打开车盖一看，完全不是一回事。电视机领域也是这样，彩色显像、液晶显像以及OLED高分子显像是完全不同的逻辑，原来的专家很难做出新东西。

惠普公司在做颠覆性创新时，就做了正确的选择。惠普的激光喷射打印技术原来做得非常成熟，喷墨打印技术出现后，它成立了一个完全独立的部门负责喷墨打印机的开发，而且工作地点也不同。原有的打印部门位于爱达荷州的博伊西，新的部门位于华盛顿州的温哥华。由于在不同的机构中同时发展了两种业务，惠普在技术的更迭上过渡得非常好，也赚得了丰厚的利润。

大量实践证明，当颠覆性技术出现时，企业要保持敏锐和冷静，不能犯以下错误：

- 轻敌大意，对新技术视而不见。
- 反应过激，如解体仍在盈利的业务。
- 用人不当，让原来做持续性创新的那拨人去做颠覆性创新。

搞颠覆性创新的人，如果自己企业里有，就把他们从传统的团队里调出来，给他们搭建一个新的平台，鼓励和支持他们去做新东西。这些新技术人才留在老团队里会分散掉注意力，对原有业务也不会有什么大帮助，让他们去做喜欢的事反而可能出成果。这就像种田，一颗创新的种子放在传统的田里不一定会长得很好，但是如果把它放到旁边另外一块空地上，给它一定的肥料和雨露，这棵小苗有可能自己开拓出一片肥沃的新田。企业里如果没有搞新技术的人才，怎么办？那就从别的企业挖人，再招一些新毕业的大学生,把这件事做起来。

从中国建材的实践来看,我们用自建或整合的方式组建了很多新业务团队。比如碳纤维、电子玻璃、太阳能薄膜电池等技术团队都来自整合。我的逻辑很简单,一项新技术如果确有颠覆性的潜质,而我们自己又没有,那就去找一个行业里技术领先又有些发展瓶颈的企业迅速重组,给予其资金支持,这样就能快速切入新领域。我们不会让做老业务的人去开发新技术。也就是说,在持续性创新与颠覆性创新融合的过程中,用不同的平台做不同的业务是基本原则,各产业之间可以协同发展,但团队必须是分开的。这样做的好处是,既能确保不同业务的专业化,又能形成你追我赶的良性竞争关系,大家在技术上谁也不认输,在发展上谁也不敢懈怠,最后就会共同进步。而对集团来说,既拥有了专业的技术团队,又规避了业务单一化的风险。这其实也是大集团的优势,只要战略不发生方向性错误,通过多个支点的布局和转换,"鱼"与"熊掌"也能兼得,从"吃鱼"为主改到"吃熊掌"为主,可以是一个流动的关系。

勾画产业升级三条曲线

颠覆性创新与持续性创新的有效衔接、协同配合非常关键。英国思想大师查尔斯·汉迪有个"第二曲线理论",他认为任何产业的发展都有周期,最繁盛的时期既是峰值也是拐点,越过这个点位就是下坡路。实现持续增长的秘密就是在拐点出现前开始一条新增长曲线。受这一理论启发,我提出产业升级的"三条曲线",即传统业务的结构调整和技术进步、发展新技术新产业、发展新业态。按照这一思路,中国建材在创新过程中较好地处理了近期回报和长远发展的关系,形成了新旧动能平滑递增、接续发力的良好局面。

故事 59 | 中国建材可以叫中国材料了

中国建材属于非金属材料制造业，近年来在无机和有机非金属材料领域进行了大量投入，光电材料、复合材料、膜材料、石墨材料、工业陶瓷、人工晶体等新材料产业异军突起，高档碳纤维、超薄电子玻璃、薄膜太阳能电池、锂电池隔膜、高精工业陶瓷等一批新材料产品实现量产，解决了一批"卡脖子"技术，实现了企业营收支柱的滚动发展。

中国建材的新材料业务里有很多"宝贝"，锂电池隔膜就是一例。正极材料、负极材料、电解液和隔膜是电池四大核心材料，其中隔膜一直是个短板，长期受制于人。中国建材所属中材锂膜有限公司经过长期攻关，终于拿下这一关键技术。2017年锂电池隔膜建设项目在山东投产，项目投资10亿元，占地246亩，工厂配有先进的物流及仓储智能设备，机器人随处可见。产品广泛应用于动力锂电池、储能锂电池、3C锂电池等领域，性能达到甚至部分超过国外进口产品，并获得CATL、松下等众多国内外知名企业的认可。目前国内动力电池隔膜进口比例超过80%，市场前景广阔，中材锂膜正向产能20亿平方米的目标发起冲击。

再如氮化硅陶瓷材料，这种材料的硬度仅次于金刚石，重量仅为钢的1/3，同时具有耐高温、抗腐蚀、透波等特殊性能。中国建材在全国建设了首条年产100吨高性能氮化硅陶瓷生产线，主要生产氮化硅陶瓷轴承球、电动汽车用氮化硅基片等，像钢制轴承在高速转动下会出现过热现象，润滑剂也耐受不了，我们生产的氮化硅陶瓷轴承每分钟能达到60万转，而普通轴承一般也就2万转。由于出色的综合性能，氮化硅陶瓷材料广泛应用于高端装备、电动汽车、航天航空、风力发电、光伏太阳能等领域。

此外，中国建材的高档碳纤维结实耐温，而且强度非常高，广泛应用于航空航天、能源装备、交通运输等领域，无人机、钓鱼竿、登山杆、小提琴等民用产品也很是欢迎。中性硼硅药用玻璃打破国外垄断，在中央企业熠星创新创意大赛上获得一等奖。超薄电子玻璃和薄膜太阳能电池技术处于国际领先水平，太阳能电站、分布式光伏发电站、光伏农业等正在全球加紧推广。在 2017 年央企创新成果展上，中国建材的这些新材料产品一一亮相，中央领导同志莅临展台时详细地询问了产品情况，得知我们的新材料都能量化生产时高兴地说："中国建材"可以改成"中国材料"了。中国建材的新材料不仅能量产，还获得了可观的效益，2017 年取得了 70 亿元利润，2018 年超过 100 亿元。

观点 59 ｜ 任何业务都不会一劳永逸

外界对于中国建材"水泥大王"的故事非常熟悉，但其实中国建材不仅有水泥，也不仅有规模，早在多年前我们就在产业升级方面迈开了步子。2006 年中国建材股份上市后，我对集团发展战略进行了深入思考，提出"两个大力"，即大力推进水泥、玻璃的联合重组、结构调整和节能减排，大力发展新型建材、新型房屋和新能源材料。两材重组后，我在"两个大力"的基础上又提出了"三条曲线"的发展思路。其实，无论是"两个大力"还是"三条曲线"，本质是一致的，都是用旧业务做持续性创新，同时顺应时代潮流，搞颠覆性创新，提前培育新业务。以"三条曲线"为例：

- 第一条曲线是现有产业的转型升级，即做好水泥、玻璃等基础建材的供给侧结构性改革，主要任务是结构调整和技术提升，夯实集团的盈利基础。比如在产品方向上，坚持水泥"高标号化、特种化、商混化、制品化"和玻璃"电子化、光伏化、智能化、节能化"。
- 第二条曲线是发展新技术、新产业，即大力发展新材料、新能源、新型房屋这"三新"产业，主要是建立新线、扩大规模，打造新的利润支撑点。像新材料业务，经过 10 多年培育已经盈利，虽然与水泥等传统强项相比，利润还不是一个体量级，但新产业的培育有重大战略意义，要有耐心和定力。再比如，为什么中国建材会发展新能源产业？因为现在人类使用的能源主要是煤炭，逐渐会过渡到天然气，之后会靠核电，最后，太阳能、水能、风电等替代核电。而在太阳能技术路线上，一定是薄膜太阳能取代多晶硅，为此，我们同时进入了碲化镉和铜铟镓硒两个领域。

- 第三条曲线是发展互联网经济、制造服务业等新业态，主要目标是加大投入、快速进入，培育新的经济增长点。中国建材各企业都处在"三条曲线"的某一曲线上，各自的创新目标和路线都很明确，避免了打乱仗。

从集团整体来看，"三条曲线"是从新旧动能转换的角度去思考的，三种业务分处于不同的发展阶段。老话讲"做一看三"，就是吃着一个、做着一个、看着一个。第一曲线是需要强根筑基的成熟业务，大产业能够满足大企业快速增长的要求，同时能够反哺新产业培育和发展，给予必要的经费支持；第二曲线是正在发展中的业务，传统产业需求量下降会加大企业收入和利润增长的不确定性，而新产业量产盈利后就能弥补缺口，逐步缩小甚至赶超原有业务；第三曲线是刚刚进入的新领域。"三条曲线"之间应是首尾衔接、梯次接续的关系，传统业务量减少，新产业规模就要增加，不然企业就会越做越小。由于中国建材较早布局，新常态下我们用第一曲线的稳定收益和第二、第三曲线的持续发力，经受住了经济下行的考验，为转型升级赢得了宝贵时间。

当今时代，新知识、新技术、新需求、新动能不断涌现，增长曲线必然一条接着一条。以中国建材现有的发展和认识水平，我们只画出了三条增长曲线，以后随着环境变化，或许会有更多曲线。但不管曲线数量是多少,总的思路就是把现有的每个业务做到行业前列,同时提早布局下一个盈利区间。老子讲,"祸兮福所倚,福兮祸所伏。"就像我们所看到的山之巅,称之为巅峰的东西,面积总是很小的。现在的业务可能做得很辉煌,但它不会一劳永逸,因此需要在变化中不断寻找平稳的增长曲线。等到拐点出现了,旧的业务步入下滑期,就很难有充足的时间和资源来支撑新曲线发展了。就像查尔斯·汉迪说的那样,"当你知道该走向何处时,往往已经没有机会走了。"

不过,这里面也有个问题:颠覆性技术是不是进入得越早越好?也不是。早走一步可能会占得先机,但早走十步可能就成了烈士,所以切入的时间点很重要。技术创新是以企业为主体、以市场为导向、以效益为目标的。中国建材有自己主导的颠覆性技术,如生物光导识别芯片,也有很多创新是整合过来的。德鲁克认为,创新最好是当别人创新完成90%时再切入。中国建材一直努力扫描有可能颠覆现有业务的技术创新,我们认为,重组那些业已成熟、有一定市场前景的技术会更安全,而且能够缩短创新周期,尽快量产出效益。颠覆性技术的发展有个过程,既不能进场太晚,落后于人,也不能在离成功遥遥无期时过早进入,把大量的财力和精力甩到里面,这就是经营之道。

转型不是转行

创新与转型是连在一起的。转型并不意味着转行,而是用新的技术手段和商业模式,进行产业的更新改造和升级换代。在做持续性创新的同时,很多企业也按照第二曲线理论开展一些新业务,进行颠覆性创新。常言道,没有不挣钱的行业,只有不挣钱的企业。尤其是实体经济,在实现高质量发展的今天,更要加大创新力度,加快转型升级,这是根子上的事。

故事 60 | 给国药的"锦囊妙计"

2014年我辞任国药集团董事长时，国资委领导同志叮嘱我，离开之前一定要把国药的战略定好。其实，经过五年的发展壮大，国药已经打下了坚实的产业基础，有了清晰的发展战略，我对国药的未来信心满满。即便如此，我还是做了一些嘱咐，提醒管理层企业在未来转型升级里该注意什么。当时我跟大家说了三条，开玩笑说这也算"锦囊妙计"。

第一，国药医药网是传统的药店模式，这是国药集团最具实力的王牌之一，长期来看必须互联网化，引入互联网+。网上售药非常便捷，国药一定得把线上配送做起来，或跟大的互联网企业合作也可以，如若不然，传统的配送系统很可能被颠覆。

第二，加大研发力度。我希望国药能够收购几家海外中等以上规模的科技制药公司，以弥补工业短板，如以色列等国的药企。同时，要在海外建立国际研发系统和研发平台。药说到底是技术产品，新药基本上控制在西方人手里，而我们的药绝大部分是仿制药，是专利解禁后做的药，这样就比别人晚了10或20年，这是必须解决的问题。

第三，一定要成规模地进入医疗系统。我国的医院大体分三种：政府医院、军队医院、私立医院，其中政府医院占大多数，我觉得还应有第四类：央企办的医院。一说办医院，很多人很恐慌，现在央企都在剥离医院，宋志平怎么还要办医院？我说这是两回事。剥离医院是解决企业大而全、小而全的问题，办医院是走专业化道路，我们会成立医疗集团，在全国各地开设连锁医院。中国真正的好医院太少，往往是好的医院人山人海，差的医院门可罗雀。央企医院采用集团化管理，信誉好，条件好，有助于解决老百姓看病难、看病贵的问题，同时也能造福央企几千万职工和家属。我跟国药的干部们说，做医院可能是最难的一件事，但是不要放弃，要坚持做下去。

我在国药工作的那五年，国药快速发展，营业收入做到了 2500 亿元。如果能把互联网和国药网结合起来，把大研发做起来，把医疗产业做起来，国药营业收入能超过 5000 亿元。直到现在，我自己一个人时还是会去想国药的事。离开国药了，怎么还想这样的问题呢？我也觉得奇怪，笑自己有点"瞎操心"，但企业的框架印在脑子里，有时会不自觉地蹦出来进行逻辑分析，横向纵向比较一番，自己给自己出题，再找出解题思路，这也许是企业家的一种偏好吧。

观点 60 | 向"四化"转型升级

中国建材和国药的情况不一样，在转型升级里要怎么做呢？中国建材是那种典型的实体企业，几十年来一直深耕实业，没有挣过虚拟经济的热钱和快钱，虽然自身利润不算高，却为社会做出巨大贡献，可以说实得不能再实。2018 年中国建材营业收入 3480 亿元，净利润、薪酬、利息、税费合计社会贡献总额却有 768 亿元。央视曾推出"为中国实业代言"的系列对话节目，其中有一期选了中国建材，我和几位央企老总就如何振兴实体经济进行了演讲和对话。改革开放以来，中国的实体经济快速发展，取得了骄人业绩，但经历了长期高速增长，也积累了高质量发展、技术变革、资源耗费、环境负荷等诸多挑战，摆在眼前最迫切的是如何转型升级。我主张实体经济要向"四化"发展，即高端化、智能化、绿色化和服务化。

1. 高端化。高端化就是加大结构调整和技术创新的力度，不断向产业链高端跃升，提升上下游产业链的整体价值。我国现在拥有海量的产品，但中低端产品过剩，高端产品缺乏，像前些年国人一窝蜂跑到日本买马桶盖，说明我们的产品质量还有待提高。在转型升级里，国家提出"迈向中高端"的目标，今天各行各业都在朝这个方向发展。从建材行业来说，我国的水泥、玻璃等成套装备和技术处于全球领先地位，我们的方向是迈向高端化。我们的建材技术装备有两个特点：技术中高端、高性价比。同样的装备、同样的质量，中国建材比其他跨国公司要便宜20%～30%。产品也是这样，中国建材推出70多种特种水泥，过去国内修高铁用的水泥大多是从德国进口，每吨高达2000元，现在已实现国产化。在新材料产业领域，我们的碳纤维、超薄触控玻璃、CIGS薄膜太阳能电池、碲化镉薄膜电池等都达到了高端水平。

2. 智能化。智能化就是在新一轮技术革命浪潮中，紧抓工业4.0和中国制造2025战略机遇，加快工业化与信息化的"两化融合"，促进关键装备、工艺流程的智能化，降低成本，节约能源，努力在一些关键领域抢占先机、取得突破。人类迄今历经了四次产业革命：蒸汽机时代的机械化革命、电动机时代的电气化革命、计算机时代的信息化革命、机器人时代的智能化革命。智能化有两个突出作用：第一是提高劳动效率，把人类从体力劳动中解放出来；第二是提高精准度，减少人在操作中的误差。中国建材有很多工厂，像水泥厂、玻璃厂、新材料厂等都大量使用了机器人。

3. 绿色化。绿色化就是坚持绿色低碳循环发展，在原材料选用、生产过程和产品应用等方面加强节能环保，自觉减少粉尘、氮氧化物和二氧化硫等的排放，提升资源循环利用能力。实体经济一方面面临着大量的市场需求，另一方面也面临着企业在生产过程中如何实现减排、零排放的问题。发展实体经济、发展工业不能以牺牲环境为代价，不应该和保护环境对立起来，而要协调好二者之间的关系，实现经济和自然的融合发展。一想到建材，很多人就皱眉头，总觉得这个行业污染比较严重。其实，我国建材行业今天已是环境友好型产业了，通过持续节能减排，水泥厂、玻璃厂早已不再乌烟瘴气，不仅如此，我们还利用自身技术，服务于社会环保事业。比如，中国建材巢湖水泥厂的垃圾协同处置项目就做得很好。一个日产5000吨的水泥厂，一年处理垃圾20万吨左右，成了城市的清道夫。普通垃圾焚烧厂炉温800多度，水泥窑1600度左右的超高温能把二噁英全部烧掉。

4. 服务化。服务化就是推动制造业向产业链高端延伸，增加服务要素在生产经营活动中的比重，由单纯提供产品和设备，向提供全生命周期管理及系统解决方案转变，实现价值链和商业模式的重构。发达国家普遍存在"两个70%"现象，即服务业产值占GDP的70%，制造服务业占服务业的70%。反观我国，近年来服务业飞速发展，但整体水平和发达国家仍有不小差距，尤其是制造业长期处于全球产业链中低端，制造业服务化发展欠缺。服务化转型，是全球未来制造业发展的重要趋势，也是我国重塑制造业价值链和建设制造强国的必然要求，我们必须把这个短板补上，实现制造与服务的深层次融合。

13 迷思十三 自主创新和集成创新
不能关起门来搞研发

自主创新和集成创新并不是对立关系。在我国建设创新型国家的战略中，原始创新、引进消化吸收再创新、集成创新一并列入自主创新的范畴。原始创新很难，在欧美发达国家，这种创新一般都是由一些有实力的高等院校来完成的。引进消化吸收再创新往往发生在一些发展中国家的经济起步阶段。今天我国的经济增长目标已从追赶型步入赶超型，我们的产品和技术正迈向中高端，中国未来会有越来越多的企业进入集成创新和原始创新的新阶段。

迷思十三 自主创新和集成创新：不能关起门来搞研发

自主创新是必由之路

习近平总书记指出，"重大科技创新成果是国之重器、国之利器，必须牢牢掌握在自己手上，必须依靠自力更生、自主创新。"自主创新相对于技术引进、模仿创新而言，主要是指用自己的力量进行创新的活动。自主创新是我国科技发展的战略基点，也是企业提高核心竞争力优势的根本途径。要想在激烈的国际竞争中掌握主动权，扭转核心技术受制于人的被动局面，就必须提高自主创新的能力。

▶ **故事 61** | 挺起民族玻璃工业的脊梁

浮法玻璃工艺被誉为平板玻璃工业发展史上的一次革命，1959 年由英国皮尔金顿兄弟发明。这种工艺具有产品质量好、生产效率高、产品规格多等优点，一经问世后便在世界各地迅速推广，成为当今平板玻璃制造的主体技术。我国的平板玻璃工业起初十分落后，1964 年我国以商务代表名义派员赴西方国家考察，并向皮尔金顿公司提出购买"浮法玻璃技术"专利等事宜，得到的答复却是"三个不"：不与中国谈专利转让，中方不能参观工厂，英方不提供样品。购买浮法技术不成，我国就想购买西德落后的平板玻璃磨光设备，准备用这种落后的方法达到玻璃表面的平整，但这也遭到美国的公开反对。西方的技术封锁使我们意识到，中国浮法玻璃的研制生产必须走自力更生、自主创新之路。

1965年，建材研究院成立项目组，正式开展浮法玻璃工艺技术研究，在一无可借鉴资料，二无国外相关技术信息，三无浮法玻璃样品的情况下，技术人员艰苦攻关，取得了实验室阶段性成果。1968年建材研究院、秦皇岛玻璃院、株洲玻璃厂等兄弟单位合作中试，拉引出中国第一批6mm浮法玻璃样品，之后在洛阳玻璃厂进行了工业化试生产。1971年，我国自行研制、设计、建造的第一条浮法玻璃生产线在洛玻投产，生产出中国第一块浮法玻璃。1981年，这项工艺通过继万吨巨轮、万吨水压机之后的第三次国家级技术鉴定，被命名为"洛阳浮法玻璃工艺"，与英国皮尔金顿浮法、美国匹兹堡浮法并称为世界三大浮法工艺。

"洛阳浮法"的诞生为中国民族工业赶超国际先进水平树起了丰碑。之后几十年，国内超过85%的浮法玻璃生产线都采用了洛阳浮法工艺，而以洛玻为代表的玻璃企业也跻身世界先进之列。然而，随着过剩经济的到来，加之低端竞争和市场布局的战略性失误、政企不分、大锅饭等问题，创建于"一五"期间的洛玻败下阵来。眼见昔日玻璃工业的明星即将陨落，我非常痛心。2007年中国建材力排众议，出手相救，之后投入大量人力、财力，推动洛玻从传统浮法玻璃生产企业转变为优质高端浮法玻璃产业培育平台。2014年洛玻进入中国建材所属凯盛集团，借助蚌埠院的科研能力，加快科技成果产业化和高端业务整合，经过几年光景，形成了电子信息显示玻璃、节能及太阳能玻璃、优质浮法玻璃为重点的产业布局，经营状况根本性扭转，重新焕发出生机。历尽岁月沧桑，新一代玻璃人义无反顾地站在自主创新崭新的起跑线上。

观点 61 | 自立自强才有未来

新中国的科技事业几乎从零开始起步,正是靠着自力更生、自主创新的精神,我们搞出了"两弹一星"等重大科技成果,建立了完备的工业技术体系。就拿建材行业来说,老一辈科技工作者凭着满腔热情和科学态度,克服了基础差、条件差、国外封锁等重重困难,在科技、生产、勘察等一线埋头苦干,攻克了一道道技术难关,研制出诸多在当时乃至今天也堪称先进的建筑材料。像中国湿法水泥技术、洛阳浮法玻璃工艺,中国第一个混凝土外加剂、第一条建筑卫生陶瓷隧道窑、第一块石英玻璃、第一根无碱玻璃纤维、第一块玻璃钢板、第一根光学纤维等,不仅奠定了我国建材工业的发展根基,也为新中国的经济建设和社会发展立下了汗马功劳。

改革开放以来,我国在科技创新上坚持引进来、走出去,走出了一条有中国特色的自主创新道路,对提高产业技术水平、促进经济发展、增强国家竞争力起到了重要作用。经过 40 年孕育成长,今天中国企业不少技术和产品已由过去的"跟跑型"变为"并跑型",甚至成为"领跑型"。任正非曾表示,华为"正在本行业逐步攻入无人区,处在无人领航、无既定规则、无人跟随的困境"。同时也应看到,我国科技创新基础还不牢,基础性创新研究还不够,特别是关键核心技术创新能力同国际先进水平相比还有很大差距。

关键核心技术从哪里来?我们不能指望从别人那里拿到,事实上也是不可能的。随着中国国力的增强,一些西方国家在新一轮科技竞争中对我们采取了扼制战略,从近年来美国对中国高科技企业的打压围剿就可见一斑。华为产品屡遭封杀、中兴公司的芯片之痛,这些事件警示我们:核心技术靠化缘是要不来的,也是花钱买不来的。"只有把关键核心技术掌握在自己手中,才能从根本上保障国家经济安全、国防安全和其他安全。"习近平总书记的告诫可谓刻骨铭心。从我们自身来讲,新一轮科技革命和产业变革与我国加快转变经济发展方式形成历史性交汇,我们要紧抓机遇,加大自主创新力度，推动产业结构升级，攀登科技发展和国际竞争制高点。如果一味依赖技术引进，与世界先进水平的差距就会越拉越大，就会永远居于人后，受制于人。

自主创新是科技强国、科技强企的必由之路。作为建材行业技术创新的领军者，中国建材近年来按照"三个面向"的要求，即面向世界科技前沿、面向经济主战场、面向国家重大需求，不断对标世界一流，加快技术产品高端化供给，构筑了支撑高端引领的先发优势。尤其是新材料领域，中国建材在碳纤维、超薄电子玻璃、薄膜太阳能电池等领域攻克技术难关，突破了一批"卡脖子"技术难题，打破了国外长期技术垄断。我们深知，企业未来系于创新，创新的未来系于关键核心技术。中国创造任重而道远，唯有把立足点放在自主创新上，自立自强，埋头苦干，迎头赶上，除此之外，没有别的选择。

吹响创新集结号

自主创新常被误认为是单打独斗搞创新，实际上自主创新不是自己创新、封闭创新，而是要协同创新、开放创新。尤其在全球经济一体化和信息技术快速发展的今天，创新资源在世界范围内快速流动，合作互动趋势日趋显著，企业的竞争已逐步演变为创新体系之间的竞争。我们要坚持自主创新和开放创新的辩证统一，运用合二为一的智慧，加大协同创新力度，突破创新主体间的壁垒，实现互相融合、互补共赢。

▶ **故事62** | **发电玻璃：挂在墙上的油田**

中国建材成功开发碲化镉薄膜太阳能电池是协同创新的一个典型案例。

光伏行业是我一直情有独钟的领域，在北新工作时就思考过做晶硅电池，也建设了中国第一个太阳能屋顶。到中国建材工作后，我因玻璃业务而对薄膜太阳能电池产生了兴趣。

薄膜太阳能领域有两个主要技术：铜铟镓硒和碲化镉。在碲化镉领域，太阳能电池做得最好的是美国的第一太阳能（First Solar）公司，它采用的工艺是蒸镀法，即用高温把碲化镉蒸汽蒸镀到玻璃上去。这种工艺成本很低，在美国，第一太阳能的发电成本居然低于火力发电。中国多家企业和地方政府都找过美国第一太阳能公司，但美方出于种种原因没来中国建生产线。美国还有一家碲化镉太阳能电池企业，采用电磁控溅射法把碲化镉靶材以等离子方式溅射到玻璃上，形成薄膜电池。我们曾经希望引进它的技术，但也没成功。

2009年中国建材与成都一家民营企业合作成立公司，开始研发碲化镉薄膜太阳能电池，这家公司就是现在的中建材光电材料公司，隶属凯盛集团。为了攻克技术难关，2011年我们收购了德国CTF Solar公司，之后又与美国阿波罗签订合作协议，把碲化镉项目从材料研究、工艺研究和玻璃研究方面串联起来，2014年中国建材位于美国新泽西理工大学的新能源材料研究中心揭牌成立。至此，在碲化镉薄膜太阳能电池研发体系内，我们拥有了由顶尖科研人员构成的研发团队。

2017年8月中国建材自主研发的第一块发电玻璃在成都下线，这块玻璃长1.6米、宽1.2米、重30公斤，面积是美国第一太阳能公司产品的2.67倍，产品规格做到世界第一。玻璃上均匀涂抹的碲化镉薄膜相当于百分之一头发丝粗细，正是这微米厚的材料，使玻璃从绝缘体变成可导电的导体，进而成为可发电、可回收、绿色环保的多功能建筑材料。这种玻璃触光就能发电，一块玻璃年发电260～270度，三四千块玻璃做成的墙壁，产生的电量相当于普通油田一口井一年产油可转化成的发电量，因此有"挂在墙上的油田"的美誉。建筑物消耗了全球超过40%的电力，如果装上发电玻璃，不仅能有效减轻光污染，还能将外部能量转化为清洁能源，相当于自备发电站，这种颠覆性的新能源建材将改变历史。2018年4月，中国建材世界首条大面积碲化镉发电玻璃生产线正式投产。

发电玻璃研发技术难度大，我们进入这个领域后，仅用短短几年时间就做到世界领先，并实现了规模化量产，一个关键原因就是采用了协同创新的方式：中国建材与民企合作，引进德国技术，又结合了中德美三方科研团队的力量，这种创新的方式加快了中国建材在新技术领域的拓展速度。

观点62 | 创新要集众智、聚合力

创新的主体不是毫不相关的平行线，而是通过市场联系在一起的。我们坚持自主创新，但也要树立开放的心态、打造开放的平台，学会在开放创新中提升自己，实现更高层次的自主创新。创新是协同的故事、融合的故事、平衡的故事。我们要把自力更生和协同合作结合起来，把自强不息和兼容并包结合起来，不仅吹响"冲锋号"，更要吹响"集结号"，汇集各路精英，吸纳各方资源，组成攻关的突击队、特种兵团，在合作共赢中实现新发展、新突破。具体来说，协同创新主要有三种方式：

1.**企业间的合作**。这往往属于市场自组织式的，一般是大企业作为创新平台，中小科技企业进行技术外包服务。例如医药领域，美国辉瑞等大药厂的很多新药开始都是由一些中小企业或"夫妻店"研制出来的。大制药集团以下定金方式进行委托，最后再受让成果，下订单、做临床。这是未来的一个方向，即在全球范围进行技术外包。创新不能闭门造车，大企业可以把创新链条分成若干片段，然后分包出去，动员全球力量，构筑云平台，吸引人才入驻这个平台，形成创新合力。从中小微企业来看，要和大企业合作，接受大企业的创新外包，中小微企业之间也要协作分工，共

同完成更大的系统集成创新。

2. **产学研协同**。这也是我国政府这些年大力提倡的方式，现在协同创新大部分是以产研和产学的方式进行，极大地推进了企业的技术创新。产学研合作虽然很早就提出了，但效果并不理想。在我国过去的创新体系里，院所和企业是独立的，后来科研院所改革进入企业集团，但往往还是"两张皮"，结合得不够好。在产研结合方面，应该怎么做呢？研发应围绕企业平台，为企业提供服务，解决企业遇到的问题；企业也应拿出资金反哺研发机构，真正形成创新体系，实现深度融合。

3. **政府组织的联合创新**。这就是我们常讲的举国之力的"大会战"。过去的"两弹一星"，以及近年来的量子通信、探月工程、深海探测等重大科技项目，无一不是集中力量办大事的结果。青蒿素研究能捧得诺贝尔奖，是以屠呦呦为代表的科技人员长期集体攻关的成果。市场有竞争、有独立性，但同时也应采用资源整合的方式，将人才、资本、信息、技术等各类创新要素汇集在一起，联合攻关，迅速形成创新成果。例如，我国不少企业在研究新能源汽车电池，如果各企业"背靠背"投资，难免造成低质重复建设。后来，工信部联合9家企业投资5亿元组建动力电池研究院，加快实现动力电池革命性突破。实际上，面对中国政府主导创新的强大压力，美日欧都在加强国家在创新中的组织作用。我们要继续发挥传统优势，形成推动自主创新的强大合力。

创新不应是一个个企业的孤立运作，协同创新会更有效。我觉得，未来科技的发展应该在更大的平台上实现整合，最终打破所有藩篱，趋向于一种"无界"创新。我国拥有强大的智力资源，14亿人口中有1.7亿人接受过大学教育，还有大量具有国际视野的海外归国人员。过去几十年，我国依靠廉价劳动力和低成本产品在世界经济舞台上形成了一定的竞争力。下一轮竞争，我们要靠集众智、聚合力取胜。这是我国科技创新实现"弯道超车"的捷径。

制造强国是模仿不来的

模仿式创新,是企业在特定经济发展阶段选择的一种创新模式。这种创新往往被戏称为"山寨",但其实"山寨"也是创新的必经过程。纵观历史,由于一开始资金不足,很多后发国家的企业都经历过这样一个阶段,像日本近代工业的发展大多建立在对美国技术的模仿式创新上,节约了大量研发成本,也造就了日本经济的发展奇迹,当然现在日本也在改变。

▶ 故事63 | 吃惊之后看日本

十几年前,我读过迈克尔·波特写的《日本还有竞争力吗》,书中认为日本有堪称世界第一的管理,但日本的创新完全走了模仿式创新的道路,没有任何自主创新的能力,所以总有一天会失去竞争力。而这些年,日本企业恰恰补上了创新能力这个短板。2018年我去日本访问时,了解了日本企业在"失去的20年"进行的艰难转变,回国路上即写了篇文章《吃惊之后看日本》。

我第一站去的是日本东芝。在我印象中,东芝是做家电的,前些年我家里一直用的是一台东芝电冰箱,但在与东芝能源系统社长谈话间,我才得知东芝现已完全退出白色家电,进入大型核电、新能源和氢燃料电池电站业务领域,而核电业务由于福岛核泄漏使东芝雪上加霜,企业转型一度遇到困难,但还是一路走了过来。家电产业曾是日本的支柱产业,东芝当年做白色家电年营收最高有4000亿元人民币,后来由于受到韩国和中国企业更低成本的挑战,东芝几乎年年亏损,最终痛下决心把家电业转了出去。2017年东芝的营收达到2400亿元人民币,利润40亿元人民币,工人人数从20万减为15万。东芝能源系统社长说,宋先生再过两年来,东芝的年营收就会恢复到 3000 亿元人民币或更高。我从他的介绍中得知，诸如索尼、日立都已转型成功，而转型慢了一步的夏普却遇到了问题，被我国台湾的郭台铭收购了。

我接触的另一家企业 AGC，也就是旭硝子，从事的是我的本行。旭硝子曾是全球负有盛名的玻璃公司，硝子在日语里就是玻璃的意思。正因为是同行，我和 AGC 社长进行了长谈，他告诉我，面对竞争日趋激烈的玻璃行业，AGC 同时强化了其在化学品领域的发展，形成多业务齐头并进、共同发展的创新局面。三菱商社是个年营收曾高达 2000 亿美元的贸易帝国。我拜访时得知，三菱商社刚刚进行了业务和机构改革，今天三菱商社 70% 的利润来自投资，而贸易的利润越来越小。

丰田汽车经过锲而不舍的努力，把氢燃料电池汽车近似完美地做出来了。让我更吃惊的是，这么久国人完全沉浸在特斯拉引导的电动汽车热潮中，对丰田的氢燃料电池汽车的商业化进展浑然不知。氢燃料电池能量利用率达到 80%，关键是用新能源制氢技术还解决了能源贮存问题，对目前的"弃风弃光"找到了解决方案，日本企业也在做大型的太阳能 - 制氢 - 燃料电池发电厂，再过几年，这些电厂也会商业化运营。

20 世纪七八十年代，日本凭借强大的制造业和雄厚的财力重创美国经济。美国进口商品 70% 是日本货，日本企业买了洛克菲勒大厦、好莱坞影城，美国报纸刊登大幅漫画，画中丰田汽车从天而降，漫画名字叫"虎、虎、虎"。这正是日本偷袭珍珠港的暗语。也因此，日本招致美国的报复，著名的广场协议沉重打击了日本的外向型经济，再加上后来"亚洲四小龙"和中国的崛起，日本一度被认为日益衰落。没想到，日本企业采取了埋头苦干和创新转型的策略，而今竟在工业前沿的十几个领域稳居世界前三，进入 21 世纪后，科技界更是取得了年均一位诺贝尔奖得主的好成绩。日本 2001 年提出 50 年内拿 30 个诺奖，看来绝不是虚言。这些大量事实，值得我们深刻反思、认真学习。

观点 63 | 从模仿式创新到自主创新

就像日本企业最开始一样,中国企业过去这些年更多也是进行跟随创新、模仿式创新。彼得·蒂尔在《从0到1》一书中指出,进步有两种形式:第一,水平进步,也称广泛进步,意思是照搬已取得成就的经验——直接从1跨越到N。第二,垂直进步,也称深入进步,意思是要探索新的道路——从0到1的进步。他强调,与众不同的"异想天开",正是过去10多年来美国公司创新成功的动力和主要原因。而中国企业大量创新仍停留在从1到N的模仿式创新的层面上。

我的看法是,不同的发展阶段解决不同的问题。就如同人类的成长,总要先会爬,再会走路,之后才能稳健跑步。中国是发展中国家,长期采取的是追赶型经济发展模式,因此进行了大量模仿式创新。模仿式创新门槛较低,而且技术、资金和管理能力也需要积累的过程。对很多资金并不雄厚的中国企业来说,过去这些年更多是在进行模仿式创新。通过这种方式,很多大企业迅速从1到N,实现后来者居上,同时也为今天从0到1的创新发展打下坚实的基础。

模仿式创新是重要的学习手段,是产业转型升级、从低端制造到高端制造的必由之路,几乎没有企业不模仿。以手机为例,今天的手机很多都是在模仿苹果的智能化机型,诺基亚、摩托罗拉最早都不是平面的触摸屏手机。事实上,今天的企业创新,大部分都是在模仿式创新和集成创新的范畴里,正是大量的模仿式创新迅速普及了技术。创新的方式多种多样,关键取决于企业的基础和想法。从0到1非常重要,但如何从1到N,实现规模化、产业化并且在竞争中保持优势,同样至关重要。中国建材这些年一路走来靠的是不断创新,既有从0到1、从无到有的垂直性创新,也有从1到N的水平的工业规模化创新,还有从N到1的产业整合化创新。

模仿式创新不可或缺,但仅仅这样就够了吗?不够。日本的创新历程就是个借鉴。日本第二次世界大战后初期走了模仿式创新和技术改良的路线，大量引进吸收美国技术，家电、纺织、汽车等产品因物美价廉风靡全球，经济快速复苏。不过，缺乏核心竞争力的软肋一直挥之不去。后来，日本告别模仿阶段，相继提出技术立国、科技立国、科技创造立国的战略，在加大基础性和独创性技术研发、加强科技人才引进培养、建设研究基地等方面采取了一系列强有力的措施。再加上日美贸易摩擦和泡沫经济的倒逼，日本企业在强化管理优势的同时加速创新，向高科技、高附加值制造业转型，创新转型之果决、速度之快，让人惊讶。

我常想，有时历史真的是惊人的相似。日本的昨天就是中国的今天，在模仿式创新走到一定阶段后，我们也面临很多问题。

- 中国企业的技术水平提高了，还能模仿的东西不是太多了。
- 知识产权问题。现在各国对知识产权问题管得比较严，看得比较紧，再模仿就触犯某些法律法规，如美国"301条款"等。这就鼓励大家用创新去创造更多的财富，而不是简单获得相应技术。
- 随着我国经济的发展，我国企业有了一定的创新能力和资金实力，简单模仿已经不能满足发展需求，模仿永远模仿不到最好的东西，永远是二三流的东西。中国是制造大国，但还不是制造强国，而且我们还有一些隐忧。随着制造成本的升高，一些国际订单流向了越南、印度、墨西哥等制造成本更低的国家，同时国际上贸易保护主义抬头，这就让中国制造面临双重压力。

我们要在世界经济再平衡的过程中主动作为，办法就是努力建设创新型国家，大力实施中国制造2025战略，加快转型升级，实现中国制造向中国创造的转变。创新之路任重道远，中国会有越来越多的企业从模仿式创新向集成创新、自主创新发展。

集成创新是一条捷径

今天,全世界几乎没有什么技术是由某个企业单独开发的,各企业在创新的过程中互相借鉴、互相学习,寻找捷径来开发新技术,实现各种要素的有效集成和优化组合,这条捷径就是集成创新。集成创新就是把各种创新要素集成起来达到新的创新,既有组织上的集成,也有技术上的集成,是建立在合作基础上的知识重组、资本推动、加速创新的过程。

▶ 故事 64 │ 攻克碳纤维技术

建材工业属于基础原材料产业,大量的技术又属于应用技术范畴,因此集成创新被视为提升自主创新水平的重要途径。在中国建材,我们就以集成创新的方式成功攻克了碳纤维技术。碳纤维是新材料之王,在国防、航空航天、民用等领域用途广泛,但这项技术长期被美国、日本垄断,尤其是高强度碳纤维更是被西方国家严加封锁。我把碳纤维看成中国建材新材料的一个登顶项目。

2007年5月,我在连云港出差,无意中听说市里有位叫张国良的企业家在做碳纤维,马上邀他见了面。第二天一大早,我又兴冲冲地跑到张国良的工厂去参观,恰巧当时第一根碳纤维刚下线,张国良正在门口放鞭炮。他见我来了,直率地说:"宋总,我放鞭炮可不是迎接你啊,是因为我的碳纤维做出来了。"我进到车间,一抬头看到墙上"为国增光"的标语,心头不禁一震。尽管这家企业当时生产线年设计能力只有20吨,但在和张国良的交谈中,我觉得他的技术思路在逻辑上是正确的。碳纤维产业化的关键是将技术和工艺通过生产装备来实现,在纺织机械装备制造领域打拼了10多年的张国良团队正好具有这一优势。还有一点也很关键,张国良是个"碳痴",为了研究技术,经常吃住在车间,连续奋战几天几夜。我觉得,有这种"拼命三郎"的精神，什么都能搞得出来。

后来，中国建材以增资扩股的形式参与了该项目，组建并控股中复神鹰。短短几年间，中复神鹰通过集成创新的方式，组建了一支碳纤维产业化的"国家队"，主攻装备制造难关，从创业之初的年产 20 吨 T300 中试线，发展到成熟稳定年产 2000 吨的 T700 大型生产线。2017 年 9 月，千吨级 T800 碳纤维新线正式投产，产品碳丝性能指标超过国外同类产品水平，填补了我国碳纤维高端技术的空白。2018 年 1 月，高性能碳纤维产业化技术荣获国家科技进步一等奖。一个月后，百吨级 T1000 碳纤维生产线实现投产且运行平稳，这标志着我国高性能碳纤维再上一个新台阶。基于广阔的市场需求，中国建材还不断开发碳纤维民用产品。在 2016 年的澜湄合作展上，李克强总理亲自体验了我们的碳纤维自行车，给予充分肯定和好评。

除了碳纤维，中国建材水泥和玻璃等制造业的技术水平和整体装备能力达到世界一流水平，风机叶片、薄膜太阳能、TFT 玻璃基板技术等取得研发成果且实现产业化发展，无一不是靠集成创新实现的。

⬤ 观点 64 | 把做面包的技术用在蒸馒头上

对于集成创新，有人把它误解为"拿来主义"。其实，集成创新不是模仿、抄袭或是简单复制，而是一种新的创新模式。广泛吸纳海内外资源为我所用，把各种单项的技术要素和技术思路有机地集成在一起，取得"1+1>2"的效果，这才是集成创新的真正价值所在。熊彼特创新理论里讲的创新要素"新组合"，其实就是今天的集成创新。

当今社会，创新资源在世界范围内加快流动，各国经济科技联系更加紧密，各种技术的相互依存度逐步提高，做企业要善于广泛借鉴各种文明成果。先进的技术和思想是全人类的财富，站在先行者的肩膀上进行创新并不丢人。尤其是在经济全球化新时代，能将分散创新的研发效率、大规模创新的协同效应和大规模应用的市场效应高度紧密地结合在一起的企业，才能在竞争中占据主动地位。

搞创新绝不是重头来过、从零开始。事实上，今天企业的创新很少是靠"独门绝活"完成的。虽然我们强调保护知识产权，但过分垄断和封锁技术的时代已经终结，对于几乎每项技术，不同国家、不同企业都在相互追赶，最终的成果也会互相借鉴。很多新技术、新产品的研发都是靠集成创新，既有别人的一些想法，也有自己的创意，集成之后创造出一个新物品。国内外很多知名企业，如苹果、微软、华为等，都是集成创新的典范，它们的产品和同类产品相比，既有相似之处，又有自己独特的创新点。像苹果产品之所以深受年轻人喜爱，是因为成功集成了新技术，同时融入了流行元素，让产品变成一种时尚。

技术创新一定要把门打开，把思路打开，把自力更生与拿来主义结合起来，形成独特的创新能力和竞争优势。相反，如果一切都是闭门自搞一套，对别人的创新成果和技术路线不闻不问，结果费时费力、吃苦头不说，还可能得不偿失。所以我常对科研人员说：千万不要小看集成创新这件事，如果能"把做面包的技术用在蒸馒头上"，就是大本事。这些年来，中国建材加大集成创新力度，重组海内外高科技企业，积极引入先进技术和高层次人才，牢牢占据行业制高点，真正做到了在相关领域领先一步。实践证明，这是提高企业核心竞争力的有效途径。

用重组方式进行技术创新

集成创新是自主创新的重要方式，而开展集成创新也要讲究方法。我认为，在技术来源方面，既要注重自我研发，也要注重技术重组，这是企业提高创新能力、缩短研发周期、扩大市场竞争优势的有效方式。仅靠自身实力一点点地啃硬骨头，既不经济也没必要，等到研发成功了，机会可能早就不再了，辛辛苦苦研究出来的技术成了明日黄花，实在太可惜了。

▶ 故事 65 |"中国学生"收购"洋师傅"

中国建材有丰富的重组经验，技术集成是专长之一，用这种方式，我们在新材料诸多领域成为行业领先者。以风电叶片为例，这项业务 2006 年在国内兴起，但当时中国建材却没这项制造技术。我们在连云港的工厂中复连众就在全世界找技术，最后找到德国的 NOI，先从它那儿购买了一套 3000 多万元的模具。不想，购买的过程中得知这家公司要倒闭了。

NOI 曾是欧洲第二大风力发电叶片厂，由于前期进行扩张，资金出现问题，随着欧洲风电叶片需求量从高峰进入低谷，NOI 便撑不下去了。当时中复连众高管带着技术专家到集团找我，提出收购意愿，我说这是太好的机会了。NOI 工厂位于德国中部的北豪森市，这里是 NOI 的发源地，NOI 申请破产保护后，工厂处于停产状态。为了这次收购，我专程进行了现场考察。在我看来，这真是一个不错的工厂，整个厂区占地 30 000 多平方米，旁边有条小河，一条马路绕厂而过，工厂里有研发中心、测试中心，还有几个大的制造车间。风电叶片的设计涉及流体力学和空气动力学问题，有一定难度，在这方面，NOI 的专家有着多年的丰富经验。关键是 NOI 掌握模具技术，过去从这里买一套模具要几千万元，而收购后，买一套模具只需要 500 万元，这极大地降低了连云港工厂的生产成本。

2007 年，中国建材以 2000 万元人民币的低价成功收购 NOI，开创了中国本土企业收购国外风电设备企业的先河，成为"中国学生"收购"洋师傅"的典型案例，在行业内外引起不小的震动。收购后，我们把 NOI 更名为

SINOI，作为海外研发基地，为国内生产基地提供强大的技术支撑。工厂原来的管理团队、技术专家和技术工人总共 100 多人，我们全部留用。这些德国员工很职业化，收购一完成就人人佩戴上中国建材的司徽，做了新名片。这场收购也得到德国当地政府的支持，当地媒体以"为我们带来好运的中国使者"为题大篇幅予以报道。

通过这场重组，中国建材不仅解决了技术来源问题，而且一跃成为全球兆瓦级风电叶片的领导者。从最开始没有风电叶片技术，到捷足先登变成全国风电叶片第一供应商，在全国接连布局叶片生产基地，再到相继推出 3 兆瓦至 6.5 兆瓦等大兆瓦风电叶片，产品出口美国通用电气（GE）、日本三菱等跨国公司，中国建材风电叶片的崛起就是源于一场技术收购。

观点 65 ｜ 技术重组不能靠运气

中国建材这些年进行了很多重组，但出发点不尽相同。比如在风电叶片领域收购 NOI，在太阳能薄膜领域收购 Avancis、CTF Solar，在碳纤维领域投资组建中复神鹰等，这些重组都是奔着对方的核心技术去的。这类重组与水泥等传统行业的重组截然不同。水泥行业的技术和装备呈现同质化，其重组着眼于市场，通过区域战略布局，提高市场占有率，进而获得收益。而重组技术企业的出发点则是抢占技术制高点，提升产业层级，在未来的竞争中赢得先机。

技术创新不仅要靠自我创造，也得靠集成创新，靠重组收购，这样来得更快一些。回想一下，改革开放以来，中国企业在技术引进方面大致经历了几个阶段：最早是把国外的成套设备、技术大规模引进来；后来是在引进消化吸收再创新的同时，走出去到国外花高价买技术；现在随着全球资源整合时代的到来，中国企业开始尝试以资本为纽带，在全球范围内开展资源整合和技术并购，这是一个全新的阶段。

技术创新如果快人一步，就能构筑领先优势。技术重组能够提高创新速度，但重组最终的目的是确保企业的核心竞争力产生质的飞跃。为此，重组的"快"必须建立在"稳"的基础上，获得的技术要能真正转化为企业的技术能力和竞争优势。如果对方的核心技术不符合实际需要，或技术进来后不能生根落地、产生不了效益，这种重组宁可不做。在技术整合这方面，中国建材迄今为止都是成功的。是我们运气好吗？不是。我觉得有几个重要原因。

1. 战略考量。中国建材是一家以重组见长的企业，重组始终都是从战略考量出发。技术重组也是这样，我们首先要看它是否符合企业的战略方向。中国建材所属的技术团队很专业，他们会持续关注相关领域的科技前沿，集团董事也有投资和技术专家，他们对专业领域关键技术的发展趋势有一定的信息优势。在判断一项技术重组做不做时，我们的专业团队会对技术本身的特点和技术所有人的适用性进行综合考量，比如重组能不能与现有技术形成互补，能不能节约研发成本，能不能带来市场效益，能不能快速切入新市场，以及技术所有人是否认同企业战略文化等。

2. 风险考量。中国建材在技术重组过程中，既收企业，也收技术，还收创新人才。在重组过程中，我们会充分考虑各种风险问题。比如在判断可不可以进行海外技术重组时，我有个基本逻辑：这个业务中有没有中国要素。如果没有中国要素，我就不会去涉足。比如我们收购德国 NOI 主要着眼于技术，希望把海外研发中心的技术优势和中国的低制造成本以及中国的市场结合起来，在连云港建生产基地。如果没有这个基础，这场收购就不会去做。在战略上，中国建材非常大胆自信，但技术整合方式和过程相对比较稳妥。

3. 包容和谐的文化。中国建材的文化讲究包容和谐，我们对重组团队很信任也很尊重，有问题商量着解决。比如对于海外公司，我们尽量采用属地化管理。过去，我们理解的跨国公司是走出去的公司，其实跨国公司虽然总部在某一国，但并不一定强调自己就是这一国的公司，最重要的是人在哪里、市场在哪里，也就是能不能在所属地开展好运营，被当地所接受。中国建材的海外技术并购采取的方式就是用其所长、兼容并蓄、协同工作，并不干预海外员工的工作习惯，而且会给予他们充分的关心和照顾。比如收购德国公司后，中国建材并没派人常驻，我们充分信任德国科学家的工匠精神和契约精神。有一次，德方总经理生病住院，我们还派人专程看望，德方人员都很感动，认为中国建材是一家值得托付的公司。所以说，技术重组想要成功，不是靠运气，而是要开展专业化的并购。

迷思十四 "互联网+"和"+互联网"
新思维加出新动能

自 2015 年《政府工作报告》提出"互联网+"行动计划之后，中国的互联网经济空前繁荣。不过，在提倡"互联网+"的同时，很多人也在讲"+互联网"。那到底是"互联网+"还是"+互联网"？我认为，两者是相通的，核心都是依托一个优势业务或创新要素，开展跨界与融合，实现互联网与实体经济的结合。在"+"模式下，不管是谁加谁，根源都是用互联网技术或互联网思维打造共享经济，推动生产模式和组织方式变革，提升创新活力和创造能力，为经济增长和企业发展加出新动能。

融入万物互联新世界

互联网被认为是20世纪人类最伟大的发明之一。互联网技术诞生于美国，1994年中国正式进入互联网时代。一开始，我们把互联网作为一种单纯的技术工具，没想到，短短20多年里，这张网一路风风雨雨，最终以不可阻挡之势，与中国各领域、各行业迅速融合，让中国快速跻身世界网络大国，极大地改变了中国经济发展格局和企业生产的组织形态。

▶ 故事66 ｜ 北新触网

我触网是非常早的。1999年我到香港出差时发现，香港上市公司开始做数码，做互联网电商，当时李泽楷做了一家公司叫盈科数码。我们觉得可能这是一个好办法。怎么改变"建材一条街"的状况？我们构建了建材超市。下一步会不会变成网上销售，线下送货？如果这样发展，互联网的介入会颠覆我们过去的物流体系。我当时在香港考察了很多新兴的物联网公司，它们对新经济都很狂热。香港一些上市公司当时因为"触网"，股价接连上升了很多，令人振奋。我把香港一家互联网公司的总经理请到深圳给大家上课，他上课的时候，自己激动得满头大汗，我们听完也有种摩拳擦掌、跃跃欲试的感觉。

想要做起来就得真干，我们当时投资 3000 万元左右，在中关村上地开发区买了一栋楼，从互联网公司聘请了一名首席执行官，又从其他互联网上市公司挖来一些人，再加上北新做 IT 的年轻人，迅速组建了北新数码。北新数码注册后，需要一个域名，当时和建材相关的好域名都被别人抢注了。我们找到国家建材局信息中心，花 200 多万元买下他们注册的"中国建材电子商务网"域名，后来我加了一个"总"字。北新建材是国家建材局系统的上市公司，我们创立"中国建材电子商务总网"，大家都信服。有了北新数码公司，有了这张网，找到做互联网的精英，我们的互联网业务就此开始了。

由于"触网"，北新建材的股票被投资者热捧，连续出现 7 个涨停板。北新建材当时正在搞增发，如果没有互联网概念，当时可能只能增发到 1.5 亿元人民币，由于互联网的介入，增发到了 4 亿元人民币。后来我们用这笔钱做了不少事，既支持了北新的"双加"⊖项目，扩大了石膏板产业规模，又投资做物流，支持了互联网业务。但好景不长，互联网泡沫先在美国破灭，从 2000 年开始中国的互联网上市公司也一蹶不振。北新数码也没能坚持下来，最后被并入了深圳的北新物流公司。

● 观点 66 ｜ 用跨界与融合重塑创新体系

美国预测家阿尔文·托夫勒写了一本书叫《第三次浪潮》，这本书在中国出版于 1983 年，我当时读过后觉得很新奇。书中讲到，农业社会是第一次浪潮，开始于 1 万年前；工业社会是第二次浪潮，开始于 17 世纪末；信

⊖ "加大投资力度，加快改造步伐"的简称。1994 年原国家经贸委印发通知，提出选择一批条件好的企业，抓一批水平高的技术改造项目，集中有限资金，开展"双加"工程，促进重点行业、企业上水平，为经济持续、快速、健康发展增添后劲。

息化社会是第三次浪潮，开始于 20 世纪 50 年代后期。与前面两次浪潮不同，信息化将带来一个个性化时代，这场前所未有的浪潮将改变人类的工作、生活和方方面面的关系。后来计算机技术渐渐发展起来，互联网进入中国人的视野。那一轮互联网热潮来得非常迅猛。那时北京香格里拉饭店大堂里，坐的几乎是清一色的互联网粉丝，大家一人一张"网"，每张网开价都是 5000 万元以上。大家见面就问，是 B2B 还是 B2C？当时我们都认为整个商业世界要被颠覆了。可最终包括北新数码在内的很多企业没能做起来，淹没在那一轮全球互联网的寒冬中。

互联网的逻辑是成立的，但当时我们有几个条件还不具备：一是没有移动终端，现在恐怕很多智能手机的功能比那时的电脑还要强大；二是没有网上支付手段；三是没有很好的仓储物流和配送条件。随着国家基础设施建设的快速发展和科技的日新月异，创新进入全新时代，手段也更加现代化，互联网经济迎来爆发。目前中国互联网用户数达 8.54 亿人，位居全球第一，比美国和印度加起来的数量还要多。中国还是全球最大的移动支付市场，每 3 个手机用户中就有 2 个使用移动支付，购物、点餐、买菜、做饭、洗衣等，都可以通过网络下单支付，大街上的快递小哥随处可见。2018 年中国数字经济总量超过 30 万亿元，占我国 GDP 的比重超过 1/3。互联网经济如此快速的发展堪称奇迹，中国也因此成为全球重要的创新力量。

面对全球新一轮科技革命和产业变革的蓬勃兴起，再加上中国在互联网技术、数字化应用、商业模式创新等方面的长期积累，2015 年我国提出了"互联网+"行动计划。在提倡"互联网+"的同时，很多人也在讲"+互联网"。两个概念既有区别又有关联。"互联网+"指的是以互联网这种先进的生产力去革新生产关系，实现互联网创新成果与经济社会各领域深度融合，从而催生新的经济形态。互联网金融、互联网交通、互联网教育、互联网农业都是其中的代表。"+互联网"是把互联网作为实体经济发展的手段和工具，推动转型升级，本质还是实业。比如制造业利用互联网进行技术开发、生产管理和产品销售。"互联网＋"和"＋互联网"其实是相通的，前者强调思维方式，后者强调工具性，其中有个谁主动的问题。

我常想，到底互联网最大的贡献是什么。其实互联网这个名字就是个很好的解释。互联网天然具备开放、联通、共享、透明等特征，它最大的意义就是通过先进技术让人类走出封闭的自我空间，进入一个人、机、物全面互联的新世界。从互联网的发展来看，最早我们是通过电脑实现信息和资源互联，如发电子邮件、在网上看新闻、搜索信息；后来移动互联网的发展让人人互联成为可能，比如阿里巴巴的电商平台、腾讯的社交平台把来自天南海北、毫不相识的人联系到一起；近年来随着云计算、大数据、人工智能、物联网、5G、区块链等新技术的发展，以智能化为核心的万物互联的时代已经到来。"互联网＋"和"＋互联网"就是这一新阶段的产物，也是创新加速器。

无论是互联网＋"还是"＋互联网"，都不是哪一个企业或产业的概念，核心都是用跨界与融合的方式重塑创新体系，加出的是产业链、企业链、价值链，推动的是技术进步、效率提升和组织变革，促进的是社会财富的乘数增长。一个万物互联的时代将给经济社会带来全新的变革，企业必须跟上形势，趋利避害，在思维方式上、技术水平上与互联网经济深度融合。

互联网催生企业变革

在"互联网＋"政策的鼓励和带动下，近年来我国的互联网经济空前繁荣，人们的日常生活因此获得极大的便利。互联网给各个经济领域带来了深刻的变革和无限的可能，从产业领域来说，新一代网络信息技术与现代制造业深度融合，将形成全新的生产、管理、销售和服务体系，构建数字驱动的工业新生态，这完全颠覆了传统制造业的商业世界。

故事 67 ｜ 机器取代人

工业和信息化部信息通信管理局一级巡视员王鹏 2022 年 8 月 19 日在介绍中国互联网产业十年来发展情况时表示，"互联网+"蓬勃发展，带动信息消费持续扩大升级，2021 年全国网上零售额达 13.1 万亿元，数字消费市场规模全球第一。但是，这是不是意味着已经到头了？我觉得没有，在 B2B 领域，互联网才刚刚大行其道。尤其是工业互联网，它的一个核心就是智能化。所以，如果我们广义地去谈互联网，一方面要解决企业市场问题，另一方面还要解决智能化问题和企业效率问题。

以富士康工业互联网股份有限公司（简称"工业富联"）为例，大家都知道富士康是一家劳动密集型企业，一个工人挨着一个工人地加工产品。现在，工业富联基于 30 年的制造经验，自主研发了专业云和雾小脑[⊖]，突破了智能化熄灯工厂的智能中控系统，实现了智能化的无忧生产。过去一个车间大约需要 380 人，现在成了无人工厂，叫"熄灯工厂"，只需要 30 人而且这 30 人只要拿着手电在车间里巡视就行了，所有的生产过程都由机器人自动完成。

目前，云南白药的牙膏生产也都是机器人干活，每个机器人都有一个代号。云南白药有次请我去讲课，一位干部站起来问道："智能化的确很好，但将来工人去干什么？这该怎么办？"其实，他的问题也是我的问题。我 5 年前去欧洲参访一些自动化、智能化的企业，也问过欧洲人这个问题。

自 18 世纪 60 年代以来，历次工业革命始终都围绕提高效率、减少人的直接劳动这个方向，不断地以机器生产代替人的直接劳动。每次工业革命时都会出现云南白药那位干部所忧虑的情形。但是，这么多年过来了，每次工业革命都带来了新的繁荣。

⊖ 雾小脑以传感器为测量基础，以参数为测量依据，通过建立模型将生产现场工程师多年的经验技术转换成具有自我学习功能的人工智能算法，进而实现智能化实时控制与无忧生产。

观点 67 | 互联网改变企业三件事

互联网对制造业来说，不只是提供了一个工具，更重要的是它改变了企业的思考方式和运营模式，催生了制造业的产业变革。2015 年 7 月，我在法国参加图卢兹中法工商峰会时专门谈到这个问题。互联网改变了企业什么呢？具体来说是三件事。

1. **个性化**。过去没有大数据，工厂做鞋、做衣服，只能是大致研究消费需求，用流水线统一标准生产产品，消费者再去选择适合自身的鞋子或衣服，也就是我生产什么你用什么。现在有了大数据，工厂可以轻而易举掌握消费者的相关信息，根据这些信息筛选、区分不同的需求，再通过智能化装备把消费者个性化的需求和大规模的生产结合起来，从 B2C 到 C2B，客户需要什么我们就制造什么，实现了"私人定制"。比如，做鞋的可以按每个人的脚型和尺码去做最适合的鞋。织毛衣的可以根据个人眼光，织出单色或不同花色。这样，企业就可以根据个性化要求改变工艺流程，改变商业模式，从而更接近客户。让客户的数据指导生产，是大数据带来的一场根本性变革。

中国建材建造新型房屋也是这样。新型房屋的房型有几千种，门窗有几十或上百种。客户可根据需求自行选择喜欢的型号，我们再依靠网络技术提供个性化服务。通过辅助设计，把相关信息上传到电脑中，龙骨机按照电脑指令把整套房屋所需的龙骨全部轧出来，然后在现场按编号组装，用类似 3D 自动打印的方式组合生成客户理想中的新型房屋。我们把房屋外观风格本地化、多元化，屋内则引入网络、智能元素，营造视觉优雅、空气清新、静谧放松、实用便捷的舒适环境。

2. **智能化**。《中国制造 2025》强调，"中国制造 2025"以体现信息技术与制造技术深度融合的数字化网络化智能化制造为主线。互联网、物联网、人工智能等信息技术有利于加速智能制造的发展，进一步优化生产和服务资源配置，促进传统产业转型升级。建材行业以前有个"鼠标＋水泥"的说法，鼠标象征着互联网，水泥象征着传统产业，在新工业文明时代，鼠标和水泥结合就是智能化。过去一家日产5000吨的水泥工厂需要2500人，后来逐渐减至1000人、500人、200人，现在智能化工厂仅需50人，还三班倒。

智能化会提升生产活动的精准性、敏捷性，提高企业运行效率，但由此也会出现"机器吃人"的问题。从前马克思讲"商品的价值是由产业工人创造的"，现在机器人的出现颠覆了产业工人的概念。其实，人不见得非得在生产线上从事繁重的劳动，现在物质极大丰富了，生产线上不需要那么多工人了，但同时经济的发展又会派生出很多新职业新分工，比如电子游戏编程师、网络写手、快递员等。尤其是服务业的发展会提供更多的岗位和就业机会。从企业本身来说，要综合考虑企业和员工发展的最佳平衡，比如通过产业链的延伸、发展制造服务业，让员工继续有工作做。其实，人类在历次工业变革中都存在工人失业的问题，但最终又会被新的发展所消纳。

3. 制造业服务化。 从只做制造向服务的产业链延伸、向市场延伸。制造业服务化可以体现在以下几个方面：

- 做外包。在全球化大背景下，我们要善于利用资源，学会外包，外包并不只适用于低附加值的东西，高附加值的东西若不是核心专长也可以外包。美国宇航局制造航天飞机，就是采用外包配件的方式，自己则成为提供设计和标准的系统集成商。耐克、阿迪达斯等，也是采用外包生产的方式。
- 从卖产品到卖服务。卖服务之所以深入人心和竞争有关，传统制造业在卖产品的过程中，谁更关注客户需求，谁能为客户创造更多价值，谁就能赢得市场。比如罗尔斯－罗伊斯公司不再卖飞机引擎，而是卖引擎使用时间。
- 提供一揽子的系统解决方案。制造业可围绕价值提升，为客户进行系统思考，而不是只从某个产品去思考。
- 深入探索跨界经营，制造业可以与金融、互联网等行业跨界联合，打造更具竞争力的产业集群。在产融结合方面，美国通用电气成功创造了产业与金融的"交叉销售"模式，中国的中石油、国家电网、中粮等企业也涉足金融服务业，形成了初具财团雏形的产融结合模式。

制造业要主动＋互联网

互联网对制造业的影响是极其深刻而又深远的。面对新一代信息技术的不断更迭突破，任何企业都不能采取鸵鸟战术，而要顺应趋势，以变应变，紧抓工业互联网的时代机遇，主动＋互联网，把制造业数字化、网络化、智能化作为实现高质量发展的核心驱动力，加快新旧动能转换，提升创新发展能力。

▶ **故事 68** | 世界水泥"梦工厂"

水泥一向被视为传统工业的代表，这样一个行业能不能实现智能制造呢？中国建材打造的全球首个工业 4.0 智能化水泥工厂颠覆了人们的想象，让世人看到在水泥这样一个传统得不能再传统的行业，也能与最先进的现代生产方式完美结合。

这个被称为世界水泥"梦工厂"的项目位于山东泰安，隶属中联水泥，承包方是中国建材另一家公司南京凯盛。技术人员经过反复论证，从智能物流、智能质控、智能生产、智能巡检、智能远程管理五个方面对生产线进行优化完善，应用 GPS 定位、互联网、大数据处理、无人值守系统等先进设计，使整个工厂生产线管理如"行云流水"。五大智能模块既可独立运行，也可协作运行，通过数据共享，系统如同具备自我学习能力的智慧生物一般，对工厂进行实时监控和决策。另外，智能化系统还具有可拓展及可升级的特性，确保工厂智能制造全生命周期的运行。

智能工厂不仅实现了矿山开采智能化、原料处理无均化、生产管理信息化、生产控制自动化、耐火材料无铬化、物料粉磨无球化、生产现场无人化、生产过程可视化，还把低碳、节能、环保等理念体现得淋漓尽致。生产线全封闭无尘化，吨产品能耗同比节约20%以上，人均劳动生产率提高80%，各项经济指标均达到世界先进水平。该项目获评工信部"智能制造试点示范项目"，并选入全球契约组织"中国绿色技术创新成果"。目前，智能工厂还在推动智能物流园区、光伏发电等生态园区项目建设，如通过余热发电、风力发电、太阳能发电等能够满足全部工厂用电。我觉得，智能化不仅是智能生产，还要和绿色环保、新能源等结合起来。这才是我心中新一代工厂应有的样子。

● 观点 68 ｜ 当好互联网下半场的主角

制造业与互联网的深度融合是大势所趋。从国际来看，第四次工业革命浪潮正席卷全球，在新工业革命变局中，美国、德国、日本等国家围绕核心标准、技术、平台等纷纷加快布局。美国 2012 年发布了先进制造国家战略计划，把工业互联网作为先进制造的重要基础，AT&T、思科、GE、IBM 和英特尔等巨头发起工业互联网联盟，汇聚了全球 200 多家企业。德国在 2013 年汉诺威工业博览会上提出工业 4.0 概念，后来把工业 4.0 上升为国家战略，并启动了跨学科跨领域的"工业 4.0 共同平台"，大众、西门子等大企业都参与其中。日本 2013 年推出再兴战略，将工业 4.0 作为创新转型的契机，通过发展"互联工业"构建基于机器人、物联网和工业价值链的顶层体系。虽然各国叫法不同，内容也有所区别，但目标都是抓住新工业革命的先机提振经济，提高在全球市场中的竞争力。

从国内看，现在大家都在谈论互联网的"下半场"，这是因为，在互联网进入中国的 20 多年里，受益于人口红利、通信事业发展、商业模式创新等多重因素，互联网技术在我国消费领域大展拳脚，在全球居领先水平，但在产业领域的发展则相对欠缺，与发达国家还有一定差距。因此，现在的任务就是在巩固"上半场"优势的同时，把"下半场"的重心转向产业互联网。消费互联网服务的主体是人，产业互联网服务的主体是企业，其中又以制造业为主战场。我国是制造大国、互联网大国，制造业与新一代网络信息技术的融合前景广阔、潜力巨大，而且这也是我国构建制造业竞争新优势、把握未来发展主动权的迫切要求。我国早在 2013 年就提出信息化和工业化"两化"深度融合的行动计划，2015 年推出中国版工业 4.0《中国制造 2025》，其后又就推动制造业与互联网融合发展、深化"互联网＋先进制造业"、实施工业互联网创新发展战略等出台一系列文件及配套政策，布局非常快。

对中国企业来说，以前"两化"融合、智能制造说得比较多，现在明确的重点就是工业互联网。工业互联网虽是个新概念，但实践中一直在探索，通俗地说就是，通过大数据、物联网、人工智能等新技术把工业系统中能连接的要素全连接起来，比如工人、设备、生产线、供应商、产品和客户等，从而形成覆盖全产业链、全价值链的商业生态。这种全新生态的工业模式，被看作是新工业革命的基石。智能制造的实现实际依靠两件事——技术和网，技术是根本，网是关键，大数据、云计算、人工智能等新技术都要通过这个载体推动工业生产的资源优化、协同制造和服务延伸。这就明白了为什么工业互联网这么重要。比如企业有了信息系统，生产情况可以一目了然，随时掌握。像中国建材在全世界安装的水泥线，我们能知道生产状况，了解每个公司的情况。再如，水泥以前都是线下销售，以后可以通过线上 App 采购支付，实时掌握动态并提供售后服务。

工业互联网是对企业理念、方法、市场和商业模式的全面改造。制造业要紧跟时代步伐，不要认为智能化等新事物离自己很遥远，恰恰相反，它的发展速度超乎想象，任何企业都回避不了。当然，制造业和互联网的融合需要功底，需要长期深耕。以智能工厂为例，一个工厂只有从基础建设阶段开始数字化发展，才能嵌入信息管理手段，只有经过大数据分析并结合专家智能进行生产控制、决策，才能真正实现智能化。在发展工业互联网方面，中国建材近年来在两个方面加大攻关力度。

- 建立大数据云平台。"站在云端看世界"，用平台思维创造自己的云生态、云秩序，这是创新驱动的新引擎。华为、腾讯、阿里巴巴等企业都在大力推进云平台建设，借助新一代信息技术向工业互联网发力，公有云、私有云等做得风生水起。中国建材也在加紧研究，我们现在虽然有 EPR 系统，但信息碎片化，下一步将整合资源，加快建设云平台，提升云平台计算能力，持续推进业务数据共享，同时我们也会借助专业机构的力量做整体规划。
- 提升技术装备智能化水平。以智能制造为主攻方向推动产业技术变革和优化升级，在水泥智能工厂的基础上，加大其他领域技术装备改造提升的力度，重点推进玻纤、碳纤维、高压电瓷、新能源玻璃等国家智能制造项目建设，提升整体智能制造水平。

总之，在互联网的下半场，制造业要当好主角，要做的事情很多，网络体系、平台体系、安全体系的建设都任重道远，但工业互联网是个方向，必须坚定地走下去，这是一个巨大的创新空间。

实体经济是互联网的根

在发展互联网的过程中,实体经济与互联网的关系是必须搞清楚的。我觉得,无论互联网技术再怎么演进,工业互联网再怎么发展,都离不开实体经济这个根,这个大逻辑不能错。实体经济与互联网的融合发展不是谁取代谁,而是要形成相互促进、同步提升的格局,为制造强国和网络强国建设提供关键支撑。

▶ 故事 69 │ 打造一站式跨境电商

中国建材旗下的易单网是中国最大的建材电子商务出口平台,也是目前国内唯一一家从事全流程自营的 B2B 跨境电商服务平台。这个平台是制造业与互联网深度融合的范例,也是"互联网+"与"+互联网"相互结合的典型。

中国建材很早就开展了建材产品和设备的进出口贸易,经过长期打拼,积累了不少优势资源。信息化时代来临后,我们逐渐意识到传统贸易方式的问题,传统销售建立在信息不对称的基础上,一旦信息对称了,传统贸易公司就会失去生命力。企业、产品之间的竞争会逐渐转向平台、供应链之间的竞争。基于这些认识以及中国建材国际贸易的丰富经验、信息化和流程化建设的长期沉淀,2011 年我们通过整合银行、中信保、商检,以及生产、检验、报关报检、跨境物流、出口结算、保险金融等上下游资源,打造了易单网。借助"跨境电商+海外仓"的外贸新模式,易单网很快在众多电商中脱颖而出。

"跨境电商"指的是易单网本身。易单网是第一方在线交易平台,平台上的生产企业只负责产品生产和质量管理,而通关、退税、外汇、销售、物流、售后服务、全球营销推广、出口代理等统统交给易单网来做,这种一站式服务使整个外贸流程变得简单、透明、高效。另外，我们还与银行合作，为中小企业提供金融融资服务。

"海外仓"指的是自有的遍布全球的海外物流园。海外仓采用属地化经营，集成现货仓储、物流配送、售后服务等多种功能，成为所在地区最专业的建材物流分拨中心。例如，迪拜海外仓占地 52 000 平方米，是中东地区最大的建材产品销售基地和物流仓储服务平台。

易单网搭建的外贸综合服务平台深受海外客户与国内企业的欢迎。海外买家通过易单网快速查找产品、下单交易、跟踪物流运输，一单生意不仅能节约 30～90 天的运输时间，缩短资金占压期，还能享受高效的售后服务，客户满意度、忠诚度大幅提升。国内生产商也是受益者，通过易单网的物流体系，自己的产品可以直接运达海外仓卖给终端客户，迅速打开海外市场，有效促进了国内材料及设备相关产品的出口。目前，易单网的海外仓已覆盖东南亚、南亚、中东、非洲、南美等地区，不仅满足了中国建材自身的外贸发展需要，还为我国广大制造企业打通了一条国际化之路，在服务实体经济方面贡献突出。易单网连续多年被评为商务部电子商务示范单位，还被纳入我国首批外贸综合服务试点企业。

● 观点 69 ｜ 互联网虽好但不能"神化"

纵观这些年的发展，中国建材一直关注并探索互联网经济的发展，20 多年前就引入计算机办公系统，在工厂里做了 ERP 信息管理系统，后来建立了网络，做起易单网等电子商务，现在又在探索大数据、智能化、云计算等最新信息技术，可以说我们是跟着互联网一起成长的。在这个过程中，我对实体经济与互联网的关系进行了思考。

我是个互联网的热衷者，我认为实体经济要主动拥抱互联网，否则再大的企业都会被时代淘汰。通用电气、西门子、施耐德等老牌企业现在都在加紧研发应用新一代信息技术。在肯定互联网的同时，也不能把互联网"神化"。互联网确实能改变我们的商业形态、生活方式，极大地提高了生产效率，但互联网只是一个手段，它本身不造东西，取代不了衣服、食物、房子和汽车，只是让我们的衣食住行更加方便。互联网以实体经济为基础，离不开实体经济的根，两者的关系不能颠倒。如果今天大家一窝蜂地做互联网，势必会形成2000年那样的全球网络泡沫。

实体经济是一国强盛的基石，是经济振兴的命脉。美国和欧洲一些国家认为上一轮经济发展最欠缺的就是实体经济。美国由于在虚拟经济领域过度创新，最终引发2008年金融危机，让全世界为其买单。金融危机之后美国强力回归实业，欧洲经过主权债务危机后各国纷纷实施再工业化计划，我国进入新常态之后强调"大力振兴实体经济"。其实这是一个逻辑，因为各国都意识到实体经济是经济发展的根基所在、国家竞争力的根基所在。今天虽然各国竞相发展产业互联网、工业互联网，但这都是在发展制造业的战略框架之下，根本目的是借助新技术与制造业的融合，赋予制造业新的动能，促进转型升级，本质还是实体经济。

党的十九大报告提出"把发展经济的着力点放在实体经济上"。中国是有着14亿人口的泱泱大国，要想长期保持经济竞争力、提高抗风险能力、提升国际影响力，必须大力振兴实体经济，靠舶来品是养活不了一个大国的。在国家的产业结构中，二产是三产的根，如果没有二产，没有制造业，就不存在制造服务业；如果没有二产，三产也会受到很大的打击，日本就曾有过工业空心化的惨痛教训。现在全球都在学习研究德国工业4.0战略，其实德国当年因为服务业不够发达颇受诟病，美国三产比重达到80%，德国三产则不足70%。但在欧洲债务危机中，恰恰是强大的制造业，让德国经济一枝独秀，表现强劲。德国总理默克尔对英国前首相布莱尔说了一句意味深长的话："至少我们德国还在造东西。"就是说大家都去脱实向虚了，至少德国人还在做实业，还在一以贯之地秉承工匠精神。

实体经济是经济之本。互联网可以连接万物，可以改变人类的社交方式、生活方式、生产方式，催生新模式、新业态、新产业，但做实业亘古不变的就是苦干实干，拿出过硬的质量、技术、服务，没有这个基础又何谈其他呢？我觉得经济就好像一架飞机，机身是实体经济，资本市场和技术创新是两个翅膀，互联网应是高高竖起的尾翼，这些都应完美地结合起来。

用互联网思维把生意做活

互联网带给企业的影响不只是技术本身的应用，更重要的是它改变了做企业的思维模式，颠覆了传统的经营思想，这对我们来说意义远远大于互联网手段本身。互联网的思维其实就是"+"思维，即从单一封闭的线性思维到开放共享的网状思维，发挥特定业务或技术在生产要素配置中的优化和集成作用，开展跨界与融合，拓展服务空间，不断创造新的商机。

▶ **故事 70** │ 水泥+：连接上帝的科技与人类的科技

中国建材近年来应用"+"模式，做出了不少亮点，水泥+就是很突出的一个。水泥产业进入平台期后，需求量会逐渐下行，如何在这个行业里盈利呢？这些年我们探索了很多路子，包括联合重组、市场竞合、技术革新等，总之是围绕水泥本身想办法，那还有没有其他盈利方式呢？我们运用"+"思维，确立了"做强水泥、做优商混、做大骨料、做好综合利用"的一体化经营思路，即紧密围绕水泥主业，做好产业链延伸，探索发展商混、骨料、砂石等业务，推进水泥窑协同处理城市垃圾、危废、污泥、污染土等资源综合利用。

按照这个思路，水泥企业综合盈利能力大幅提升。中国建材在山东青州有一个中等水泥厂，水泥厂有两条水泥线，占地700亩，2018年税后利润居然做到了4亿元。我问他们是怎么赚钱的，厂长跟我说，就是用了"+"思维，开展了"水泥+骨料+商混+机制砂+干拌砂浆+固废处理"的全产业链运营。这就是经营逻辑。原来只做水泥，利润很薄，现在做了"水泥+"，眼界一下不同了，发现原来赚水泥这点钱是不行的，水泥的潜力还没挖掘完。西方大水泥公司都是水泥、商混、骨料一体化经营，约30%的水泥供应自有商混企业，骨料则是水泥产量的2~3倍。中国建材是全球最大的水泥和商混制造商，我们下一个增长级就是骨料。

骨料是混凝土的重要原料，个头大的就是石子，小的就是砂子，这些东西看起来不起眼，但在建筑物中能起到骨架和填充作用，首都机场、港珠澳大桥等建筑使用了许多骨料级配。在我国，以前骨料砂石多是由小企业做，市场很混乱，且存在过度开采、非法开采、环境污染、资源浪费等问题，地方政府也很头疼。中国建材正在着手市场整合，希望能规范有序地做好骨料开发应用，推动行业的可持续发展。

其实，像石灰石、骨料砂石这类材料都是上帝的科技，也就是自然的科技，经过数亿年演变而成，也就是古人讲的"天工开物"。自然资源有稀缺性，不可再生，所以人类要敬畏自然，善用资源并发挥其有效价值。水泥是个好东西，石子和砂子也是好东西，它们不落后，而是和黄金一样宝贵，以这个眼光看处处是资源。就像沙漠地带，那里的阳光和风可以用于发电，盐碱地上也可以做阳光大棚，进行无土栽培农业生产。上帝的科技造出的是原料，而人的科技造出的是材料。做企业要把上帝的科技与人类的科技结合好，学会挣"两头的钱"，一方面要做好原料的保护和合理的开发利用，另一方面要用原料挣的钱反哺高科技新材料的研发。中国建材现在同时在做这两件事。

"水泥+"模式的成功应用让我特别高兴。通过这一模式，中国建材既提高了水泥业务的经营能力，拓展了盈利空间，也增强了对资源开发和创新路径的认识，这些都是难得的收获。

● 观点 70 | "＋"模式要围绕核心业务

除了水泥领域开展了＋业务，中国建材还做了"玻璃＋""光伏＋""石膏板＋""工程＋"等多种模式，都取得了不错的效果。例如，在"玻璃＋"方面，我们把透明的电子元件装到房间或智能车的玻璃里，可以实现5G信号覆盖。在"光伏＋"方面，我们采用高透无影玻璃建设连栋温室，在全国范围内打造智慧农业基地，同时开发了薄膜光伏发电和绿色创意小镇及农业休闲旅游项目。应用"＋"思维，水泥玻璃等过剩产业做出了新名堂，新产业也赢得了更多利润。

在建材以外，"＋"的例子也有很多。比如我在国药工作时，在河南和当地合作建设了新乡医院，有3000个病房。这个医院的医药不怎么赚钱，因为药价在往下压，赚钱的是医院里的各种供应品。3000个病房患者再加上家属，这些人生活用品的需求量非常大，就这一块现在每年就能赚8000多万元的利润。这就是"医院＋"。再如，我去西宁参加活动时看到过一家书店，这家书店有一万平方米，里面有图书区、儿童游乐区、手工区、茶饮区。有的顾客带着孩子进书店，一待就是一天，但很多人只看书不买书。我问书店老板，那书店怎么赚钱呢？这个老板跟我说，卖书赚不了多少钱，现在年轻人看到书就会拿出手机，在网上比对价格，一看网上更便宜就不在书店买了。但他们到书店后，喜欢翻书看内容，还会买点矿泉水、咖啡什么的，这些就能赚不少钱。我想，这不就是"书店＋"业务吗。

互联网思维非常重要，它最大的好处就是，想问题不拘泥于某一个点，而是从开放、跨界、融合的视角出发，把这个点放在系统中去考虑，找到连接关系，进而放大原有价值或衍生新的价值。如果用这种思维，重新思考生产流程、服务模式和业态形态，可能生意就做活了。现在做企业的人都想有一个业务，再做第二个、第三个，我建议可以先看看已有业务能不能"+"一下，这样就能以更少的投资获得更多的回报。

当然，提倡"+"思维不是乱加一气。随着新一代信息技术的崛起，各行各业的边界正变得模糊，但我觉得互联网思维下的跨界经营，绝不是进入完全不同的领域，而是从核心业务出发，进行一些相关扩展，目的是让核心业务跟上时代变化。"互联网+"通过跨界会撬动庞大的共享经济，比如共享单车、共享汽车、共享旅店。而作为制造企业，跨界不是今天做点这，明天做点那，做建材的去做旅游，做医药的去做建材，而是在"+互联网"的同时，借助互联网思维，从专业出发进行适当延伸。

互联网思维并不是依赖互联网才存在。现在很多"+"模式，其实和互联网毫不沾边。这让我联想到社会上的许多新技术、新模式、新概念，它们的内容可能都非常好，但并不是每一个都适用于自己，关键在于我们能从中学到什么。比如3D打印，这种增材技术很先进，能打印塑料和金属，还能打印衣服和鞋子。对建材行业来说，现在用3D打印技术去打印水泥钢筋结构的大楼还有难度，不过它的原理可以抽象出来，就是怎么让工作更有效率、更简单，应该朝着这样的方向去思考问题。新事物永远层出不穷，不适合自己的不必非要复制，但我们要研究和学习它背后的逻辑与方法，这可能比应用新事物本身还重要。

15 迷思十五 技术创新和商业模式创新
创新既依赖技术，又依赖创意

人类每次工业革命的发生都源于重大技术进步。第一次工业革命有多锭纺织机、蒸汽机、生铁冶炼技术等发明；第二次工业革命有发电机、电灯、内燃机等发明；第三次工业革命有克隆技术、生命科学、航天科技、互联网等技术创新；现在的第四次工业革命，代表性技术有物联网、机器人、智能工厂等。尽管技术创新对推动社会发展和人类进步起到了巨大作用，但创新不能和技术画等号，因为创新不完全依赖技术，还要依赖创意和商业模式创新。

技术创新是核心动力

技术创新是企业的生命线。企业技术有一般技术和核心技术之分，核心技术是最具竞争力的专有技术，也是影响、带动整个技术体系实现跨越的关键所在。有无核心技术、能否在战略性和前瞻性领域取得关键核心技术的突破，决定着企业未来发展，也关系到全国经济发展质量和国家安全。一旦在核心技术上依赖别人，就容易遭受"断供"之痛，陷入"卡脖子"窘境。

▶ **故事 71** | 凯盛的秘密

中国建材所属凯盛集团是一家靠技术制胜的企业，成立于 2014 年底，包括蚌埠玻璃工业设计研究院（简称蚌埠院）、中国建材国际工程公司、凯盛科技等重点企业。凯盛集团自成立以来，以创新带动发展，不断推动技术成果产业化，在玻璃领域不断突破，成为中国建材新兴产业科技创新的重要平台和核心技术的重要策源地，2018 年销售收入超过 200 亿元，利润超过 10 亿元。

蚌埠院是凯盛技术创新的核心。我 2003 年第一次到蚌埠院，当时这家院所很破败，没什么像样的实验室，办公楼的电梯坏了，楼里有个简易的浮法玻璃沙盘，窗户玻璃都掉了一块。院长彭寿介绍说，这是联合国工发组织和中国政府合建的玻璃发展中心。我开玩笑说，这是遗址吧，弄得大家脸都红了。我当时提出科研院所要向市场化、企业化、工程（产业）化、国际化转型，还建议多招些机电、工艺、国际贸易等专业的大学生，这些年轻人将是未来创新的主力军。在中国建材的支持和指导下，蚌埠院强化创新驱动，加快资源整合，推动创新链、产业链、资本链融合，逐渐迎头赶上，成为我国硅基新材料产业的领跑者。

依托蚌埠院等企业的创新实力，凯盛始终扎根玻璃领域，在提升传统浮法工艺的同时，瞄准了有着更高科技含量的"新玻璃"。超薄玻璃基板是信息显示领域的关键基础材料，却长期被外国人掣肘，凯盛有心啃下这块硬骨头但又担心做不成功。我对彭寿说，中国人要有这个志气，只要没有毁灭性的失败就行。后来我又鼓励他们进军太阳能光伏领域，做全球领军者。凯盛没有让我失望，经过多年努力，他们做出了 0.12 毫米超薄触控玻璃、8.5 代 TFT-LCD 玻璃基板、超白光伏玻璃、空心玻璃微珠、铜铟镓硒薄膜电池、碲化镉薄膜电池等一批高端产品，全线打通了中国信息显示玻璃产业链、太阳能光伏玻璃产业链，打破了国外垄断，突破了多项"卡脖子"关键技术。

凯盛还有个重要特点，就是"走出去、引进来"，创新氛围很浓厚。凯盛设立国家重点实验室，在太阳能光伏领域成功重组海外高科技公司，还在美国新泽西和德国慕尼黑建立研究机构。两位诺贝尔奖获得者分别在成都和蚌埠设立工作站，为凯盛注入高端智力资源。凯盛也为外国专家提供了优越待遇。如成都碲化镉产品成功下线后，我立即要求给德国实验室工作人员加薪 20%，同时承诺如果研究成果超过其他国家可比公司的水平，薪水再提升 50%，这极大地调动了德国专家的积极性。中国建材希望把凯盛打造成一个高端创新平台，让外国科学家成为我们的科学家，让我们的科学家成为世界的科学家。基于责任意识、超前意识、共赢意识的创新正是凯盛发展的秘密。

观点 71 | 培育核心技术要过四关

凯盛是中国建材的创新之星,也是集团多年来技术创新的缩影。作为全球最大的建材企业,中国建材不仅产业规模大,更重要的是,我们有一颗持续贡献核心竞争力的"技术芯"。集团拥有 26 家科研院所、3.8 万名科研工作者、1.1 万项专利,在新型干法水泥、浮法玻璃、纸面石膏板、玻璃纤维、碳纤维、复合材料、耐火材料、工业陶瓷、薄膜光伏、新型房屋等领域均具备国际一流的产品和工艺装备技术水平。企业的技术创新怎么开展?核心技术怎么培养?结合中国建材的实践和多年观察,我觉得有四个方面很重要:

1. 秉持扎实的创新态度。改革开放以来,中国企业的竞争力日益增强,取得了举世瞩目的成绩。俗话说,"三十年河东,三十年河西",中国拥有全世界最完整的现代工业体系,200 多种工业产品的产量居世界第一。但即使这样,我们仍要始终保持忧患意识,秉持扎实的创新态度,既不妄自菲薄,也不妄自尊大,以客观务实的态度,对标美国、德国、日本等发达国家的科技前沿,明确目标,久久为功,加快构筑支撑高端引领的先发优势。特别是在关键核心技术领域,我们要增强自主创新的紧迫感和危机感,奋起直追,攻坚克难,积极抢占科技竞争和未来发展的制高点。

2. 加大创新投入。企业要获得持续的创新优势,必须在人力、物力、财力等各方面加大投入。坦率地讲,中国企业创新文化不够,一些企业不太愿意加大创新投入,更乐于购买装备、新建生产线,可是在高质量发展新阶段,企业要获得持续的竞争优势,不能靠在过剩领域搞新建或收购,而需要在原有基础上进行技改,同时加快新兴产业科技成果的孵化,提高科研产出效益。中国建材未来会持续加大创新领域的投入,加快建设国际一流实验室、创新中心和工程装备试验中心,设立高水平海外研发中心,引进国际一流科学家,加快突破"卡脖子"技术瓶颈,促进重点领域创新能力提升和重大科技成果加速产业化。

3. 健全激励机制。人才是创新的第一资源。技术创新能不能突破，关键在于是否发挥了人的积极性。科技人员的知识和智慧都在脑子里，怎么激发出来？我常讲改革最重要的是机制。创新也需要机制，精神鼓励要提倡，激励机制也要跟上。创新应该得到保护和激励，这是市场的选择。在这一点上，我们必须解放思想，建立健全激励机制，保障科研人员的收入待遇，这样才能吸引和留住优秀人才，激发大家的工作热情。

中国建材的专利有上万项，科研人员的发明和他的收入是否有关系？这是我常想的问题。大家常会觉得专利是单位的，虽是个人研究的，但应该属于职务发明。可如果让有创新成果、有专利发明的技术人员和其他人一样，都拿同等的待遇，久而久之，大家就会失去创新的动力，人才也会慢慢流失。这是很现实的问题。所以应该对创新有功的技术人员加大奖励力度。符合条件的科技型企业要积极开展股权和分红权激励，使发明专利的创造者共享科研成果带来的收益。

4. 重视开放性创新。创新不是自己"躲进小楼成一统"，而是要"走出去""请进来"，以开放视野积极融入全球创新网络，充分利用全球创新资源，加快构筑支撑高端引领的先发优势，形成关键核心技术攻坚体制和强大合力。像美国的创新就是汇集了全世界最优秀的人才，营造了浓厚的创新氛围。开放带来进步，封闭只能落后。要在激烈的科技竞争中赢得优势，必须有开放的研发系统。

把产学研拧成一股绳

技术创新的关键在于建立一套创新体系。欧美创新体系主要源于一些大学，日本、韩国的创新多是由企业的中央研究院和技术中心在负责，中国则要靠产学研结合。在计划经济年代，我国的技术创新主要靠部委的研究院所。2000 年前后工业部委撤销时，国家有 242 家院所与政府脱钩，面临市场化难题，而企业又需要大量的技术支撑，产研结合就成了优势互补的重要途径。中国建材与科研院所重组就是这样发生的。

▶ 故事 72 | 牵手管庄院

中国建材原来是一家单纯的产业集团，研发实力是个短板。国家推行院所转制时，有八家进了中国建材，但规模都偏小。在建材行业，最大的研究院所是同为央企的中国建筑材料科学研究院，因地处北京市朝阳区管庄，行业里俗称管庄院（也称建材院）。管庄院建成于新中国成立初期，我国建材行业绝大多数技术都出自这里，可谓行业的"一方圣土"。我当时想，中国建材如果能和管庄院走到一起该多好，于是就开始做工作。

姚燕院长是一位泼辣能干的女将，也是建材领域的知名科学家，我主动找她谈重组的事。当时央企重组主要靠自愿，管庄院和中国建材同为央企，日子过得也不错，为什么要和中国建材重组呢？但我觉得，一件事如果逻辑是对的，就可以走得通。中国建材是以制造业为主的平台，急需大的科研中心；管庄院是科研单位，需要借助产品平台实现科技成果转化。经过反复做工作，两家终于走到了一起。

2005 年 2 月，中国建材与管庄院实施战略重组，之后整合集团原有科研院所，组建成立中国建材总院，总院成立管委会，对所有院所进行一体化管理。总院是国家的大院大所，加入中国建材后会不会被矮化？我提出"六大平台"的定位，打消了大家的疑虑，即总院要做国家级建材与新材料重大科学技术的研发平台，建材行业共性、关键性、前瞻性技术的研发和服务平台，建材与新材料高科技成果的产业化平台，中国建材所属企业技术创新的支撑平台，建材行业高素质科技人才开发和培养的平台，国际建材与新材料学术和技术的交流平台。我认为,一个国家级院所并入后,如果仅为企业所用就太狭隘了。总院首先要承担国家科研项目,其次要为行业服务,之后才是企业的服务平台。国资委领导同志认为,这场重组使中国建材成为国际一流企业成为可能。

十几年来,总院致力于推动国家工业发展和建材行业科技进步,破解"卡脖子"技术难题,成果广泛应用于航天、航空、国防,以及奥运、三峡、核电站、高铁等工程,获得国家科学技术进步奖特等奖等诸多殊荣。而在集团内部,总院与制造企业密切协作,形成了产研结合的独特竞争优势。总院的玻璃纯氧燃烧技术、水泥短窑烧成技术、特种水泥技术等成功应用于集团制造平台,极大地提升了产业竞争力,促进了集团的科技创新和技术转型。与此同时,集团在科研、资金、装备等方面给予总院全方位支持,推动总院市场化改革,瑞泰科技和国检集团先后上市,成为行业领先的耐火材料服务商和最权威的第三方检验认证服务机构。

中国建材与管庄院的重组,保留了院所体制,促进了产业转化,解决了产研"两张皮"的问题,被称为科研院所转制的"第三种模式"。总院这些年的发展超乎想象,重组之初收入不到2亿元,现在年收入80亿元、利润10亿元,成为央企里发展最好的院所,这颗中国建材"皇冠上的明珠"已越发璀璨。

● 观点 72 ｜ 向麻省理工学如何创新

企业是技术创新的主体,其作用体现在创新决策、研发投入、科研组织、成果转化等各方面。恩格斯讲,社会一旦有技术上的需要,则这种需要就会比十所大学更能把科学推向前进。但技术创新不是由企业一肩擎起,而是需要企业、研发院所和学校联合起来,建立产学研合作联盟。所谓产学研,核心是"产","学"要保,"研"要好,最后都要作用于"产"。学校要发挥基础科学研究能力，研究院所主要解决应用科学的问题，而工厂要解决好制造技术的问题，三者拧成一股绳才能形成资源与优势的互补。产学研结合的目的是促进技术进步和产业升级，而不是让"学"和"研"统统都去搞企业。

科研院所是中国的一大特色，过去由部委管理，与政府脱钩后，有的院所因不适应竞争，逐渐被边缘化，有的则完全演变成了生产经营性企业，失去了研发功能，很多人才流失了，这是很可惜的。现在看，院所应该放到产业集团去，把原来的技术沉淀保存下来，企业也不用专门搞技术中心。在今天的创新体系中，还是要把企业和科研单位结合在一起，弥补"断裂带"。企业要借力科研单位，加强技术创新决策、研发投入，促进科研组织成果转化。科研单位要依托企业的产业平台，让科技从成果库走出来，既不要被利润牵着鼻子走，也不要成为市场之外的"象牙塔"。

在产学研结合上，学与产研的结合在我国做得还不够。2018年3月，我到麻省理工学院访问时，对其产学研创新模式感触很深。麻省理工是全球顶尖的创新基地，校友创建了3万余家活跃的公司，雇用450万名员工，这些公司每年总计收入为两万多亿美元，位列世界第十大经济体。为什么能有这样的成果呢？学校的创新体系值得借鉴：

- 教学、研发与市场紧密结合。教授带学生做项目不必局限于固定学科，只要有企业支持就可以，这就让教学紧紧结合了未来市场和实际应用。项目做成后，知识产权归高校所有，但出资方有优先使用权。
- 着眼于开放交叉和前沿科技。比如著名的媒体实验室，研究方向不拘一格，而且都是计算机领域的最新技术。在实验室里，不同背景的师生常定期举行会议，相互交流研究思路和心得，这种发散式创新很有成效。
- 创新创业与产业界互相融合。麻省理工的全球产业联盟连接着1700多家创新型初创企业和260余家会员企业，架起创新资源和产业转化的桥梁，平均每年有600个接洽项目。在校内，学校很支持学生创业，而且会帮助应用推广，形成活跃互动的创新平台和融合纽带，学生毕业后还会继续给予创业信息和指导，让创新的鸟儿飞得更高。

麻省理工的创新体系，实现了创意、创新、创业的融合，教育、研发、企业的融合，创客、实验室和资本的融合，为创新创业者提供了雨露阳光。反观我们的大学，虽然这些年也在搞产学研合作，但学校教育和企业是游离的，而且缺少创业孵化环节，使得产学研合作常浮在表面，流于形式。麻省理工的教学和培养与我们的区别是什么？我们的产学研合作创新应从中学些什么？这些问题值得认真反思。

把研发当成产业

科技企业在技术路径上往往有个误解，认为应该像制造企业一样，先用技术做出产品，再做工厂，把产品大批量推向市场。其实，现代社会是有分工的，研发本身就是产业，科研企业不是比谁建的工厂多，而是比谁的技术更先进、谁更能为客户提供优质的解决方案，最终目的是让研发创造经济价值和社会价值。

▶ **故事73** │ 药明康德的选择

我在国药集团做董事长期间，结识了上海药明康德公司董事长兼创始人李革先生。李革是个药物化学领域的专家，曾在美国工作多年，2000年的时候回国创办了药明康德公司，专做新药研发。药明康德初创时只有4个人、一间600多平方米的实验室，短短十几年，这家公司就成为全球领先的医药研发服务企业，研究人员达 14 000 名，在全球设有 20 多个研发和生产基地，合作伙伴遍布 30 多个国家。

李革是个有抱负有激情的人。有一回见面，他对我说："宋总，咱们同为理想主义者，你的理想是做一辈子企业，我的理想是让天下没有难做的药、难治的病。"这话给我留下了深刻印象。功夫不负有心人，在他的引领下，药明康德独辟蹊径，走了一条为全球生物医药行业提供新药研发服务的新路，实现了快速成长。近年来，药明康德又用资源整合的方式，打造开放式创新平台，从最早的药物研发外包，发展为全方位、一体化的药物研发服务，业务涵盖化学药物研发和生产、细胞及基因疗法研发生产、医疗器械测试等领域。为推动我国医药事业的进步，药明康德还出资设立生命化学研究奖，每年奖励大批青年医药科学家。

在国外尤其是欧美国家，研发外包模式非常盛行，而在我国医药领域，不少药企在新药研发上沿袭老路，喜欢自己从头做起。用外包模式把新药研发做成响当当的产业，药明康德在国内算得上头一家。这也扭转了业界对于创新路径的一些固有认识。有意思的是，有次聊天，我无意中向李革提到了 IBM 副总裁罗杰斯在《IBM 道路》一书中的一句话："我是为了生活而工作。"他非常认可，回去还给员工提出了"激情工作，快乐生活"的口号。

● 观点 73 │ 技术是商品，流通才有价值

药明康德的故事给了我们很大的启示，就是科技企业怎么去看待研发价值，怎么去做科研的问题。从前我们认为，搞研发要经过"基础研究—应用研究—试验发展"的单一路线，转化为产品后，再批量生产推向市场。其实，科研技术本身具有高科技含量、高附加值的特点，在知识经济条件下，这种智力经营活动可以直接对接市场需求，实现商品化，产生经济效

益，而不必要自己又做研发又做工厂制造。

打个比方，同样是卖东西，我们可以把种子卖给农户种植，也可以把成熟后的农产品卖给广大消费者，或卖给厂家进行深加工后再次出售，这些都是经营手段。像药明康德这类公司，它们的目标就是把研发做成产业，用自己雄厚的技术和服务实力，为全球客户提供最优质的"种子"，而不是去挣种地的钱。无独有偶，2015年我随中国政府代表团访问英国时，也碰到了一家专卖"金种子"的公司。这家公司隶属曼彻斯特大学石墨烯研究中心，主要从事关键技术研究，尤其是量子点技术的开发和应用。公司CEO是一位从事膜技术的院士，他介绍说，他们只和大企业合作，接受技术外包，本身并不做产品制造和销售。

细究一下，研发企业之所以大量崛起，从根本上说是得益于产业链分工的细化。最初，研发活动只是企业的内部职能，后来为了降低成本、缩短研发周期，部分技术项目被拿到企业之外，由其他力量代为完成。由此也催生了一大批以创造和买卖研发成果为生的独立研发组织。尽管研发项目并不都是营利性的，但总的趋势是，技术的契约化和商品化程度不断提升。所以，研发产业的形成是经济社会发展的必然规律，也是企业提高创新效率的客观要求。

我们以往常把研发和产业分隔开来，虽然强调研发的重要性，却忽视了研发本身的产业价值。几年前，我在清华大学做过一个演讲，说的就是这个问题。中关村不少中小科技企业，它们的想法是先研发出产品，然后上创业板，拿到钱后再扩大规模，但最后却沦为一个普通的产供销工厂。这样既达不到创业板上市的初衷，也失去了科技创新的能力。技术是商品，是商品就得流通，就得遵循价值交换规律。对科技企业来说，科研能力是核心竞争力，技术研发出来后可以卖给其他企业，赚了钱再开发更新的技术，这才是正确的逻辑。还有一点，技术不像黄金、钻石，它是有保鲜期的，会随着时间推移而贬值，新技术出来后，老技术就不值钱了。所以我常跟企业科研人员说,技术不能藏着掖着,攥着不撒手,要尽快推向市场产生经济效益,靠技术和服务的流动增值也能做出大产业。

商业模式创新是赚钱的秘密武器

提到创新,大家往往会想到高科技,其实创新不等于高科技,有时甚至与技术无关。历史上,欧美国家曾在1965～1985年经历经济结构调整期,欧洲经济衰退,而美国依靠创新经济实现繁荣,不过在新增的4000万个就业岗位中高科技岗位只有600万个。德鲁克据此认为,创新不一定都靠高科技,中科技、低科技、零科技也可以创新,指的就是商业模式创新的重要性。所以企业在创新时,既要着眼于技术,也要着眼于商业模式,两者结合起来会让企业更加强大。

▶ 故事74 │ 让每个家庭成为能源工厂

中国建材的新型房屋业务凝结着技术创新和商业模式创新的双重智慧。说起新型房屋,这项业务的诞生和邓小平同志有着深厚渊源。邓小平同志1979年视察了当时国家建材工业部在北京紫竹院的新型住宅样板房,指示要尽快把新型建筑材料工厂办起来。后来又专门发布谈话,指出要用新型建材盖让农民住得起的房子。这些话在我心里扎了根。中国的城市都是高楼大厦,但农村绝大多数房子既不抗震又不节能。所以,为农民兄弟建造绿色环保、节能抗震的新型房屋,就成了我几十年的一个情结。

一开始,我们做房屋的思路是从日本人那里学来的,就是用工厂化生产的方式,为用户提供定制产品,然后由中国建材所属北新房屋公司施工交钥匙。所谓工厂化生产,和过去一砖一瓦盖房子不同,是先用新型建材在工厂加工好房屋构件，然后去现场组装。但定制的做法并不适合中国，中国很少有人拥有宅基地可以用来单独定制房屋。而且，如果一个村子都是旧砖房，在里面孤零零地建上一栋新型房屋也不协调。

于是，北新房屋从做单一房屋转向做成片房屋，我称之为"绿色小镇"。这些年围绕旧村改造和新村建设，我们在全国建了上百个绿色小镇。最早的绿色小镇建在北京平谷。北方农村冬季取暖是个问题，室温在14度以下对人来说是非健康温度，因此许多人都患有哮喘病。我们采用外保温技术和节能窗，把房子做成近乎零能源的房屋，深受住户喜爱。在北京密云石城镇，我们建了100户房屋的绿色小镇。小镇建成后，居然成了火爆的农家乐，"五一"到"十一"的旅游旺季，每个农户能有15万～20万元收入。在邓小平同志的家乡四川广安，我们建设了12个绿色小镇，充满现代气息的小镇和周围的自然景色相得益彰。

近些年，北新房屋又推出加能源5.0房屋，这是我借用德国加能源概念，结合中国国情想出的方案。"5.0"是指地热、光热、光电、风电和沼气五项新能源措施，采取这五项措施后，一栋农房不仅可以实现能源自给，还能发电输送给大电网，获得一份卖电的收入。这样，每个家庭就成了能源工厂。我们在新疆喀什的英吉沙县建造的加能源绿色小镇，每户人家每年有3000元的电费收入。此外，中国建材在英国、西班牙、智利、厄瓜多尔等国家承接了不少项目，当地人把这种加能源房屋称为"中国的Smart House"。

● 观点 74 ｜ 创新的生命力在于创造价值

商业模式是什么？学术界给它下过很多定义。近年来随着研究和实践的深入，普遍的看法是，商业模式是一个组织创造、传递以及获得价值的基本原理，商业模式创新就是发现并创造新的价值，这是它的生命力所在。

企业在创新时，要紧紧围绕创造价值这个核心进行，着眼于变化和不同，用不同以往的方式来达到增值的目的。

商业模式创新在现实中有广泛的应用。以前美国的老福特先生曾经说过，"我不过是把汽车的技术组合在一起而已"，老福特其实做出了令人震惊的发明，不过，这并不是他创造的把生产效率提高五倍的生产线，而是他天才级的创意：每个人都应该拥有一辆汽车。像麦当劳、肯德基、星巴克、家乐福等知名企业，都没有什么特别高的技术，但是通过探索新的商业方法、商业组织，创造了惊人的业绩。我国的淘宝、滴滴打车等新业态公司的崛起，也是源于创意的成功、商业模式的成功，就是用平台思维做事。

在我们身边也有很多商业模式创新的案例，甚至其中许多和技术并不搭界。我曾在央视的一个创业大会上遇见一位"米线哥"，他做米线没有多少技术含量，却开了很多家连锁店，成了当地知名的创业者。我曾去济南参观的"阳光大姐"家政服务公司也没有太多高科技，但创新点不少，解决了超过8万名女性的就业问题，很了不起。生活中也有很多例子。比如现在有些餐馆的筷子，后半截是传统筷子，前半截是一次性筷子，用过后只换前半截即可。这个看似不起眼的点子，极大地减少了森林砍伐和木材浪费。再如男士的新式三接头皮鞋，外面鞋带是固定的，里面是松紧口，这样就省去了系鞋带的时间，穿起来很方便。

企业的竞争不只是技术竞争，更是商业模式的竞争。从中国建材来讲，过去这些年我们在商业模式上大胆迈步，探索了不少好方法。比如在成长模式上，大力推进联合重组，走了一条整合优化的全新成长路径；在盈利模式上，坚持定价制胜，从"量本利"到"价本利"，大力建设核心利润区，提高行业和企业经济效益；在竞争模式上，以"共生多赢"替代"丛林法则"，推动行业竞争的有序化、适度化和良性化；在业务模式上，大力发展新材料产业，积极探索"互联网+"等模式，加大制造业服务化转型力度，开拓新型国际化道路，加快迈入高端产业。

商业模式是企业赚钱的"秘密武器"。曾有中小企业创业者问我:"大家都说,不创新是等死,创新是找死,那用什么样的创新方式更安全呢?"我建议最好是做商业模式创新。因为中国市场很大,卖任何一个东西或搞任何一个商业模式,一旦有市场都可能赚到钱。在企业创新里,像芯片、生物医药、航天、新材料等高科技领域,任何一项创新都不容易突破,做商业模式创新比做高科技安全系数高,难度也小。美国的风投体系比较成熟,支持了很多高科技发展,但中国风险投资这一块还相对弱一些,所以做高科技资金来源是个问题。中小企业如果确实有高科技,创新方向也正确,可以找大企业合作,结成"最强盟友"。中国建材的碳纤维、TFT玻璃基板都是和中小型高科技企业联合做的,给予这些项目大量支持。

从制造业到制造服务业

从制造业到制造服务业是商业模式创新的重要课题。2014年8月,央视财经频道《对话》邀请我做了一期节目"中国制造业的服务升级",谈的就是这个问题。什么是制造服务业?它指的是把制造业和服务业融合在一起,共同经营的新业态。也就是说,围绕制造业,怎么能够接近终端客户,如何由过去单一的在制造业争取附加值,到为终端客户提供更多服务来争取更多附加值,或提供更多增值服务。

▶ 故事 75 | 智慧工业

中国建材多年来一直在向综合性建材服务商转型。我们依托强大的制造能力,不断延伸产业链,提供包括信息、物流、技术、管理、咨询、认证、标准、品牌服务在内的多种服务内容和模式。例如在走出去过程中,我们不仅自己建工厂、管工厂，还向其他海外工厂输出管理能力，提供综合服务，做围绕制造工厂的工业管理集团。我把这种模式叫作"智慧工厂"。

在全球化的大背景下，很多企业去海外尤其是发展中国家兴建水泥厂、玻璃厂，但发达国家的人员不愿意去那里从事技术和管理工作，当地人又管理不了。我觉得中国人可以做这件事，因为现在国内产能过剩，很多技术人员、管理人员会陆续腾出来，进行培训之后，就可以去海外管理这些工厂。中国建材近年来向海外输出一大批有技术水平和管理能力的人员，从事技术支持和管理服务，目前已在中东、非洲和俄罗斯等国家或地区管理了50多家工厂。这些项目没有重资产投入，但效益很可观。有点像香格里拉酒店管理集团，酒店本身不是他们的，但是他们负责管理。

在埃塞俄比亚，智慧工业模式应用于丹高特水泥集团项目，我们利用在生产经营管理、备品备件服务、海外维修、质量检验等方面的专长，开展了一揽子业务合作，还培训了大量当地员工，提高了当地工业水平，因而很受欢迎。在管理水泥厂、玻璃厂的同时，中国建材也在试着管理钢铁厂、化肥厂等非建材厂，方法是在国内招兵买马，组建专业技术团队，再加上我们自己的管理团队，一起出海接管工厂。

未来，中国建材将通过全球工厂管理的招投标来扩大业务范围，参与"一带一路"沿线国家各类企业的管理，从产品的"走出去"，转变为人才的"走出去"、管理的"走出去"，从硬件的"走出去"，转变为"软件"与硬件同时"走出去"。我们将把"智慧工业"模式应用到全球100条生产线上，把集团建成制造服务型、外包型、管理型的产业集团。

⭕ 观点 75 ｜ 统筹运用微笑曲线和武藏曲线

从中国建材来看，智慧工业只是制造服务业的冰山一角。"微笑曲线"表明，在现代制造业链条中，制造环节处于中低端，提高附加值更多要依靠处在曲线两端的研发设计和销售服务等完成。中国建材认为，发展制造服务业是个大系统，不仅要向价值链两端延伸，还要实现价值链整体提升。从研发设计、生产制造，到代为生产管理，再到产品销售、标准制定、产品检验认证，这一整套业务我们都在做。

具体来说，大研发、检测认证碳交易服务，处在价值链前端的研发设计环节。大研发服务，就是充分发挥科技企业和科研院所的创新磁场作用，构筑开放性研发平台和服务平台，大力发展科技产业群。我们一再强调，对科技企业和科研院所来说，研发能力和技术服务能力是生命线，要始终牢记自己的产品是技术、方式是服务。检验认证碳交易服务主要是国检集团在做，这家企业是我国建材行业最大的第三方检验认证服务机构，服务面向建材生产及流通企业、工程建设及施工单位、碳排放权交易单位、普通消费者等，北京奥运场馆、APEC峰会场馆、杭州G20会议场馆等都由国检进行建材质量与环保把关。

外包、定制化生产、智能制造，处在价值链中端的制造环节。北新房屋建造新型房屋，有上百个外包企业参与其中，除轻钢骨架和石膏板之外，其余产品均由社会厂家供应，不少产品还是全球采购，这既提高了房屋质量，也减少了初始投资，还节省了时间成本。定制化生产方面，新型房屋有上千种方案可供选择，水泥可以按照桥梁、大坝、核电站等不同用途分门别类地生产，满足客户多样化需求。智能制造方面，中国建材不断提升信息化水平，持续推进"制造业+互联网"，同时努力建造自己的云平台、云世界。

跨境电商+海外仓、BNBM HOME、EPC工程、智慧工业，处在价值链后端的销售环节。"跨境电商+海外仓"外贸新模式，让中国建材从建材制造商转型为外贸集成运营商。BNBM HOME是建材家居连锁超市模式，中国建材扎根巴布亚新几内亚30多年，建成十余家建材家居连锁超市，产品涵盖家具家电等八大类上万个品种，这一模式已成功推广到整个非洲。

迷思十五 | 技术创新和商业模式创新：创新既依赖技术，又依赖创意

EPC 是我们的老本行，过去我们在海外做 EPC 有点像"狗熊掰玉米"，帮人家建完就走人，没有扎下根来，今后我们要集合投资、管理、后续服务等产业链，开创装备"走出去"新时代。智慧工业就是中国建材遍布全球的管理外包模式。

总的来看，中国建材经过多年布局，已实现了由纯粹的产品制造向服务领域的延伸，从生产型制造转型为服务型制造。从世界范围看，发展制造服务业是很多跨国公司的共同选择。比如苹果公司做手机，主要做设计、研发和创新，好多零件都是外包的，但是设计是核心。再如，IBM 曾是单纯的硬件制造商，后来转型为提供硬件、网络和软件服务的整体解决方案供应商，在其全球营收体系中，约 65% 的收入来自 IT 服务。又如，30 年前美国通用电气传统制造产值比重高达 85%，服务产值仅占 12%，目前"技术+管理+服务"所创造的产值占公司总产值的比重已经达到 70% 以上。从制造业到制造服务业是历史的必然。目前我国制造企业普遍面临过剩、恶性竞争的现状，大家都应该认真思考向制造服务业转型，延伸产业链，提高附加值，进而共同促进整个国家工业的转型，等到吃不上饭或明天就会破产时再转型，就来不及了。

发展制造服务业，重要性不言而喻。而在价值链上，制造环节的提质增效也不容忽视。在中国大陆代工盛行的"世界工厂"时代，利润总是朝创新研发和最后的贸易服务两方面走，这对制造业是一个很强烈的刺激。这也是宏碁集团创办人施振荣先生提出"微笑曲线"的一个时代背景，台湾那时也有大量代工工厂。但今天来看，随着制造水平的提高、成本的降低，尤其是信息技术的应用，生产制造和加工组装环节的利润率不断提高，也有很多制造企业赚了很多钱。比如格力有近 2000 亿元的销售收入、260 亿元的利润。所以，对"微笑曲线"的理解不要太过绝对。日本管理界就提出过一个"武藏曲线"，和"微笑曲线"的观点正好相反。武藏是一种中间凸起、两端下沉的日本刀，由这个刀形衍生的理论就是企业主要靠制造过

程创造价值，其利润远高于研发和营销，而且有事例和数据支持。

到底哪个曲线对呢？我想，还是应该具体问题具体分析，不同国家、不同产业领域可能适用的曲线不同，如果能把两种曲线统筹运用会更好。从中国建材来看，我们的做法是在立足制造的基础上积极转型。一方面，要突出价值链中端，用技术创新模式深挖工厂降本增效的潜力，带动价值链的底端抬升和整体提升。无论是研发设计还是销售服务，都要在制造的基础上延伸服务，没有强大的制造能力，一切都是空谈。另一方面，要沿着"微笑曲线"向高附加值两端升级。占领"微笑曲线"两端的意义不仅要从利润的角度来观察，还要考虑防范风险，因为拥有全产业链可以明显降低风险。"中兴事件"就是微笑曲线给我们上的最新一课。

第四篇

文化

迷思十六　企业文化的正义性和宗教性
我们从哪儿来，到哪儿去

企业文化应具有正义性，所谓正义性就是文化要成为推动企业发展的正向力量。一个在文化上具有正义性，为国家、社会、行业持续贡献正能量的企业，注定能被广泛接受。企业文化还具有宗教性，它是企业的集体人格，是全体员工的共同信奉，近乎"企业宗教"。宗教解决人的心理问题，企业文化也是解决这些问题的——我们这样一群人，从哪儿来，到哪儿去，在一起干什么。

文化定江山

企业文化，也可称为企业哲学，它是企业的核心价值观，和企业的历史沿革有关，反映了企业的战略，也常常带有企业领导人的一些人格特点。对内是指企业强大的凝聚力和向心力，对外是指企业巨大的影响力和渗透力。文化回答企业发展的核心理念和终极使命，战略、管理、创新归根到底都是以文化为基石的。没有文化的维系，企业就如同建在沙漠上的大厦，建得越高，就越可能随时倒塌。

▶ **故事 76** | 北新和中国建材的文化经

在 40 年职业历程里，我打过大大小小很多场硬仗，但其中打得最多的还是文化之仗。无论是北新建材还是中国建材，我都把建立和弘扬企业文化作为立企之本，对文化的塑造可能是我对企业的最大贡献。

记得刚做厂长时，员工精神不振，消极做工、迟到旷工等现象严重，思来想去我发现，典型榜样宣传、物质鼓励、创造良好体制等都很重要，而最基础的还是企业文化建设。后来，我提出建立"以厂为家"的文化，并写下包括"以人为中心""质量和信誉是永远的追求""追求和谐""敬业爱厂"等在内的六条价值观[○]。那一轮改革里,北新把改善生活、工作、学习环境,提高待遇与爱厂教育结合起来,大大提高了职工的爱厂热情,大家互帮互助、互学互进,久而久之真的像一个大家庭。那时我住在职工宿舍,每天中午都在食堂排队打饭。尽管北新有目不识丁的工人,还有满腹经纶的博士,但大家却能温馨和谐相处在一起。北新有两本小册子《北新的故事》和《北新——我们的家》,记录的就是北新人敬业爱厂的小故事。直到今天,我仍然很怀念在北新的那段美好时光。

在北新文化的基础上,我在中国建材提出"创新、绩效、和谐、责任"的核心价值观,"敬畏、感恩、谦恭、得体"的行为准则,待人宽厚、处事宽容、环境宽松和向心力、亲和力、凝聚力"三宽三力"的人文环境,以及党建文化、企业文化、廉洁文化、安全环保文化"四化融合"的企业氛围。拿行为准则来说,敬畏指做人做事要下有底线、上有高压线,底线不能击穿,高压线不能触碰。感恩指要对国家、社会、组织、他人怀有感恩之心,知恩图报,不能一味攀比,横比竖比心不平。谦恭,指虚心学习他人长处,不骄傲,不自满,不说过头话,不做过头事,做人做事不张扬,"满招损,谦受益",谦恭才能受人尊敬。得体,就是举手投足要有央企人的样子,说话办事都要三思而后行,不得体的事不做,不得体的话不说。应该说,中

○ 六条价值观:①我们的发展战略是建设成为一个规模宏大的新型建材技工贸综合产业集团,经营战略是创造独具特色的企业,并以规模效益达到市场竞争的目标,以技工贸相结合的方式,充分利用资源,达到竞争成本最低的目标。②我们坚持"以企业为本"的思想,正确处理投资者、企业和员工的利益。要将企业资产保值增值和运作良好作为首要贡献,将稳定地提高员工收入和福利作为长期目标,并提倡以效率优先、兼顾公平的分配机制实现员工的共同富裕。③我们追求在社会大系统中的充分和谐,视盈利和遵纪守法为同等重要的事,我们所有的动机和出发点都是最终服务社会。④质量和信誉是我们永远的追求,也是对社会的基本承诺。我们无比珍惜历经千辛万苦赢得的企业形象,我们把不断地创造企业的无形资产作为我们公开的经营秘诀。⑤我们具有坚定的信念和十足的勇气,更拥有足够的智慧和知识。我们认为,只有具备最活跃的思想、最新的技术和最科学的管理,才能创造企业的辉煌和掌握企业的未来。⑥我们贯彻"以人为中心"的企业管理思想,组建一流的员工团队是企业建设的首要目标。我们的干部要同心同德、任劳任怨,我们每位员工要忠于职守、敬业爱厂。

国建材能实现快速成长，战略起了先导作用，但能顽强地从困难中走出来并获得持续发展，凭的则是优秀的文化和强大的凝聚力，也就是精神不倒。

2016年8月两材重组开启后，中国建材把品牌文化整合放在整合工作的第一位，重组后的第一次领导干部大会上就提出新集团的核心价值观、行为准则，此后在统一思想认识、破除谷仓效应、文化融合等方面做了大量工作，真正实现了两股绳拧成一股绳、两家人结成一家人，为央企重组树立了典范。2018年我参加了员工的拓展活动，亲身感受到新团队朝气蓬勃，充满正能量，大家生龙活虎的状态让我很受感染。

回顾自己的企业历程，我常感慨文化之于企业的重要作用。俗话说，"江山易打不易守"。打江山靠的是战略和执行力，守江山靠的则是一流的管理和优秀的企业文化。如果用一句话概括企业文化的地位，我觉得应是"文化定江山"。

观点 76 ｜ 不接纳企业文化的人，再有才也不用

企业文化是企业真正的基石。一个企业从表面看，看到的是厂房、设备、产品；再往里看，看到的是技术、管理、人才；而最深层次的，则是涌动在干部员工内心的精神文化。我常常问自己：我们的员工为什么愿意风雨无阻地上班，为什么愿意遵守各种规章制度，为什么愿意勤勤恳恳地奉献付出，为什么愿意为企业创造效益，为什么多年来对企业不离不弃？归根到底就是文化。因为企业在大家心里播下了文化的种子，这粒种子就像一簇火苗，无论人身处顺境还是逆境，内心都能温暖而坚定。

当年，美国记者埃德加·斯诺只身来到延安，既没看到新式武器，也没看到丰裕的物质条件，但他却被那里热火朝天的革命热情深深打动了。在那样困苦的条件下，毛泽东等年轻的红军领袖胸怀远大理想和一往无前的革命精神，指点江山，激扬文字，得到人民的拥戴。斯诺写下了《西行

漫记》这本书,后来翻译为《红星照耀中国》。每当想起书中描写的那些朴实动人的场景,我都会感叹信念的力量是如此强大,足以改变整个世界。

对企业来说,最有力量的武器就是凝聚人心的统一的文化。广大干部员工如能真正把企业文化镌刻于内心,就会始终洋溢着幸福感和使命感,进而转化为对企业的热爱和忠诚。反之,没有了文化的支撑,大家就会如同一盘散沙,不知为何而做、不知如何相处,只知道干活、吃饭、发奖金,没有共同的价值观,企业打不了硬仗,也不会持久。

企业文化是集体记忆,应成为团队的自觉遵守和共同信奉。杰斯珀·昆德在《公司精神》一书中说:"在将来,建立稳固市场地位将成为塑造公司个性化特征及公司精神与灵魂的事业,最终将成就一个强大的公司。在此过程中,要建立共同的愿景目标以及对公司精神的忠实信仰。在未来的公司内,只有信奉者生存的空间,却没有彷徨犹豫者立足的余地。"这段话说的是,大家因共同愿景、共同事业走到一起,不信奉企业价值观的人不在此列。

做企业实际上就是做文化,文化是企业竞争的决赛。联想创始人柳传志就对员工提出四个字的要求:入模、复盘。入模就是要认同联想的文化;复盘就是做完一件事,再检查一次,总结、归纳才能提高。中国建材也是如此。我们的人才队伍基本上70%是自我培养,30%靠引进,这就保证了队伍的稳定性和文化的共同性。我们有个不成文的规定——不接纳中国建材文化和思想的干部,即使再有才干也不用。

用先进的文化指引心灵

任何企业都有自己的文化,区别只在于是先进还是落后。先进文化是那些凝聚着正能量的好文化,像"学习文化""绩效文化""和谐文化""责任文化""拼搏文化"等都在其列。而坏文化是我们要克服的"惰性文化""折腾文化""安逸文化""消极文化"等。好文化与坏文化不能兼容,我们要强化底线思维,让好文化得到巩固、完善和捍卫。

▶ 故事 77 │ 重组的底线:文化上不能另搞一套

中国建材这些年来联合重组了近千家企业。我常讲,我们的集团就像一座移民城市,这座城市里的原住民很少,大部分都是或早或晚重组进来的。对于重组企业,我一直都是比较宽容的,只要有利于集团发展,只要提出的要求合情合理,都可以协商解决。但是,有一个底线,就是绝不可以动摇集团的企业文化。

事实上,重组企业能否融入集团文化一直是我最担心的问题。国际知名管理咨询机构统计显示,在众多并购失败的案例中,"并购后整合不力"占失败原因的86%,整合不力又突出表现为文化冲突。如果重组企业在文化上不能统一,各唱各的调、各吹各的号,那么随着企业的盘子越来越大,加盟的公司越来越多,企业就会越发危险。

正因如此,中国建材在文化建设上有严格要求,绝不准任何企业在文化上另搞一套,形成"文化孤岛"。例如,有些传统的地方国企刚被我们重组时,还残留着政企不分、非市场化、不竞争的文化,领导出门时前呼后拥、讲究排场,开会时看重主席台位置的摆放。有的民企则存在个人决策、粗放管理、重利益轻责任等文化。这些落后的文化是重组中的大忌,如果不及时去除,就会生根蔓延。为此,在重组的过程中,我们专门把对文化的认同写进每一个联合重组的协议里,并通过各种方式加以宣传贯彻。

用集团的大文化统一所属单位的小文化,这是我们发展壮大的一条重要经验。在中国建材,文化的印记处处可见。集团总部办公楼上"中国建材"四个红色大字分外醒目,一些员工晚上加班后喜欢拍摄大楼的夜景照片发到微信朋友圈里,流露出自豪之情。所属企业也把集团的标识和核心价值观等张贴在最显眼的位置。更重要的是，干部员工对集团文化烂熟于心，成为指导工作实践和做人做事的准绳。有一年，中宣部曾组织记者到所属企业采访，回来后记者们跟我说："你们这个集团很有意思，各企业感觉都差不多，上上下下讲的话也都一样。"我说："这就对了。这说明我们的文化深入人心了。"

观点 77 | 提防坏文化的侵蚀

在企业里，文化必须是上下一致的，文化不能随意编造、随意更改，也不能各喊各调，各说各话。像百安居、肯德基、麦当劳，它们的标识、员工的服装甚至货架上产品的摆放方式，在全世界都是一样的。中国的一些职业经理人往往好意做些改动和创新，结果大多数都被炒掉了——大企业要捍卫文化的一致性。

文化有不同形态，在文化一体化的过程中，尤其要防止坏文化带来的负面影响和渗透力。因为坏文化容易满足人的劣根性，让人感觉很舒服，像上班不打卡、半路出去买菜等行为很容易使人产生惰性，久而久之就会固化为一种习气和作风。所以，我在企业中反复强调，每一次新成员的加入，在带来积极、健康的好文化的同时，也可能会带来消极、落后的坏文化。一旦坏文化站稳脚跟，就会一点一点地危及企业生命。这不是耸人听闻。美国有一家非常有名的连锁集团，并购了另一家有坏文化的连锁企业，三年之后两家企业都倒闭了，就是因为坏文化把好文化腐蚀了。

企业文化建设、形成、固化的过程，就是好文化和坏文化相互博弈、此消彼长的过程，是一个吸收精华、摒弃糟粕、批判发扬、融合再造的过程。"近朱者赤，近墨者黑。"我们要用好文化同化坏文化，而不是让坏文化把好文化侵蚀掉。文化建设的最终目的，就是让不同文化群体相互借鉴、相互尊重、相互理解、相互认同，最终融合为一体，成为推动企业发展的凝聚力和聚拢正能量的黏合剂。

弘扬好文化，在今天的社会环境下尤其重要。从外部来看，市场经济带来了效率和财富，如果不从精神层面上加强引导，社会和企业就容易出问题。从内部来看，没有良好的企业文化，形不成统一的思想与价值观，企业就会打败仗。所以，企业一定要多进行思想引导和文化教育。我经常讲的一句话就是：用先进的文化指引人的心灵。

建立独具特色的企业文化

企业文化来自哪里？它不是在真空中产生的，更不是企业家闭门造车，凭空想象或杜撰出来的；它产生于每个企业适应市场经济要求的商业实践，是在实践中不断吸收营养、学习和归纳出来的，以企业的历史为基础，又指引着企业的未来，同时还要根据企业的发展战略要求，不断地加以完善和提高。文化是一种特色的存在，优秀的企业都有特色鲜明的文化。

▶ **故事 78** │ 招聘南方水泥 CEO

在中国建材，"三宽三力"四个字是重组企业再熟悉不过的了。这是我为中国建材量身打造的人文环境。所谓"三宽"，就是待人宽厚、处事宽容、环境宽松，通过对个人行为和企业环境的约束，奠定文化融合的基础。"宽"不是没有原则，而是"宽而有度，和而不同"，实现个性与共性的统一、和谐与规范的统一。所谓"三力"，就是向心力、亲和力、凝聚力。向心力是指子公司对母公司要有向心力；亲和力是指单位之间、员工之间要和睦相处，团结一心；凝聚力是指母公司对子公司的感召力、吸引力与引领力。

"三宽三力"具有鲜明的融合特质，为联合重组奠定了牢固的文化根基，也得到了社会各界的广泛认同。很多企业家就是受到"三宽三力"的感染而选择加入中国建材的。南方水泥总裁肖家祥就是一例。肖家祥原是湖北华新水泥的常务副总,后来被河南天瑞水泥请去做CEO,一直从事水泥企业的管理工作。2009年,南方水泥公开招聘总裁时,肖家祥进入了我们的视野。他那时40多岁,刚从天瑞出来,几家公司同时向他伸出了橄榄枝,一家海外上市公司还开出了三倍于我们的年薪。

优秀的人才不可多得,情急之下,我给肖家祥发了条短信。我说,我们给不了你那么高的工资,但能给你一个宽松的做事环境和一个能发挥才干的广阔舞台。最终,肖家祥加入了我们。后来我问他为什么做出这样的选择,他说:"我认同中国建材的思想和文化,加入中国建材有奔头,有归属感。"事实证明,肖家祥非常能干,南方水泥在他的带领下,取得了非常好的业绩。这个故事从一个侧面反映出中国建材能够吸引越来越多的合作伙伴,并不断发展壮大的原因。

中国建材过去10年,是联合重组的10年。10年中,我几乎每天都要面对新加盟的陌生面孔,但很快大家就不再陌生,迅速地融合在一起。有人曾这样描述中国建材的现象:"民营企业家昨天是小企业的大老板,为自己挣钱;今天变成大企业的经理,他们仍然起早贪黑、废寝忘食地工作。"也有媒体评论分析,中国建材的魅力源于一种独特的"和"文化。其实,这就是我常说的,中国建材的成功不仅有天时与地利的因素,更有人和的因素。"天时"就是我国经济快速成长带来的机遇;"地利"就是地方政府的支持,以及我国丰富的建材资源和我们占有的区位优势;"人和"就是独特的融合文化创造的企业软实力。

观点78 | 企业文化实用第一

市场经济中每个企业都是特色生存,都有独特的发展史、产品方向和不同的资源基础，因而每个企业都应该培育独具特色的企业文化。文化不是千篇一律的，不同的企业有不同的文化。例如，对制造型企业来说，生产制造是一项严谨科学的工作，生产线上一丝一毫的小问题都会酿成大问题，因此应该强调科学管理；而对创新型企业来说，文化氛围要奔着解放思想、激发活力而来，过于刻板教条的管理会桎梏科技人员的想象力和创造力。

关于企业文化的制定，有的人误以为，有特色就是要别出心裁、标新立异，把文化搞得深奥抽象，听起来非常高大上。其实不然。一个企业对文化的提炼和描述要贴切、准确、具体，应该有非常精准的语言、非常严密的逻辑。企业文化不是越高越好、越深越好，它不应过于玄虚，更不能成为口号；关键要契合实际，简单易懂，便于记忆，让员工了然于胸并落实到日常工作和生活中；如果弄得天花乱坠、艰涩复杂就失去了意义。我在企业里跟大家讲，我这些年总结提炼的企业文化，像"以厂为家""创新、绩效、和谐、责任""敬畏、感恩、谦恭、得体""三宽三力"等，这些内容并不高级，用词也不华丽，甚至还不一定完美，但比较实际。它们来源于企业长期的发展实践，表达了我们此刻的认识水平，能够服务于我们此刻的发展战略，这就够了。

企业文化的制定，要以实用为第一位。像"三宽三力"，既不复杂也不深奥，但它以融合为特质，有着强大的内在张力，非常符合联合重组企业的特点和要求。这一文化不是排斥性的，也不是灌输性的，核心是给予人充分的理解、信任和支持，让每一个新进入者都能有个性化的发挥，并实现优势互补和价值再造。也就是说，透过中国建材文化的屏风，你可以看到众多加盟者的缩影。这就解释了为什么新进入者会如此认同我们的文化，甚至第一天进入就产生了归属感。因为他们进入中国建材，不仅是出于对集团的认同，更多的是出于对自己的认同。在兼容并蓄的集体里，大家亲如兄弟姐妹，相互照顾，相互扶持，为企业的成长尽心尽力、贡献才智，形成了上下和睦、内外和谐的良好氛围。

这些年来，许多企业想学习借鉴我们的重组模式，但过程进行得并不顺利，关键就是文化上出了问题。没有融合和包容的文化，联合重组很难取得成功。这也印证了一个道理，企业文化很难被复制。企业文化是企业的特质，是企业深处与生俱来的东西，是学不会偷不走的。

解决文化融合的难题

让不同所有制、不同文化背景的企业迅速融合并取得效益，是一道世界性难题。联合重组成功的关键是文化融合。在中国建材"三宽三力"等文化实践中，我们认识到，要形成同心模式的企业文化，实现文化的兼容并蓄、取长补短、融合再造，需要一些方法。

● 观点 79 ｜ 收人先收心

2011年底，随着西南水泥的成立，中国建材在全国水泥市场四大区域的战略布局完美收官。但是，西南水泥这场收官之战并非一帆风顺。在重组的过程中，几乎我们的每一次收购都会遇到竞争者，不过最终那些被收购的企业都选择了加入中国建材。原因是什么？我想我们是赢在了"收心"这一点上。

以重组贵州泰安水泥为例，这家企业是当地的水泥大户，在几年前那一轮布局西南市场的浪潮中，成为多家水泥巨头争夺的对象。泰安水泥的创始人名叫龚雷海，当时他一直举棋不定。除了价格因素，他关心的还有创业团队的安排、原有品牌的命运等问题。我对此非常理解。对很多创业者来说，工厂就是他们的孩子，把工厂交给别人，就像父亲看着自己的女儿出嫁一样，总希望能挑一个最好的人家。

当时，我们给了他三颗"定心丸"，即"三个不变"的政策：原有团队、人员及工资待遇不变；企业内部的机制不变，仍然按照原来的方式开展市场经营、推广产品和建设渠道网络；设定一个3~5年的过渡期，过渡期内维持原厂牌、商标不变。龚雷海基本被说服了，他对于保留团队这一点尤其满意，但他还是有些放心不下，担心中国建材只是口头承诺不调整，等到半年或一年后再"动刀"，所以迟迟没做决定。另外，当时其他水泥巨头也在积极找他谈重组。

后来，我特地在昆明约见了龚雷海，当面向他做出承诺，并把自己衣领上那枚象征着融合团结的八角公司徽章取下，亲手戴在了他的胸前。最终，龚雷海下定决心，加入了中国建材的队伍。我们不仅吸纳了一个好企业，更吸纳了一位优秀的企业家。西南水泥成立后，龚雷海被任命为副总裁，全面负责贵州西南水泥的工作，为西南水泥的经营发展立下汗马功劳。

这些年，中国建材不断进行联合重组，我也不记得自己曾给多少位企业家戴过公司徽章，但我知道，这小小的举动代表着一份诚意与承诺，是人与人相互信任、以心换心的开始。常言道：人心齐，泰山移。得人心者得企业，这是我多年来的一个深切体会。

观点 79 ｜ 重组的成功是文化融合的成功

中国建材这些年来重组近千家企业，但没有一家企业"反水"。什么叫反水？就是跟着中国建材干了一段时间之后后悔了，撂挑子不干了，迄今为止还没有过这样的事。不过，有的企业往往是做了几家重组就出了问题。中国建材这么大规模的重组，能成功推进是不容易的，关键还在于我们的价值观，我们用润物细无声的方式推动了文化融合。具体表现如下：

1. 以人为中心。联合重组不仅是厂房、土地、矿山的联合，更重要的是人的联合和文化的融合，要给予人充分的尊重、理解和信任，让人的价值升华与企业发展和谐统一，这是根本立足点。我们在跟每一个潜在合作者谈判时，首先会搞清楚对方需要什么，我们能够给予对方什么。要让人家跟着你，就要有显而易见的好处，还得给人家安全感，不能让民企带枪参加革命，第二天就下了人家的盒子枪，这是不行的。就像我给民营企业家戴司徽这件事，看起来很小，却表明了中国建材包容的文化。

2. **以先进文化为前提**。文化认同的前提是文化具有先进性。企业文化既要符合市场经济和行业发展的规律，也要符合企业历史沿革和成长的逻辑，能对企业全体成员产生巨大的感召力和凝聚力。那么多企业加入中国建材，除了我们主张包容，更为重要的原因是在产能过剩的大背景下，我们有合作共赢的胸怀和格局，找到了互惠互利的合理方式。中国建材通过区域整合减少恶性竞争、推动行业和企业健康发展的重组文化得到被重组企业的广泛肯定。中国建材在开展联合重组时，经常是一个重组对象有几个"买家"在争，有的谈到半途被别家拉走，但最终又都"回心转意"，原因就是比来比去，他们更愿意接受中国建材的理念和文化。

3. **以文化一致为底线**。文化融合是一个由文化冲突到文化认同的过程。重组企业原来的文化各有特征、互有差异，如果不能形成正确认识，没有企业间文化的了解、沟通、融合，没有对集团文化的理解、学习、共识，就会出现貌合神离、形连心散的现象。因此，我们要求所有企业必须高度认同并统一集团的企业文化，包括经营理念、发展思路、企业愿景等，将其转化为自觉行动。不认同集团文化的企业和企业家，一律不予接受。

4. **以制度创新为保证**。这一点也很重要。文化和制度是可以耦合的，文化是制度的基础，制度是文化的具体设计。比如，中国建材推行的"央企市营""格子化管控""八大工法""六星企业"等独具特色的经营管理模式，对联合重组的成功起到了至关重要的作用。实践证明，优秀的企业文化是联合重组的思想基础，有效的管理整合是文化融合的重要保证。

5. 以有效宣贯为基础。企业文化建立后不能束之高阁，要通过建立起由所有企业共同参与的文化建设传播网络、与文化融合工作相适应的沟通机制和传播渠道，把文化迅速宣贯到位，渗透到各个管理层面。中国建材充分发挥会议、官网、官微、报纸、杂志、广告等多种渠道的桥梁作用，不断创新内容形式、活动载体和方法手段，在有效的沟通与反馈中逐步解决跨文化问题。例如，中国建材的官微"小料"等新媒体平台办得非常活跃，把我们五大洲公司多姿多彩的画面和生动感人的画面呈现出来，串联起来，很受年轻人欢迎。我曾问一位基层企业员工，你们离集团这么远，怎么知道集团和其他企业的事呢？他掏出手机说，离得不远啊，手机上一摁什么都知道了。《人的现代化》这本书提到，现代化工厂把人组织化了，电视传播把人现代化了，新媒体是比电视更先进的传播媒介，我们必须重视，这是文化融合的重要渠道。

企业领导是文化领袖

以前考研究生时，英语试卷中有篇文章提到，小企业的成长靠管理者的行为影响和言传身教，大企业则是靠文化和制度影响人。这段话点明了大企业和小企业的领导人最大的区别。小企业领导人要身先士卒，做好榜样。就像铁匠铺的师傅，自己以身作则了，徒弟照葫芦画瓢，也不会有太大偏差。但是大企业管理幅度宽了，领导只靠言传身教是不够的，必须依靠文化、思想、制度来影响和约束大家。

▶ **故事 80** │ 做个布道者

我崇尚布道式管理，多年来自己像企业里的老师，自己先悟道再布道，布道的方式是亦说亦写，对内对外讲好企业故事，不停地传递企业文化和观念。

在北新当厂长时，我常站在车间里给大家讲话，工人们说，再复杂的事经宋厂长一讲准能明白。到了中国建材也是这样，在集团月度会、半年会、年会及子企业的重要会议上，我会就经济形势、行业走势、战略文化等，掰开揉碎了反复讲，为的是统一上上下下的思想。除了讲话，我也会以写文章的方式，详解企业的战略思路和经营理念，激发大家的深度思考。多年下来，竟积累了数百万字的稿件。近年来，我还先后出版《包容的力量》《经营方略》《我的企业观》《笃行致远》《改革心路》《问道改革》《问道管理》《问道创新》等10多本书，主要供企业内部交流。有一次，我听见有年轻人开玩笑说："我们要好好干，你看封面上宋总在看着我们呢。"我们的文化用这种方式传递到每个人，我写书的目的也就达到了。

抽时间与社会充分沟通，也是布道的应有之意。中国建材在香港上市后，每年的路演我都会参加，按照"讲好、讲通、讲准确"的原则，为投资者讲述我们的企业故事。讲好是指故事要让人信服，讲通是指故事要有连贯性、逻辑性，讲准确是指要用数字说话。上市后中国建材的业绩稳步提升，我们的故事让很多投资者发了财。摩根士丹利公司评价道，中国建材不光"说到做到"，而且"做得比说得还好"。

这些年来，随着企业的发展，我多次受邀到地方国资委、地市政府、企业、高校做了些讲课和演讲，也参加过一些论坛，接受了一些采访。我都是本着"真心地讲话，讲真心的话"的原则，从自身实践出发，围绕国企改革发展和经营管理做交流分享。国企领导者大都不愿在公共场合露面，怕讲错话或枪打出头鸟。"知我者谓我心忧，不知我者谓我何求"，我的看法是，如果谁都不讲，社会上怎能知道国企的情况和我们的想法呢？历任上级部门的领导都肯定了我在介绍和宣传国企发展、改革和管理经验方面所做的工作。

观点 80 | 用讲故事的方式传承文化

做一把手这些年,我在企业里忙忙碌碌实际是为两件事:一是把握方向,二是布道文化。与这两件事对应的角色:一是董事长,任务是开好董事会,借助各位董事及企业的治理资源,做出最好的决策;二是布道者,任务是创造并传递企业思想。我理解,企业家应是企业的文化领袖,是文化的塑造者、传播者、实践者。在企业里,大家信奉什么、反对什么,弘扬什么、摒弃什么,公司的文化导向是什么,企业领导人必须清晰地告诉广大员工,并且年年讲、月月讲、天天讲,要让大家凝聚在共同的价值观之下。同时自己要身体力行,做践行企业文化的表率。

在布道方式上,我崇尚"大道至简",喜欢把复杂的理论简单化、故事化,再用平实质朴的文字娓娓道出,这也构成了我说话、写文章的特点。有读者看了我的书后觉得意外,因为文中没有长篇的推理或论证,都是从一个个小故事展开,去讲述那些大而严肃甚至沉重的话题。我想,企业家不是理论家,要让大家准确理解企业的战略文化,故事是个很好的载体。IBM 公司前总裁曾说:"IBM 是由一连串的故事组成的。"中国建材也有很多企业故事,如"一个脚印""五朵金花""三盘牛肉""汪庄会谈"等,把多年的故事整理归纳,就是企业的全部。

中国台湾学者邱于芸在《用故事改变世界》一书中提出,现代世界是由一个个原型故事抽象演绎而成的。企业也是由故事构成的。故事是复杂世界的简化,同时又浓缩了事物的基本逻辑。与大道理相比,这些生动形象的故事更容易直抵人心。就像《十万个为什么》,其中的科学道理有的很复杂,但解释的方式却可以简单生动。其实,讲故事也是一种沟通技巧、一种管理手段、一种价值创造方式。俗话说,"说得好"不如"做得好",我觉得企业家既要"做得好",又要"说得好"。

说到布道,近些年我出了些书,这里面记录着中国建材的企业道路,有改革发展的成绩和经验，也有走过的弯路和教训。出这些书是为了什么？有的人说，宋总是不是写书有稿费？其实稿费全部捐给了中国建材"善建公益"基金，我一分钱没拿过。也有的人说宋总是不是想出名？也不是。因为我不需要用这种方式去证明自己。最根本的目的是趁我还有精力和激情的时候，把还能记得住的、能归纳得出的有限经验教训，尽可能多地整理出来。我写的这些内容其实并不完全是写给社会和管理界的，首先是写给我们自己的干部员工看的，寄托着我的一番苦心和由衷期望。

人只有经历了一些事才会有思想的沉淀，但年轻一代没有经历过过去的苦难，怎么办？这就需要有人去系统地讲讲。他们需要知道中国建材这家企业的历史，知道它经历过的风雨和考验，知道它成功的逻辑、跌跤的遗憾，知道该在经营管理上注意什么，同时还应在新的实践中不断创造新经验、新历史。如果我们的干部员工都有了这种思想意识、知识储备、文化积淀，这将是多么蓬勃、庞大的力量啊！

不丹总理在《幸福是什么》一书中提到国民幸福指数GNH，其中"文化传承"与政治和谐、经济增长、环境保护一起，并称为幸福指数的四大支柱。不丹虽不发达，人均GDP不高，但国民幸福指数很高。企业也是这样。我常讲，文化是一个企业的集体记忆，文化一旦奠定了，就必须人人遵守，代代传承，过程中可以改善提高，但不能进行本质性的改变，否则就会破坏企业的根系。那些成为百年老店的企业，一条重要的成功经验就是核心价值观保持不变。相反，不少企业的创业者曾经创造了辉煌，但在交接棒时没选好人，年轻人接班后就在文化上另搞一套，最后把企业做垮了，这样的教训多如牛毛。

我今年60多岁了，如果说对中国建材的未来有什么不放心的地方，那就是文化能不能坚守。中国建材身处充分竞争领域，一路走来逆境多、顺境少，常是几年一个大困难、每年几个小困难，但是我们秉持着团结包容、自强不息的文化，从不轻言放弃，从不轻言牺牲，硬是把无数的不可能变成了可能，构筑了坚强的文化底蕴。这是我们一路发展壮大的精神财富。

文化传承关乎一个企业的历史，更关乎企业的未来。企业的今天来源于我们昨天的思考和奋斗，而企业的明天取决于我们今天的态度和努力。对中国建材来说，我们要始终铭记自己是谁、从哪里来、走过哪些路、要向哪里去，始终做到"两个牢记"，即牢记我们是个底子薄、基础差的"草根央企"，牢记我们身处充分竞争领域，继往开来，矢志不渝，这是我给年轻一代的忠告。

17 迷思十七 企业成长和员工成长
对员工好就是对企业好

企业绩效重要还是员工重要,这是很多管理者常问到的问题。现实中不乏这样的例子:有的企业拼命提高业绩,却忽略了对员工的关爱,整个团队怨声载道、貌合神离;有的企业很看重员工的感受,却没能激发出员工的主人翁意识,企业长期盈利能力不足。我的看法是,企业经营要以盈利为核心,但企业不是单纯的经济组织,做企业的根本目的还是要为包括员工在内的社会大众服务,要让员工与企业共同成长。

企业应是乐生平台

我做厂长时，国家刚开始向市场经济迈步，企业连同员工一起被迫"下海"。在那个从计划经济向市场经济转轨的年代里，我深深理解了企业与员工的关系：企业和员工就像船舶与船员，企业载着员工在大海中航行，只有全体员工齐心协力，才能乘风破浪、扬帆远航。而对企业来讲，不仅要为员工遮风挡雨，更要创造条件让大家通过努力实现梦想、收获幸福。这些体会构成了我做企业的基础理念。

▶ 故事 81 | 下岗风波

国企脱困○时期的情景，让我至今记忆犹新。1997年，作为百户试点企业的北新，遭遇了一场刻骨铭心的"下岗风波"。按照上级要求，国企要裁减冗员，各城市要对裁减下来的人员进行安置或发放保险，于是有些企

○ 党的十五大和十五届一中全会提出，用三年左右时间，使大多数国有大中型亏损企业摆脱困境，大多数国有大中型骨干企业初步建立现代企业制度。各地、各部门和相关企业综合运用政策性破产、债转股、技术改造等方法，实施鼓励兼并、规范破产、减员增效、下岗分流和再就业工程。到2000年，上述目标基本完成，为21世纪我国国有企业深化改革和国民经济持续发展打下了坚实基础。

业一次性交给政府几千人。我女儿当时正读小学,回家后常说,某某同学的父母都下岗了,家里日子很苦。有一次,女儿兴高采烈地带回来几个崭新的笔记本,说是一位同学的母亲所在的工厂倒闭了,拿些剩余的本子给孩子们分着用。我听了很心酸。那时北新有550名冗员,看着长长的名单,我好几晚都没睡好。北新是那种"以厂为家"的企业,双职工很普遍,也有一家几口人都在厂里工作的情况。我想,既然称之为"家",就绝不能把一个员工抛在半路上。

艰难权衡之后,我做了一个不裁员的改革发展规划,即创造2000个饱满的就业岗位,通过企业发展让富余职工再就业。这个想法得到了上级的理解和支持。那时,有企业提出"每减少一名职工就意味着管理前进一大步"。在北新,我们把每创造一个饱满的岗位,每使一名富余职工转变为一名自食其力的、为企业竞争做出贡献的职工当成进步。我们把550名富余人员从岗位上分流出来,在企业培训中心进行再就业培训。由于是转岗培训,会保证大家正常的工资和适当的奖金,整个转岗过程遇到的阻力不是很大。转岗培训开始时,我亲自去培训中心与大家面对面沟通。后来,转岗职工在企业中都得到了新的安排,很多人到了新岗位后,还成为技术能手。

经历了这次艰难而又意义深远的心理历程,职工更加珍视和热爱企业,企业也拥有了一支适应市场、勇于竞争的职工队伍。在那场"壮士断腕、关门走人"的下岗潮中,尽管北新没有一名职工下岗,但那段日子里,全国国企有2000万职工下岗,每当想起这些往事,我仍会感到难过。传统国企的体制和机制出了问题,却让职工承受苦果,这提醒我时刻不忘作为企业家真正的责任。

● 观点81 │ 员工不幸福,企业再大也毫无意义

做企业是为了什么?企业是由人组成的,最重要的目标应当是让员工

幸福，如果员工不幸福，企业做得再大也毫无意义。什么是员工的幸福？这些年，我常常站在员工的立场上来思考这个问题。我想，正如每个人在人生的不同阶段对幸福的定义不同，员工从企业中获取的幸福感也是随着企业发展而变化的。

在计划经济体制下，企业是国家的大车间，按上级指令参与社会生产经营活动。那时的职工都是国家的职工，收入、住房、福利均由国家来定。所以，那个时候员工是没有危机感的，"大锅饭"和家家都一样的生活，让大家意识不到自己是否幸福。

后来，我国进入社会主义市场经济。对习惯了计划经济的企业和员工来讲，一切都改变了：员工与企业间的关系变成了契约关系，"大锅饭"体制被打破了，分配按多劳多得的原则进行，员工的一切，甚至包括荣誉和耻辱，都和企业更加紧密地联系在了一起。北新的员工尽管当年没有经受下岗之苦，但他们通过下岗风波也逐渐明白，只有真正转变观念、适应竞争要求，才能保住工作。只保住工作还不行，企业是员工衣食住行之所系，大家还要推动企业取得更好的效益，企业效益好了，自己的生活才能获得保障。另外，在满足眼前物质利益的同时，员工还会有更多更高更长远的追求，即把企业作为实现人生价值的舞台，并在价值创造的过程中找到精神寄托。

所以说，企业对员工来说，不仅是谋生的手段，更应是"乐生"的平台——一个能让员工施展个人才华、实现自我价值、创造美好生活的平台。一方面，要把员工利益和企业利益融合在一起，让员工从企业发展中真正享受到实惠，获得物质上的满足。另一方面，要营造良好的企业氛围，让大家真正融入企业、热爱企业、关心企业，找到精神上的归宿。比如，改善员工的工作、学习和生活条件，建设图书室、健身室；多渠道、多形式地建设员工培训的平台，全面提升员工的综合素质；丰富员工的生活，组织开展文艺活动和体育比赛等。有了这样的平台，员工才能真正获得幸福，并将这种幸福转化为对企业的热爱和忠诚。

企业究竟应怎样对待自己的员工？我相信，无论是过去还是现在，都要沿着不放弃员工、让员工幸福的道路去找寻答案。企业最终的成功源于广大员工的努力和坚持，以及企业与员工的荣辱与共。那些在茫茫大海中勇敢航行并顺利到达彼岸的企业巨轮，一定是能让广大员工"乐生"的地方。

让员工与企业共同成长

企业的成长和员工的成长是连通的，企业只有真心实意地对员工好，让员工与企业共同成长，激发员工的积极性和创造性，员工才能发自内心地为企业创造效益，企业才能获得持续的成功。西方管理学家说，你怎么对待你的员工，你的员工就会怎么对待你的客户。如果企业对员工漠视，员工对客户也会漠视，企业就会走下坡路。

▶ 故事 82 ｜ 五朵金花

早年间做销售工作时，我常问自己：客户为什么千里迢迢来北新买东西？北新凭什么能让大家过目不忘？产品和服务应该是什么样？如果能回答这些问题，我们的销售就成功了。做厂长后，我提出做企业要"质量一贯的好、服务一贯的好"，还提出"像办学校一样办工厂，像办商场一样办工厂"，意思是说，工厂气氛要像学校那样充满朝气，员工要像商店售货员那样热情招待客户。随着企业的发展，北新涌现出很多热心服务客户的楷模。

北新有个和石膏板配套的产品叫轻钢龙骨，这个产品的销量和效益一直很好。轻钢龙骨销售的秘密武器之一就是五位女发货员。这五位女同志有开叉车的，有开票的，有发货的，共同的特点就是为人热情。发货员的工作以客户的提货时间为准，加班加点是家常便饭。五位女同志都已是孩子的妈妈，有自己的家庭需要照顾，但面对远道而来的客户，她们总是以最快的速度认真负责地把货装好，并回报以最灿烂的微笑。装车时，她们会给客户泡上一杯茶水，到了中午饭点，她们会把打好的饭端到客户面前，许多客户被她们的热情所感动，成为北新的回头客。当时，龙骨成品库里有一个牌子，上面写着"假如我是用户"，五位女发货员的热情就是对这个假设最好的解答。

后来，我把这五位女发货员命名为北新的"五朵金花"，并号召全厂向她们学习，整个工厂为客户服务的意识逐渐深入人心。老国企常有"衙门作风"，产品略好卖一些，便会门难进、脸难看。但在北新，客户看到的却是另外一番景象。不少客户到工厂参观，都被工厂上上下下的热情所打动，来过工厂的客户十有八九签了订货合同。现场关联着市场，员工关联着客户。员工热情的笑容，就是北新最好的招牌和广告。

● 观点 82 | 员工的信心比黄金还重要

为什么北新会涌现出"五朵金花"这样的优秀代表？答案是员工对企业的无比热爱，因为这份热爱，员工会由衷地为客户服务，那种服务意识是由里向外的真诚表达。企业关爱员工，员工就会热爱工作；员工相信企业，热爱企业，做企业就不费力气，管理、质量、服务等就能做到最好。这是相互连通的。

做企业实际是做人的工作。如何能让员工发自内心地喜欢这个企业，愿意来这个企业工作，愿意为它的长久发展去奋斗，这需要企业在大家脑海中投射出记忆点或闪光点。我曾提出过做企业的"三个信心"，即"没有比客户对企业有信心更重要的事，没有比员工对企业有信心更重要的事，没有比投资者对企业有信心更重要的事"。这三个信心到底哪个更重要呢？

都重要。而要留住"三个信心"，员工的信心最为基础。员工的信心比黄金还重要，员工有信心就能推动企业成长，客户和投资者的利益才能得到保证。

我做企业的过程中遇到过很多困难，但即使最困难的时候，我都会对着镜子里的自己笑一笑。我想，不管自己压力多大，都要高高兴兴的，把自信和笑容写在脸上。做领导不管走在员工身前，还是身后，都要让大家感觉到一种信心，这非常重要。困难哪儿都会有，咬咬牙就过去了，领导如果信心满满，员工也会深受感染；领导如果像霜打了似的，员工也会垂头丧气。我在北新工作时，几乎每天都要到车间看看。下午三点左右，我处理完工作就会步行到各个工厂转一转，一个车间一个车间地挨个看，夜里12点左右还会再走一遭。我去车间，不仅仅是看看生产情况，更重要的是让员工经常见到我，知道我很关心他们，与他们在一起，这点很重要。

关注员工的情绪和需要，学会尊重人、理解人、爱护人、关心人，这是根本的东西。记得女儿只有几个月大时，有件事让我很受触动。刚开始，我一抱女儿她就哭，爱人抱过去就不哭了，爱人告诉我，孩子虽小，但她是个人呀，你得和她交流。按这个方法再抱女儿时，我就全神贯注地看着她，跟她说说话，她真的不哭了。这说明人都是需要被关注和重视的。所以，我现在常和企业里的年轻管理者讲要善待员工，多去基层企业转转，多倾听员工心声，关心他们的生活。即便企业里最差的那个人，也是需要被关注、被关心的。如果企业对员工漠不关心，谁还愿意长久地待着呢？企业家要想清楚这些事情。

企业对员工好，员工就会对企业好，这是紧密相连的。北新和中国建材的快速发展都印证了这个道理。在2019年中国建材的春节联欢会上，我给大家朗诵了汪国真的诗歌《让我怎样感谢你》，既饱含着我对这个美好时代的感激之情，又代表了我对默默奉献的广大员工的一片心意。"当我走向你的时候，我原想收获一缕春风，你却给了我整个春天……当我走向你的时候，我原想捧起一簇浪花，你却给了我整个海洋……"实践证明，在企业所有的成本中，给员工的待遇和付出是投入产出比最高的。这段视频被发到了中国建材官微上，后来被很多媒体转发了。

知人善用是企业成功的根本

选人和选业务是企业的大事，而首要的就是选人。做企业要先人后事，而不是先事后人，即一定要找到合适的人才去做事，没有合适的人，业务大可不做。在选人方面，这些年我给自己定的一个重要任务就是寻找痴迷者。所谓痴迷者，就是干一行、爱一行、精一行，能俯下身子、钻得进去的人，就是每天一睁眼就想企业里的事，半夜醒了还在想这件事的人。痴迷者不见得都能做好，但是要想做好，必须得痴迷。

▶ 故事 83 | 寻找"痴迷者"

在中国建材的队伍里有一大批能征善战的痴迷者，这些企业家能吃苦，肯钻研，带领企业跨过一道道难关，让中国建材的玻璃纤维、碳纤维、石膏板、风电叶片、新能源等业务绽放在世界舞台上。他们是当之无愧的大英雄，有几位是其中的代表人物。

中国巨石总经理张毓强是一位传奇企业家。他十五六岁时进工厂做挑水工，经过一步步努力，逐渐成长为世界级玻纤企业的带头人。张毓强是那种专注创新和国际化开拓的"悍马型"企业家，也是那种视企业如命、以厂为家的"痴迷者"。他四十年如一日精耕于玻纤领域，每天早晨六点就去工厂，晚上很晚才离开，凭着一股爱拼敢赢的精神，硬是带领巨石这家名不见经传的地方企业，一跃成为世界最大的玻纤生产商。巨石的智能化生产堪称世界一流，车间都是机器人作业，十分壮观，美国同行看了之后很震惊。在国际化方面，巨石的产品占欧美市场份额的 30%，还在美国和埃及成功建设大型生产基地。企业家可遇而不可求。在张毓强的带领下，巨石从浙江桐乡的石门小镇出发，一步步走向世界，成为中国民族工业的标杆企业、享誉全球的"隐形冠军"。

泰山石膏董事长贾同春也是个"痴迷者"。2005 年，北新建材投资 2.4 亿元购买了泰山石膏 60% 的股份，之所以投资这家企业，不仅是出于战略上的考虑，更是因为看中了贾同春的创新能力。他原来是泰安市建材局局长，后来弃官从商，接手了一个小石膏板公司，一天到晚泡在工厂里，解决了许多石膏板生产工艺的关键技术问题，生产出低成本、高质量的产品，创造出有中国特色的全球规模最大的生产线。这家企业的净利润已超过 10 亿元。

还有一位是中复连众董事长任桂芳。她比我年长一些，我私下里管她叫"任大姐"。这位全国劳动模范、"全国三八红旗手"，更是一位名副其实的"韧大姐"，她对事业的那股韧劲儿让人钦佩。多年来，她一心扑在工作上，没有周末和节假日，很多人常用"非常 6+1"与"白加黑"来形容她。在她的带领下，中复连众从一家小型玻璃钢制品工厂，发展成为玻璃钢管道行业的排头兵企业。进军风电叶片业务后，她又带领团队开展技术攻关，一举成为全球行业的领军者。

在中国建材，像这样的"痴迷者"还有很多很多，如中复神鹰董事长张国良、国显科技董事长欧木兰、俊鑫科技总经理孙杰等。我常想，正是由于这些"痴迷者"的韧劲和干劲，我们的企业才能闯过一个又一个难关，接连打破西方国家技术壁垒，在"中国创造"的道路上不断前进。

● 观点 83 ｜ 选人要选对，用人要趁早

知人善用是企业成功的关键。实践告诉我们，企业经营不善往往和用

人失误有关：一是用了不该用的人；二是用的人不能挑大梁，承担不起应有的责任。企业要用好人，先要选对人。在选人方面，我觉得品德、专业、态度这三点尤其重要。

明代思想家吕新吾在他的《呻吟语》中说：居人之上者"深沉厚重是第一等资质，磊落豪雄是第二等资质，聪明才辩是第三等资质"。企业领导者首先要有厚重的人格。做企业要胸怀大局，知人善任，风清气正，全心全意为企业发展献计献策。对员工要宽容温和，心有大爱，先人后己，让大家有安全感、亲切感、幸福感，心甘情愿地追随。我反对在企业里搞小圈子、搞低俗的拉扯、搞无原则的争斗，这些都和员工的幸福背道而驰。因此，领导者的选择标准是德才兼备，德要优先。小胜靠智，大胜靠德。如果一个人品德不过关，那他的能耐越大，对企业的损害就越大，这种人坚决不能用。

专业也是一个重要考量。在短缺经济时代，企业大都喜欢启用有生产管理经验的人做领导者，为的是做好产品生产工作；市场竞争激烈时，领导者大都由市场销售经验丰富的人出任，我做厂长时就是这种情况，之前有了10年的销售经历；随着企业上市、金融化、资本化，财务水平变得突出，许多公司领导者改由有财务背景的人出任；后来，在科技和商业模式创新的冲击下，尤其是新经济发展，很多公司选择创新能力出色的人做领导者。可见，企业选人用人实际是围绕市场、企业内外部情况不断变化的过程。从今天来看，英雄不问出处，选择什么专业背景的领导者关键在于企业的需求。从个人实践看，我更倾向于选理工科的人做一把手，因为他们进行过数学和逻辑训练，数字化管理的基础更牢靠，这是很重要的。当然，人的知识结构和思维习惯不是固化的，自身的不足是可以通过后天的学习培训弥补的。

做企业的态度，就是"痴迷"两个字。稻盛和夫说，当年他做企业时聪明的人都跑了，留下的那些看似木讷的笨人却做成了世界500强。我对此深有同感。做企业宁要"笨人",不要"聪明人",笨人对事业无比痴迷,不到终点誓不罢休,心无旁骛反而更容易创造奇迹;而聪明人脑子灵光、心猿意马,这种人到最后往往一事无成。人的天赋虽有不同,但只要肯吃苦、肯钻研,世界上就没有什么难事。企业领导者的特质之一就是痴迷,寻找痴迷者并把他们放到合适的岗位上,这可能是我做大做强企业的诀窍之一。

在用人方面,我主张用人要趁早,就是给那些有活力、有才华、有远大抱负的年轻员工更多锻炼提拔的机会。我原来做副厂长时是30岁,做一把手时是36岁,由于较早进入领导岗位,我学习和积累了不少管理知识与领导经验,为后来出任大企业领导打下了基础。所以,我也一贯主张对年轻人要敢用、早用,让他们尽早脱颖而出。年轻人一开始可能经验不足,但经验是在实践中积累的,早培养就早出经验和才干。有经验的同志则要为年轻人把关,尽心尽力地带他们一程,不断提高他们的领导能力和责任心。

企业最终要交班给年轻一代。我一直认为,企业的领导班子有两大责任:

- 带领企业实现战略目标。
- 培育年轻一代接好班。"青青子衿,悠悠我心。"培育接班人是不容易的,这也是为什么我一直强调尽早启用和锻炼年轻人,形成合理的年龄梯次,这总比到时候青黄不接临时选将要好。干部年轻化、新老接替这件事如果做不好,企业就会后继无人。

企业家可以做好自己,但是不一定能解决好选人用人的问题,不一定能解决好后继者的问题。当年,杰克·韦尔奇跑遍整个通用电气帝国,面对面地选人,可惜选得并不成功,这也证明选人用人真的很难。《基业长青》这本书里讲到,空降领导者因为对企业的历史不了解,70%都做得不成功,而企业内部如果没有提早地刻意培养接班人，一旦山顶的企业领袖空位了，半山腰的人又扶不上去，这个企业就会遇到问题。选人用人是最难的，理想的接班人应该既能够理解企业的历史、战略、文化，又能够适应时代的变化，传承并发展企业。对中国建材来讲，我相信未来，年轻一代会做得更好，这个答案将交给时间。

学习型组织永远在路上

企业的竞争归根到底是团队质量的竞争。企业要能让人"乐生"，要有好的领导者，同时还要对员工进行管理再造，打造一支训练有素的、能打硬仗的高质量团队。怎样让员工快速成长呢？我一直比较推崇建立学习型组织，这是我做企业的一个基本目标，也可以说是一种管理偏好。

▶ 故事 84 ｜ 把经营的淡季变成思想的旺季

学习型组织的理论是美国学者彼得·圣吉提出的，他的《第五项修炼》在全球畅销多年。2017 年，新版《第五项修炼》在中国出版，彼得·圣吉邀我为新书写推荐序，在他看来，我是学习型组织理论的"铁粉"，也是个成功的实践者。确实是这样，我在中国建材常说的一句话就是："把时间用在学习上，把心思用在工作上。"建设学习型组织正是中国建材众志成城且进入世界 500 强行列的重要秘诀。

中国建材内部有不少会议。提到开会，常听到一种说法：大家工作这么忙，开会多耽误时间啊！实际上，把开会与办实事、提高效率对立起来是不对的。会议可以是短会，可以是电视电话会，可以减少数量，但开会是很必要的，它是重要的沟通交流形式，也是建立学习型组织的重要手段。

中国建材每个月都会召开经营分析会，每次开会，各单位都得自报 KPI，数字摆在明面上，还要总结当月得失。我跟大家说，中国建材的经营分析会学问很深，如果能坚持参加三年以上，就相当于 MBA 毕业了。

除了经营分析会，中国建材还有年会、半年会、开年谈心会、民主生活会等重要会议，会上我一般会跟大家讲讲话，大家也会进行深度沟通，包括介绍经验、讨论问题、交流心得、批评与自我批评等。最典型的是每年一月，这个月是经营的淡季，却是思想交流的旺季。整个月，我都会奔波于全国各地，参加重要子企业的年会。通过面对面的沟通交流、总结反思，整个团队统一了思想，加深了对战略思路的理解，为全年工作奠定了思想基础。

中国建材对读书学习和培训工作一贯重视。在企业里，我一直提倡多读书，集团每年都会举办读书会活动，办公楼里设置了读书角，我每年都会推荐几本书发给大家。其实，我本身就喜欢读书。刚来北京时，我的行李箱里塞满了书；工作后每个周末都会去当时的北京外文书店看书，工资也大都用于买书；走上领导岗位后也是书不离手，近些年还几次去"总裁读书会"节目分享读书心得。可以说，让干部员工多读书、多学习成了我们的一大管理特色。员工培训也非常重要。在北新建材和中国建材，我分别提出了"岗位读书、技能培训"计划和"人才强企"计划，通过分级、分类、弹性办培训，团队整体素质得到持续提升，为企业快速成长奠定了坚实的人才基础。

观点 84 ｜ 教育是最好的管理

学习型组织理论属于组织动力学范畴，它并不只是要大家多读几本书，而是告诉我们通过建立共同愿景、加强团队学习、实现自我超越、改变心智模式、进行系统思考这五项修炼，使组织更具活力和生命力，达到不断进取、自我更新、整体提高的目的。

共同愿景可以简单描述为"我们想创造什么"。愿景和远景不同，愿景是讲共同愿望，远景强调规划和目标。马斯洛认为，杰出团队的显著特征是具有共同愿景。团队里的成员因为共同热爱的事业走到了一起，没有共同愿景，大家宁可不在一起共事。

团队学习不是团队成员学习成果的简单相加，而是团队成员互相配合实现目标的过程。有配合和互动才能称之为团队。团队学习的主要方法是深度交谈，中国台湾学者将其翻译成"深度汇谈"。然而不论是汇谈还是交谈，都意在沟通。在互动沟通方面，现在大多数企业做得并不够。大家工作都很忙，节奏很快，干部员工间交流得太少，这样怎能形成团队呢？有一年，我到英国的一家公司参观，看到每个员工胸前都戴着一张卡，上面的第一句话是"人是最重要的"，最后一句话是"我们需要沟通"。

实现自我超越是很难的。凡事总想做到最好，从不马马虎虎，从不放松自我，这样的人才有爆发力，才能不断突破成长的上限。在中国建材，我提出了"五有干部"和"四个精心"的要求。五有干部，即有学习能力、有市场意识、有敬业精神、有专业水准、有思想境界。四个精心，即精心做人、精心做事、精心用权、精心交友。比如在有思想境界方面，我提倡领导干部在处理大与小、多与少、得与失、进与退等关系时要先人后己。有成绩就往自己脸上贴金，有困难就把责任推给别人，这样的人是成不了大气候的。

心智模式就是常说的心理定式。改变心智模式就要由直线思维变为发散思维，考虑更多的因素和可能性。企业在制定战略、重组、定价等方面，都存在着心智模式的突破。拿建材行业来说，作为一家央企，我们要做行业的排头兵，参与国际竞争，实现这个目标就要跨越企业分散、恶性竞争、集中度低等诸多屏障，以往的发展模式走不通，就必须换一种思路。在成长方式上，采取联合重组模式，而不是建新线，加增量；在盈利模式上，着眼于稳定价格，然后降低成本来取得效益；在竞争模式上，倡导包容性的理性竞合。这些心智模式的突破，引领了行业的思想变革，推动了企业的快速成长和建材市场的健康发展。

系统思考是相对于局部思考而言的。进行系统思考要抓住三点：一是从局部思考扩展到全局思考；二是扩大思考范围；三是更新思考方式。在一个系统里，事物之间彼此关联，互相影响，虽然每个局部都是一个增量，但加起来却不一定是增量。所以从局部考虑问题看似正确，但放到系统里不一定对。这就要求企业认真观察环境的变化，系统地研究问题。

好企业必定是学习型组织。我深信，管理是教育，教育是最好的管理。实现人的再造、团队的再造，需要不停地教育。学习型组织是推动管理再造的重要手段，不仅能让企业培养大量优秀人才——这个人才库的价值是不可估量的，而且通过团队的自我学习、修正和更新，企业会更具活力、动力和竞争力。真正的学习型组织并非一劳永逸，而是永远在路上。

MBA、EMBA 是必修课

在构建学习型组织方面，我一直主张企业领导层和中层干部，都去商学院学习，接受 MBA、EMBA 培训，这是企业家成长、提高团队素质和管理水平的捷径。做企业不是无师自通的。只有具备了持续学习的能力，拥有足够的专业知识、管理知识，才能进行高质量的沟通，团队才能成长进步。

▶ 故事 85 ｜ 把干部送到商学院

我是理工科出身，没有管理学的底子，走上领导岗位后之所以能胜任工作要求，与 MBA 的培养是分不开的。1993 年当厂长时，我正在读

MBA，因为工作太忙一度不想学了。导师批评我说，工作担子越重，越应该学习。一语惊醒梦中人。实践证明，导师的话是对的。通过读MBA，我系统学习了公司财务、会计、宏观经济、微观经济等课程，这些基础知识在工作中用处很大。尤其是财务知识，直到今天都在发挥作用。1995年，我完成MBA学业后，又接着攻读在职管理工程博士学位。

这些学习经历对我做企业帮助很大，不仅让我学到了大量实用的管理知识和技能，还培养了我系统思考、辩证分析的思维习惯。我在课堂上学习的内容大都是案例，回到企业研究的也都是案例。我把学到的知识应用到企业中，把别人为之情绪波动的事例，当成客观案例去冷静分析，同时把企业当成一本书去归纳总结。就像医生一样，动手术不害怕，还很自如。正是在这种"实践、认识、再实践、再认识"的循环中，很多企业难题迎刃而解。如果当初不去读书，做企业领导很可能完全是经验型的，那就会差很远。

商学院教育不仅改变了我，也改变了我的团队和管理方法。在北新，为了改变技术人员不懂管理的问题，我下大决心让当时厂里够年龄、够条件的中层以上干部去清华、北大等高校读MBA。刚到中国建材后，我查看干部档案时发现竟无一人进修过，这很不可思议。后来，我们在国家行政学院举办了CFO班（财务总监班）、CEO班（总经理班），之后一直在那里大规模培训干部。近些年，我们还在国家行政学院开设了中青年干部培训班，在中国大连高级经理学院开设了EMT班⊖，每个班五六十人，集中学习两个月，效果非常好。经过系统培训，干部们分析处理复杂问题的能力、创新能力、带队伍能力等极大提升。大家都能分析财务报表，熟练运用管理术语，这样管理就有了共同语言，管理体系也更加系统规范。可以说，北新和中国建材的快速崛起与长期的管理教育是分不开的。

⊖ 企业中高级经营管理人员中长期经营管理培训项目，英文为Executive Management Training，简称EMT。

观点 85 | 学商科要知行合一

我与商学院有着不解之缘，不仅自己和带领的企业受益于商学院教育，同时还担任了三届全国 MBA 教育指导委员会委员，并参与了教学，在北京大学、中国政法大学等高校给 EMBA、MBA 上课。我体会，商学院不是一般的学院，是为莘莘学子提供系统商业教育训练的平台，也是工商界人士再培训、再学习、再反思的平台，应该成为锻造企业将帅之才的大熔炉。做好商科教育，最重要的就是"知行合一"。

1. 教学要与实践结合。 做企业是实践性非常强的工作，商学院不应教授简单的书本知识，或是纯理论化的东西，而应教授从企业实践中提炼出来的、与实践紧密结合并能指导实践的"教案"。那种认为学完理论就能做企业的看法是大错特错的。在这一点上，商学院应向医学院学习两样东西：一是临床制度，老师不仅能教学，还能做手术；二是会诊制度，不同医院、不同科室的医生可以共同对一个重症病人进行会诊。人命关天，会诊制度增加了医生交流和实践的机会，也提升了跨学科、跨领域解决问题的能力。商学院也应从实践出发，对企业案例进行研究、反思、讨论，这是学生在商学院学习的根本意义。

商学院教学如何和实践相结合？有三个渠道：

- 开阔视野，让老师"走出去"。学院老师可以通过多种途径了解企业实践，比如在企业兼职、做独董或顾问等，这样才能接"地气"，教学才会更有针对性。

- 校企融合，让学生"走出去"。我建议商学院成为校企融合的平台，联系一些企业作为长期实习点，给学生提供丰富的实践锻炼机会，让他们亲身体验并了解企业工作。像在德国，受益于双轨制职业教育，奔驰等公司的技术人才非常饱满，甚至小孩子从小都开始培养做工意识、制造情结。斯图加特有个镇95%的人都是工程师，这与他们较早接触企业是有关系的。

- **敞开大门，让企业家"走进来"**。商学院可以请一些工商界的企业家到课堂上给同学们讲讲企业实践。现在商学院给学员上课，主要讲的是管理内容，但今天是个创新创业时代，很多学员希望学到经营企业的本领、创新创业的本领，而目前以管理内容为主的教学是教不会经营的。所以，我建议商学院课程设计上可以多一些经营课的内容，开放思维，提高学习和应变能力，增强选择判断的能力和整合资源的能力。

2. 知识面要宽，专业度要深。商科在校生不是说只学专业知识，而是要有相当广泛的知识面。德鲁克在《旁观者》一书中认为，商学院应设文学课，让商科的学生学学短篇小说写作和诗歌赏析。短篇小说长于刻画心理，反映的是对人的理解；诗歌赏析有助于理解情感。人和情感恰恰是管理工作的核心。对管理者来说，智商很重要，情商也很重要。我理解，智商是辩证分析问题、系统思考问题的能力，情商是理解他人的能力，如果只理解自己就没有情商。情商实际是互动交流，对人心理的一种察觉能力。

我是个文学爱好者，大量的古典名著、现代小说、外国名著都是我在年轻时读完的，做企业之后我把从这些书中汲取的营养和企业实际结合起来运用，感觉受益匪浅。比如中国四大名著，《三国演义》主要讲战略，我做水泥整合时建立核心利润区就是利用了"三分天下"的原理；《西游记》是讲创新的，里面的兵器物件都是从0到1的"宝贝"，像金箍棒大如擎天柱，小如绣花针；《水浒传》是讲联合重组的，重组中最重要的是包容文化，宋江没有高强的武功，但人格厚重，把一百单八将团结在周围；《红楼梦》讲的是宁荣二府大家族的盛衰，"大有大的难处"，做企业要汲取教训，防止"大企业病"。读文艺作品不仅不影响专业，还对工作有很大帮助。

我在上海参观钱学森博物馆时，读到一句话：科学与艺术是相通的，科学与艺术的融通是抽象思维、形象思维和灵感思维三种思维共同作用的结果，科技工作者需要文艺素养，文学艺术家要懂得科学知识。做企业也是如此，管理和艺术可以相得益彰。《基业长青》作者柯林斯就讲，很有趣的是，大企业家往往喜欢一门艺术，看来艺术和企业是相通相融的。

3. 加强自我管理。商学院培养的不是普通士兵而是高级军官，是专业素养高、自律意识强、实战本领突出的优秀管理人才，这些人与企业里其他干部应有明显的区别。我曾看过一些商学院的学生宿舍和教室，卫生和管理都做得很不到位。"一屋不扫，何以扫天下"，这样的毕业生以后怎么去管理工厂呢？

西点军校是美国著名的将军摇篮，在美国商界，出自这所学校的世界500强企业领导人的比例最高，甚至超过了哈佛大学。究其原因，强调规则、创造、责任的独特管理机制与育人模式是关键所在。以色列有广泛的服役制度，每个男性公民要服三年兵役，女性服两年兵役。年轻人在军队里受到了高科技教育的熏陶，同时接受了管理规范的约束，这为出色的创新创业能力做了很好的铺垫。商学院不是"交友俱乐部"，而是塑造管理人才的地方，应成为管理的示范组织，让学生接受严格的管理训练，培养规范的管理意识。管理者要有系统的理论知识和丰富的实践经验，但首先要做好自我管理。

迷思十八　东方文化和西方文化
兼容并蓄，博采众长　18

改革开放之后，西方管理思想和管理学说大量涌入中国，中国企业界基本是以学习西方管理理论和管理案例为主。应该说，西方优秀的经营管理思想对于中国企业的快速成长确实功不可没。但在学习西方管理思想的同时，我们也发现了一个"墙内开花墙外香"的现象，日本、韩国、新加坡等国家的企业从中国的儒家思想中寻找动力，创造了飞速发展的奇迹。这让我们不得不对东西方企业文化进行再思考。

东西方企业文化应兼容并蓄

以前我曾有个疑问：东方思想和文化理念能否应用在现代企业管理上呢？能否形成一种指导企业做强做优做大的思想体系呢？稻盛和夫、王永庆等东方企业家的实践给出了肯定的答案。那就是东方思想与现代社会理论、市场经济理论以及现代企业管理理论并不相悖，采用东方思想完全可以做出世界级企业。这让我深感震撼和鼓舞。

▶ 故事86 │ 两位东方企业家的答案

稻盛和夫被誉为日本"经营之神"，他信奉"至诚"之道，完全是靠儒家文化、佛学教义等东方思想，先后做成了京瓷与KDDI两家世界500强企业。近80岁高龄时，稻盛和夫受日本政府邀请，以零薪水出任日航董事长，用他独特的经营哲学，带领这家濒临破产的企业迅速扭亏为盈，浴火重生。稻盛和夫为什么能屡屡创造奇迹呢？有一次他到中国演讲时，将自己所有的成功之道概括为八个字：敬天爱人，利他之心。这八个字在京瓷和KDDI的发展过程中，以及在日航的重建中都发挥了巨大作用。敬天，就是按事物的本性做事，对自然、对人力以外的事情要有敬畏之心；爱人，就是按人的本性做人，以友善博爱之心对待人类；利他之心，就是做人做事要有利于顾客、员工、利益相关者和社会。稻盛和夫有很多著作，他的书里一点德鲁克、泰勒这些西方人的东西都没有，基本都在介绍"敬天爱人""利他之心""阿米巴经营模式""作为人，何谓正确""人为什么而活着"。稻盛和夫的这些观点以及心灵的叩问值得深思。

王永庆被誉为"中国台湾经营之神"。他出身寒门，15 岁就开始创业，1954 年创办台塑公司，之后几十年里以朴素无华、融贯中西的企业文化，把台塑打造成世界"塑胶大王"。台塑的文化是"勤劳朴实、止于至善、永续经营、奉献社会"，这套企业文化与制度建设、管理改善、生产经营、信息化应用、绩效考核等紧密结合，形成了"合理化管理"特色模式。王永庆一生勤奋节俭、严于律己，他给孩子写信要计算纸张数量以节省邮资，一条毛巾能用几十年，这种俭朴作风也被带到了日常经营中。在台塑，公司每张纸都必须两面使用才能丢弃，工人戴的手套，用旧了会左右手甚至正反面换着戴。台塑号召全员进行永无休止的追求，以达到至善之境，推动企业不断提升经营绩效。20 世纪 70 年代，台塑想进入美国市场，当王永庆看到美国同行的成本结构只粗分为几项，而台塑可细分为几十项时，他说我们可以打败对手，果真最后取得了成功。此外，台塑的单元成本分析为全球制造业树立了成功典范，作业基础管理制度也发挥得非常彻底。可以说，王永庆建立起的"至善"文化，成就了台塑的成功和持久发展。

观点 86 | 是时候总结中国的商道了

东方企业文化和西方企业文化是两种不同的文化体系。西方企业文化的兴起源自经济社会和科学技术的快速发展，更重视定量和模型分析，比较擅长运用统计知识等工具解决复杂的管理问题，以提高组织效率。所以，从管理的理性化、操作化和规范化等方面看，西方的管理思想似乎更胜一筹。但西方企业文化也有缺点,就是过于教条、缺少辩证。

相比之下,东方管理思想更重视定性和哲思,强调"天人合一"的宇宙观,强调全局性的运筹帷幄,以及伦理道德价值。比如,对人的理解、判断、假设,是中国古代先贤最核心的思想,他们从朴素的生活出发,通过日常的观察和思考研究人的心灵和行为,具有很强的教化作用。这些文化精华对做企业非常有益,甚至能解决现代市场竞争理论所不能解决的问题。这是因为,企业里不仅有定量的问题,还有大量定性的问题,像人的心灵归属、企业的价值追求等,这些问题很难量化。人不是机器,培养好的心态、好的素质、好的人格,解决人内心深处的问题,往往比建设新工厂、安装新机器要难得多。辩证思维也是中国传统文化的重要内容。西方人一直认为中国没有真正意义上的哲学,其实《道德经》《易经》都是最古老的哲学。中国人潜意识里就带着哲学的辩证思维,老百姓都知道福祸相依、物极必反、否极泰来这些朴素的道理。我们的经营之道,如发展混合所有制、协同创新也是建立在哲学思考之上的。如果要说东方文化的缺点,那就是缺少严密的逻辑和系统的归纳。

现代企业管理包括几个大的方面,一是战略和文化,二是组织行为,三是量化分析,四是科技创新,五是市场运作。从上述分析中可以看出,西方文化多集中于量化分析、科技创新方面,东方思想多集中于战略文化、组织行为管理及市场运作方面。所以说,东西方文化各有侧重,各有所长,我们绝不能非此即彼或厚此薄彼,而是要把两者结合起来。改革开放以来,我们基本是向西方人学习管理知识,今天中国已进入大企业时代,我们在虚心学习西方管理思想的同时,要树立自己的文化自信,建立自己的新商道。

新商道,"新"从何来?我觉得来源有三个:

- 中国5000年古老而灿烂的文化。我们要学习古代先贤的智慧,这是能让我们胜人一筹的东西。中国人的核心价值观是老子《道德经》中的"天之道，利而不害；圣人之道，为而不争"；处理竞争的办法是"以静制动""以柔克刚"；处世哲学是"恕"，即"己所不欲，勿施于人"和"己欲立而立人，己欲达而达人"；学习方法是"三人行，必有我师"的对标学习；治理思想是"治大国如烹小鲜"，也就是稳中求进，稳健中求进步。中国的企业家和员工大部分是受中华传统文化熏陶成长起来的，我们应很好地学习并运用传统文化精华，不断提高经营水平。西方人对东方智慧也很看重，很多名人演讲或写书，开篇就引用老子、庄子、孔子的话。

- 结合中国实际，向发达国家的企业家学习。
- 从今天中国鲜活的市场经济、企业实践中概括成功经验。经过改革开放40多年的锤炼，我们的企业和企业家已不输外国。

当然，对于中国传统文化也不能神化，而是要让东方的古老智慧与西方的科学精神兼容并蓄。我们对待古今中外一切文化成果要坚持"古为今用，洋为中用""去粗取精，去伪存真"的方针。中国企业要坚持中国文化的根，以西方管理为手段，中体西用，渐渐形成适合中国或东方企业的相对完整的管理思想体系。

借鉴美日企业文化的长处

企业文化是一国政治、经济、文化在企业里的投影。就如同每个民族的文化千姿百态一样，不同国家的企业文化也必然会打上历史、地域、民族的深刻烙印，从而形成浓厚的特色和鲜明的个性。美国和日本都有着鲜明的企业管理特色，东西方文化的差别从中可窥一斑，对中国企业来说也有着重要启示。

故事 87 | 珍贵的蜗居时光

1997年元月,我参加了 AOTS 研修班㊀,在日本学习了一个月。当时正值日本泡沫经济后的转型期,一方面,日本企业不愿意放弃曾让日本经济辉煌的年功序列工资制等老的制度;另一方面,日本也开始受到美国企业制度创新的冲击。但是,日本的现场管理、精益管理等经验对中国企业来说仍然十分重要。

那一个月的学习,对我影响很深。AOTS 安排了不少课程和参观活动,我提问的几乎都是企业的决策机制、劳资关系等问题,日本同行觉得很奇怪,认为别人都对技术和产品感兴趣,而宋先生却对企业管理感兴趣。研修期间住的房间很小,大约只有6平方米,晚上回到小屋子里,我就闷头整理一天的记录,静心思考,经常不知不觉就到了深夜。

日本这个国家的经济发展是值得研究的。在东方国家和发展中国家里,日本是第一个率先迈入发达国家行列的国家。受 2000 多年农耕文明的影响,日本企业文化最典型的特点是集体主义精神。调研时,我问日本朋友,日本企业员工工作这么拼命,是不是因为害怕被炒鱿鱼。日本朋友告诉我,日本企业并不像欧美企业那样动辄炒鱿鱼,而是不断引发员工对企业的爱心和向心力,其核心就是集体主义精神。日本人见面时很少谈论你、我,而是谈"我们企业怎样""我们企业最近如何"等,足见是把企业放在自己之前的。

日本企业长期实行终身雇用制,倡导以厂为家,企业也用提供相应稳定的收入和高福利来营造家的氛围。最具代表性的就是著名的"丰田精神"和"国铁一家"。另外,在终身雇用制下,每一位员工的晋升和待遇都是随着年头排列的,这就是所谓的年功序列制。当然,后来随着经济低迷,不

㊀ 日本海外技术者研修协会,英文简称 AOTS,是日本国内的一个民间非营利团体,成立于 1959 年,主要目的是通过推进技术合作,促进发展中国家的产业化发展,并增强这些国家与日本的相互理解和友谊。

少日本企业为压缩成本，也开始大量雇用临时工并实行年俸制。

日本企业学习能力很强，20 世纪七八十年代，基本上是以引进技术为主，但企业并没有简单地把引进的技术直接用在生产或制造产品上，而是无一例外地进行了消化吸收。日本人常常以匠人自居，而制造业之所以质量好、成本低，与其特有的管理方式有关。日本企业的管理主要有三个特征：

- 现场管理做得好，工厂永远都是干干净净的。
- 全员参与，管理一直处在不断改善中。
- 注重工法，TQC、5S 管理、定置管理、看板管理、零库存等方法长期坚持运用。

回国后，我把在日本了解到的情况和思考系统整理出来，写了《浅谈日本企业的经营管理》一文，对中国管理界了解日本企业很有帮助。直到今天，我依然觉得那是自己写得最好的一篇文章，而那段充实的蜗居时光也成为我激励年轻人刻苦学习的宝贵经历。

○ 观点 87 | 既要以我为主，又要博采众长

美国的管理文化是什么样的呢？西方学者霍博兄弟写了本书叫《清教徒的礼物》，名字有点宗教意味，但其实是一本讲述美国管理文化的史书。美国这个国家的历史只有 200 多年，而英国清教徒⊖移民的历史有近 400 年，最早到达美洲大陆的就是著名的"五月花号"。清教徒有政治抱负，勤俭自律又敢于开拓创新，他们为新大陆带去了影响后世的四种价值观：

⊖ 清教徒产生于 16 世纪后半期，他们信奉加尔文主义，反对天主教旧制和王权控制，主张在上帝面前人人平等，奉行勤俭清洁的生活，所以被称为"清教徒"。

- 建造人间天国的坚定信念。美国企业在外太空、互联网、人工智能、新能源发展等方面的超前探索，都与这种对未来的憧憬和乐观有关。
- 拥有机械天赋、喜欢亲力亲为的技师精神。美国人动手能力比较强，很多家庭车库就是小发明场，这种技师传统让美国的创新异常活跃。
- 把集体利益置于个体利益之上的道德观念。我去美国华盛顿、纽约、波士顿等地时发现，街上到处都是美国国旗。美国虽然是一个移民国家，但国家观念很浓。
- 善于协调各种财力、物力和人力的组织能力，美国大企业的外包模式就是例子。

上述价值观是清教徒给美国的礼物，也是美国梦的精神力量来源。美国能够在未经开垦的新大陆诞生，并在短时间内从无到有，塑造出强大的工业体系，快速崛起为世界第一强国，可以说，清教徒精神是一个最基础的文化渊源。

美国清教徒精神其实与东方文化有相通的地方，如勤俭、节制、吃苦耐劳等。第二次世界大战后，西方市场经济原则在日本建立起来，麦克阿瑟邀请美国管理专家参与改造日本企业，美国清教徒精神和日本自有的文化成功结合，奠定了日本现代工业的基础，这就证明美日文化是可以兼容的，而且可以创造奇迹。日本企业在创新转型时，也把文化融合作为重要手段。佳能董事长御手洗富士夫当年在佳能危难时刻，从美国调回总部，之后应用美式管理关心现金流及股东利益的做法，把公司不赚钱的业务全部砍掉了，追求利润最大化，同时强化日式管理的品质，保留了终身雇用制，两种管理文化很好地糅合在一起。

但美国和日本的管理文化也有明显不同。例如美国人讲的集体主义，可以理解为一种基于个人价值、个性解放的合作精神。美国企业崇尚独立、自由、平等、竞争，鼓励个性张扬和创新创造，像谷歌公司的员工可以在办公室自由装饰涂鸦,甚至可以把宠物狗带到公司。在释放个人活力的同时,美国公司也强调团队为共同目标奋斗,实现个体利益和集体利益的统一。日本人的集体主义更多是家文化,把企业和员工紧紧拴在一起。泡沫经济以后,日本的终身雇用制有所松动,但员工整体上仍然相对稳定,绝大多数的员工都有自己公司的股权。这样既增加了员工的归属感,又增加了技术的稳定性。相比之下,美国企业雇用制呈短期化,而且注重物质激励,人员流动性很高,企业效益不好时会直接裁员。

任何文化都有其特定的历史沿革和适用土壤,不能简单地说哪种好或不好。对中国来说,我们既要坚守自己的文化,也要积极学习别人的长处,比如美国的创新精神、日本的精益生产,还包括德国莱茵河式的工匠制造文化等。"他山之石,可以攻玉。"我们一定要知己知彼,多看多了解,从中学习有益经验,努力推动中华民族伟大复兴和经济的繁荣振兴。文化可借鉴但绝不能照搬照抄,而是要以我为主、博采众长,否则就会闹出邯郸学步的笑话。在任何时候,丢弃优秀的传统文化都是灾难性的。这也是《清教徒的礼物》发出的警告。20 世纪 70 年代之后美国企业用专家崇拜代替清教传统,导致工业衰落和全球性金融危机,当务之急是在金融废墟上重拾清教徒精神。

我们永远是孔子的学生

中国传统文化对企业管理是否有所帮助?从我个人的实践来看,回答是肯定的。我工作后起初大量阅读的是西方企业管理方面的书,后来随着年龄增长,我慢慢对国学经典产生了浓厚的兴趣,认真学习了一些国学知识,也原原本本读了不少儒家经典著作,虽然学得不算深透,但对我做企业帮助不小。

故事 88 ｜ 班门弄斧话《论语》

在众多国学经典中,《论语》是对我影响最深的一部。这些年来,我反复诵读原文,也看过不少白话文译本,它不仅影响了我做企业的思路,也构筑了我的企业观。2014 年"五一"假期,我给自己放了个假,到曲阜孔子研究院学习。院长杨朝明是一位儒学大家,他得知我专程到曲阜学习非常高兴。我在中国孔子研究院一共待了三天,每天上午听杨院长讲课,下午去孔庙、孔府等地方参观。30 多年前,我到曲阜参观过,但那时只是走马观花地看看;而这一次,我是带着对人生的思考来到曲阜的,脑子里已经搭建起孔子的生平、实践与主张的立体框架。

杨院长给了我很多鼓励,他认为我把儒家的一些理论贯穿到企业管理思想中的做法很了不起。孔子研究院聘请我担任"特聘研究员",后来还邀请我在孔子研究院的报告厅做了一次演讲。那次演讲让我倍感压力,因为在那个报告厅里演讲的人大多是国学大师,而我的演讲内容只是学习孔子理论的一些心得体会,感觉自己有点"班门弄斧"。我演讲的题目是"半部《论语》做企业"。这里的"半部",与宋朝宰相赵普"半部《论语》治天下"中"半部"的含义不同,我指的是虽然学《论语》多年,但仍感觉学得不深不透,一知半解。即便如此,我把书中学到的一些基本原理和核心理念应用于企业管理,依然发挥了巨大功效。

孔子生活在 2000 多年前,那时生产力不发达,物质生活匮乏,信息极度落后,与我们今天的时代完全不能同日而语,《论语》对现代企业能有多少指导意义呢?这是大家关心的问题。在演讲中,我从企业的目的和战略、企业的管理和文化建设、企业的安全和风险防范等方面,介绍了对《论语》的学习、思考和实践。那天,台下坐满了听众,大家的反响很好,演讲结束时全体起立为我鼓掌。后来,那篇演讲稿全文刊发在《国企》杂志上。

观点 88 | 儒家思想具有超越时空的意义

西方历史上有很多大思想家和先贤，他们往往仰望星空，进行理性和逻辑思考，注重求证、逻辑清晰且态度严谨。孔子的思想大部分集中在治国理政、人际关系、组织行为等方面，更多是在讲修己安人的哲理。虽然这些思想无法回答我们今天的所有问题，但其关于人性与价值的思想却具有跨越时空的意义，既可以指引企业走上正确的发展道路，也可以成为管理者内心的一面镜子，时时校正我们心灵的方向。从这个意义上说，我们永远都是孔子的学生。

在企业的发展观方面，孔子的两个重要观点可以用来考量对"度"的把握，即"过犹不及"和"己所不欲，勿施于人"。"过犹不及"提醒我们，企业经营要有"中道"的智慧，保有一颗平常心。我认为，做企业有四个不能"过头"：发展不能"过头"，要追求可持续性，实现眼前利益与长远利益的平衡；业务不能"过头"，要集中做好优势业务，把握舍与得的平衡；风险不能"过头"，要考虑承受力，这是抓机遇与防风险之间的平衡；市场不能"过头"，不能"包打天下"，而要"三分天下"，做好规模与控制力的平衡。过犹不及其实就是中庸之道，中庸不是平庸，更不是"老好人"，谁也不得罪，而是避免两个极端，力求达到最佳状态，就像几何学里的 0.618 黄金分割点。我主张，凡事不做激进派，不做落后派，做个促进派。"己所不欲，勿施于人"的观点告诫我们，做人做事要有"恕"道，"恕"字拆开看是"如人之心"，就是说要换位思考，推己及人，将心比心，用到做企业上，就是要有利他主义。

在企业的目标方面，孔子讲"仁者爱人""仁者安仁，知者利仁"，真正的仁者要有爱的真诚，真正的智者必须做事利仁。企业经营以盈利为核心，但企业不是单纯的经济组织，做企业的根本目的还是要为社会大众服务。我们应有仁者的素质、修养和胸怀，有感恩的心态和爱人的思想，以包容理念和利他精神，努力造福社会。很多企业不明白这个道理，虽然赚了钱，但并不受社会欢迎，企业内部也矛盾重重。

在选人用人方面，"先行其言，而后从之""举直错诸枉，能使枉者直""先有司，赦小过，举贤才"，这些思想告诫我们，企业选人用人要重业绩，让能者上、庸者下，树立好用人的导向和示范作用，同时要知人善任。孔子把优秀的人定位于"士"，最低要求也要做到"言必信，行必果"，即人要守信用，说到做到。另外，孔子主张用学习的人。"学而不思则罔，思而不学则殆""君子食无求饱，居无求安，敏于事而慎于言，就有道而正焉，可谓好学也已"，强调的都是要不断学习，学思并重、学行并重。

在企业管理方面，孔子的理想是"大道之行也，天下为公，选贤与能，讲信修睦"。这里的"天下为公"指的是民主管理，选贤与能参与管理。现代公司制之所以称为公司，也是指要有民主、规范、透明的管理。此外，孔子要求做事尽善尽美，这应是企业管理者的最高境界；"见贤思齐"，可以作为对标管理的思想基础；"道千乘之过，敬事而信，节用而爱人，使民以时"，应用于企业就是要先进简约；孔子主张终身学习、建立互动式组织学习，《论语》其实就是孔子和学生在深度会谈中碰撞出的思想火花。

在核心价值观方面，孔子主张"父父，子子，君君，臣臣"，主张"仁、义、礼、智、信"。这些思想虽在后世的实践中有所偏颇，但由此发展出的三纲五常，曾维系中国社会上千年，对社会稳定起到了重要的作用。这启示我们，核心价值观是文化纲领，树立良好的核心价值观是企业长治久安的基础。

孔子创立的儒家学说以及在此基础上发展起来的儒家思想，千百年来深深滋养着生生不息的华夏文明，在世界文明进程中占有极其重要的地位。今天，我们正处在一个全球化时代、高科技时代，人类一天创造的财富可能比孔子时代一年创造的财富还要多，但人类却感到空前不安，贫富差距、环境污染、经济危机等问题交织。在这个时刻，我们应静心聆听孔子的心声，重拾古老纯朴的价值观，从容淡定地走向未来。

包容的经营哲学

我主张做企业需要包容。什么叫包容？顾名思义，"包"是包罗，"容"是容纳，包容意味着兼容并蓄，不仅要接受别人好的东西，还要接纳别人有欠缺的地方；不仅意味着获得，更可能意味着付出。包容是一种智慧，也是一种胸怀，更是一种境界。我提倡的包容思想，文化根底就是以和为核心的儒家文化。

▶ 故事 89 │ 一幅字的背后

前几年有领导给我写了幅字"和风甘露，润物无声"，说"这八个字就是我对你的印象，你对任何人都那么谦和，这非常难得"。我听后很感动。我的性格确实是这样，比较温和，不是咄咄逼人的那种，也没有所谓的英雄气概。有时我也想，这种性格或许对我做联合重组、做混合所有制、做包容文化都有一定的帮助。一个人性格的塑成往往是在青少年时期，从我自己的经历来看，确实是这样。

我出生在河北省的一个小县城，父母都是抗日时期参加革命的干部，他们都是性情温和且十分敬业的人。父亲当过县里的工业局长，记得他常挂在嘴边的话就是"县里经济不能只靠土里刨食，还要靠工业"，所谓"土里刨食"指的是农业。在他的主导下，县里建起机械厂、塑料厂、纺织厂等几十家工厂。母亲在一家服装厂当厂长，她工作非常努力，我每次去工厂看她，她都在车间里和工人们一起干活；每逢月末，又总是忙着打算盘，计算厂里的收支情况。短短几年，母亲硬是把一个原本只有几十人的门店式的小工厂，办成了几百人、做出口外销活为主的中型工厂，她的奖状挂满我家屋子的一整面墙。在几个儿女中，母亲最疼爱的就是我，她对我的关爱、她和蔼可亲的笑容常常萦绕在我的梦里。

从性格上看，我有刚强的一面，也有宽厚的一面，在这一点上祖母对我的影响也很大。我上小学时正值文革时期，我的父母受到冲击，姐姐就带着我们兄妹几个回老家跟祖母一起生活了一段时间。祖母出生在一个家道中落的大户人家，她通情达理，为人善良，愿意帮助他人，在街坊邻里中备受尊敬。那时邻居间经常互相借米借面，用升做标准，祖母每次还别人米面时，一定要多还一些。那时，常有乞丐到家门口讨饭，祖母总让我去拿些干粮给他们，她常跟我讲"好心有好报"的道理。跟祖母一起生活的日子里，我从没见她和谁红过脸，她的爱心给我留下了深刻印象。

15岁那年，我告别祖母，回到父母身边，家里生活稳定下来，我也顺利读完了高中，那段时间是我一生中与父母一起度过的最快乐的时光。高中毕业后，我经历了插队生活。我的房东是一户十分淳朴和善的农民，房东大娘对我像对自己的孩子一样。尽管插队生活很苦，但在他们的关心和帮助下，我一直都生活在一个充满温情的小环境中。我在成长道路上所受的教诲、感受到的温暖，都是人生给予的馈赠，对我包容性格和领导风格的养成起了重要作用。

观点 89 ｜ 做企业需要包容

崇尚包容，源于我的性格特点和成长经历，也源于工作之后经营管理的客观需要。做企业为什么要讲包容呢？这与我们所处的社会环境有关。中国40多年改革开放的历程，既是社会价值观日趋多元化的过程，也是不同价值观冲突和协调的过程，还是社会整体包容性越来越强的过程。企业也是如此。从做企业的目标和目的性来看，企业的发展迄今为止经历了三个阶段。

- 第一阶段是只考虑投资者利益的阶段，即一切都围绕企业利润最大化这个目标。

- 第二阶段是企业公众化阶段，把投资者、客户和员工的利益都放在企业的目标中一起考虑。
- 第三阶段是社会化阶段，不仅要注重投资者、客户和员工利益，还要关注整个社会、自然和资源的可持续性，注重所有利益相关者的诉求。

现在，我们进入了企业发展的第三阶段。在这一阶段，企业首先是社会的，所作所为必须符合社会要求，必须首先重视和维护社会大众利益，必须接受社会各界的监督，必须努力打造阳光企业，创造阳光财富，必须兼顾社会各方利益，实现包容性发展。

包容性发展这个概念最早是亚洲银行提出的，指的是人和自然之间、先进和落后之间、富裕和贫穷之间的包容。从企业经营的角度来看，我所理解的包容性发展就是做企业要有共生多赢的思想，有利他主义的精神，将自我发展纳入社会进步、集体成就之中，兼顾社会各方利益。海纳百川，有容乃大。这些年来，中国建材从资本运营到联合重组、从管理整合到集成创新、从央企市营到发展混合所有制、从市场竞争到市场竞合等，无不是以包容思想为指导的。

包容的经营哲学，概括为一句话就是：企业要实现与自然、社会、竞争者、员工的"四重和谐"。与自然和谐，是指善用资源，实施绿色、循环和低碳的可持续发展战略，为建设美丽中国、维护全球生态安全做贡献。与社会和谐，是指严格恪守商业道德，创造优良的产品与服务，自觉接受各方监督，努力打造阳光企业，创造阳光财富。与竞争者和谐，是指在市场竞争中力求双赢、多赢和共赢。同行之间，坚持理性竞合，摒弃恶性竞争；国企与民企应像一杯融合的茶水，你中有我，我中有你；大企业与中小企业，在产业链上要相互支撑，共同发展。与员工和谐，是指让员工与企业共同成长，充分激发和调动员工的积极性，让员工分享企业改革发展红利。

做企业需要包容，做企业家更需要包容。松下幸之助说过："带领十几人的团队，言传身教就够了；带领几千人的团队，用管理就够了；而带领四五万人的团队，就要用思想去感化他们。"我觉得还可以加上一条：如果带领的是几十万人的团队，你可能就要双手合十，用一颗包容的心去拜托他们。大企业的领导者要有胸怀和容纳度，胸怀有多大，事业就有多大。

在企业里，工作是大家一起干的，企业家需要做得更多的是包容。企业家要知人善任，待人亲和，懂得尊重人、关心人、理解人，给大家温暖感和安全感。在处理利益时，应能先人后己，把集体放在个人之先，能一碗水端平、一视同仁。回想这些年大家对我的称呼，刚毕业时大家叫我"小宋"，后来叫"宋厂长""宋总"，现在叫"宋董事长"，但更多人依然叫我"宋总"，我觉得挺亲切。我对"宋总"的理解是，总是想着大家，总能在困难时帮助大家。

当然，包容不等于没有原则。这些年，我虽然没和部下红过脸，更没有拍桌子瞪眼睛，但我是个有原则立场的人。对一些不良作风和不好的现象，我会直率地批评。不过，我对事不对人，而且很少当众批评人，经常是与对方坐下来面谈，而我更多时候都是表扬和鼓励大家。我提倡"善用表扬"，因为做基层干部很辛苦，常有各种委屈，压力也很大，大家一年到头忙忙碌碌，总不能连句表扬的话都没有。我也有生气的时候，但我生气大多是因为同一个问题，就是"能做好，为什么不呢"。如果是能力问题，我并不责怪大家；如果是责任心问题，我会严肃批评。做企业不容易，要求部下每战必赢比较难。但输绝不能输在责任心和事业心不够上，不能输在干部心不在焉和不在状态上。

弘扬君子之道

国学经典博大精深，对企业员工来说，以什么作为行为标杆呢？我主张在企业里弘扬君子之道。文化是集体人格，按照荣格的观点，集体人格并不是形成于当代人的有生之年，而是埋藏于一个集体的历史记忆，而中国人最古老的记忆说到底就是君子之道。

▶ 故事 90 ｜ 读《君子之道》

我提倡君子之道，是受作家余秋雨的启发。他有本书，书名就叫《君子之道》，书中认为，文化有很多台阶，每一级都安顿着不同的项目，而最后一级台阶当是"人格"，这是文化的终极成果。中国人的人格理想是"君子"，这是儒家留给后世的文化遗嘱，是中国人最为独特的文化标识。中国文化之所以绵延千年而没有沦丧，根本原因就是君子未死、人格未溃。

这些思想让我很受感染。中国人对"君子"并不陌生，中华民族绵延的文化就是要让我们成为有君子人格的人。比如孩子小的时候，长辈就会教导他："你长大后要做个谦谦君子。"当然，有君子的文化基因，并不代表人人都能做君子。例如，现在媒体常常报道国人外出旅游时的不文明行为，争抢座位、随手摘花、乱扔垃圾、大声喧哗等现象屡屡发生。这些行为都是有悖于君子之道的。

到底君子之道是什么？在余秋雨先生归纳的基础上，结合古代典籍和企业实际，我对君子之道又做了归纳和提炼。我认为，作为君子至少要做到六条：第一条是君子怀德，讲求"道义德"是君子的第一条标准。第二条是君子怀刑，即君子要知道规矩，遵纪守法，有敬畏之心，做事有底线，不能恣意妄为。第三条是君子止于至善。君子做事要认真，凡事精益求精，力求做到最好。企业是人格化的，要把"止于至善"作为最高经营准则，对自然、社会、员工、客户、消费者等保持最大的善意，以高质量的产品和服务造福人类。第四条是君子有耻。君子有耻辱心，说错了话，做错了事，做事不妥当，都会觉得心里难过、有愧意，能知耻才能有进步。第五条是君子好学。俗话讲,"士别三日,当刮目相看",这里的"士"就是指读书学习的人,要站在他人的肩膀上多学习,才能做好企业。第六条是君子自强不息。做人要努力奋斗,要顽强拼搏,要锲而不舍,要积极向上,这都属于自强不息的范畴。另外,自强不息的刚健精神,与厚德载物的包容意识要结合起来,共同完成中国人刚柔并济的人格塑造。近年来,我把关于君子之道的思考分享给了企业内外的很多年轻人,引发了大家的思考和共鸣。

观点90 │ 君子是人生的一面镜子

君子之道是中国人独有的文化情结,而西方人对于如何做人、做什么样的人也有自己的标准和见解。像西方人推崇的绅士风范,核心精神是勇敢担当、正直理性、优雅谦恭、施人以恩等,这与中国的君子人格在社会责任感、自省精神、利他主义等方面是高度契合的。西方人很注重文化和教育,"人生三书"从不同角度,帮助我们更好地思索人生的价值。

哈佛大学教授克莱顿·克里斯坦森在《你要如何衡量你的人生》一书中提出人生三问:如何做出完美的事业,如何拥有幸福的家庭,如何坚持原则正直一生。他认为,事业是人生幸福的巨大动力,事业成功的标准不是高薪水、高职位等外在东西,而是追随自己的梦想和兴趣,去做真正喜欢的工作。与家人、朋友的关系是幸福生活最重要的源泉,因此要花时间经营,学会以同理心考虑对方的感受和需要,做到"人之所欲,施之于人"。此外,做人要诚信正直,关键时刻不能有道德让步。作家大卫·布鲁克斯在《品格之路》一书中发问:"人应追求好的人生履历表,还是好的追悼文?"好的人生履历表是指人一生中所取得的辉煌功利,好的追悼文是指人对社会和他人真正的贡献。查尔斯·汉迪在《你拿什么定义自己》一书中,通过回顾自己的人生成长阶段,引发读者不断思考所应珍视的人生价值。到底怎样才算好的人生?我想,如果一定要找个答案,那就是要用恭敬的至善之心去经营人生，用谦卑的大爱之心影响世界。

君子作为一种理想的人格设计，是人生修行的一面镜子。我们应感谢古代的先贤大师，他们穿越历史构建出的君子形象，赋予中华民族强大的文化自信，指引几千年后的中国人走向心灵的康庄大道。我们也应感谢西方的文化学者，他们关于人生的深邃思考，丰富了君子人生的内涵和实践道路，让我们有了认识自我、净化自我、提升自我的重要参照。做君子就是做个合格的、有理想的中国人，做个有信念、有追求的企业人。当君子的涓涓细流汇集成强大的集体人格时，企业这条奔流的大河，就会生生不息。

19 迷思十九 竞争和竞合
竞争是一把双刃剑

讲到竞争，很多人脑海中就是弱肉强食的"丛林法则"，认为竞争的本质就是你死我活。西方早期崇尚极端的市场竞争，在工业化早期，确实发生过大规模的倒闭潮。但在今天，西方国家经历了若干次大规模的企业兼并重组，绝大多数产业的集中度都极高，市场变成了大企业之间的一种良性竞争，既保证了竞争的理性化，也保证了投资者、员工和客户的利益平衡。竞合理论就是在这样的背景下产生的。

市场经济是竞争经济

竞争是市场经济的灵魂,是推动经济发展的根本动力。改革开放之后,中国从计划经济走向市场经济,一个最深刻的变化,就是竞争意识的确立。在市场经济浪潮中,无论是否愿意,大大小小的企业都无一例外地要在竞争中接受优胜劣汰的选择。尤其对国企来说,从不竞争到竞争的转变,过程刻骨铭心。

▶ 故事 91 | 卖产品吃闭门羹

北新是从竞争中脱颖而出的一家企业。在建材行业里,水泥、玻璃、建筑陶瓷原来都是国家计划性产品,而北新创建时正赶上计划经济的尾声,产品生产和销售都没纳入国家计划中,要想生存下来,只能靠质量、服务、成本等在竞争中取胜,打开销路。对诞生在计划经济时代的国企来说,脱胎于传统体制又要去市场找饭吃,这个弯子转得异常艰难。

为了把产品卖出去,北新成立了推广部门,从车间抽调出很多年轻职工专门推销产品。我那时是技术员,常给推销员讲解产品性能。有时碰到专家来购买产品,推销员说不清楚,我就说我来和他们说吧,后来干脆从技术员转做了推销员。今天提到推销，很多人引以为豪。那时候很多人看不起推销工作，觉得做这行的都是些没文化、只会动嘴皮子的人，但当时厂里有产品、没销路，产品卖不出去，大家就都没饭吃。我就毅然干起了销售这一行，这一做就是10年。

那10年里，我一天到晚跑市场，虽然很辛苦，但我也由此深刻理解了竞争的本质，深知吃企业这碗饭不容易。记得去建材供应站推销时，每到一个单位，人家就问，你们是什么产品？有水泥吗？没有。有玻璃吗？没有。有铝材吗？没有。钢材呢？也没有。人家就纳闷：那你推销什么呢？当时建材主要就是水泥、玻璃等国家统配材料，很少有人听说过岩棉、石膏板这类新产品，因此推销起来很困难，吃了无数闭门羹。

有一次去广州一家公司推销，当我敲开门向材料处长说明来意后，人家说："我现在很忙，回头再说吧。"怎么办呢？我就坐在走道的小板凳上等着。时至中午，他开门一看说："小伙子还没走？"我说："我的话你还没听呢。""那咱们接着说说吧。"就这样，我慢慢用真诚和努力打动了很多客户，从最初的被拒绝到后来被大家接受和喜欢，甚至有很多客户说："小宋这段时间没来，我们还有点儿想他。"

北新进入市场是被迫的，进入得早，所以也适应得早。后来国家逐渐放开物价，很多企业适应不了，北新却习以为常。这种市场化的根源是什么？就是市场推销中那些艰难打拼、自谋生路的历练。尽管在市场中总是深一脚、浅一脚，但我们深知，竞争中有生有死、有成有败，只有竞争才能促进企业发展，才能不断更新自我，才能有更好的明天。

● 观点 91 ｜ 竞争是痛苦和欢乐的化合物

竞争是市场经济的基本法则。按现代经济学理论，市场经济就是要创造一个完全竞争的市场，在这一市场中，企业足够多，产品足够多，企业通过竞争获得市场，从而促进社会经济的发展和人类社会的进步。作为从计划经济体制下走来的中国企业，竞争意识的确立是不容易的。一开始，大家把"竞争"与"个人英雄主义""自我表现"等贬义词联系在一起，对于竞争带来的震荡和冲击更是难以接受，但随着市场经济的来临，大家的观念发生了深刻转变。

北新从建厂一开始就完全依靠自己进行销售，严酷的现实使它不得不接受市场竞争，但从企业内部来说，员工的竞争意识也是一点点培养起来的。20世纪80年代，员工普遍抱着"铁饭碗"思想，觉得自己生是国企的人，死是国企的鬼，有的人当一天和尚撞一天钟，干活吊儿郎当，厂里的德国专家就说，以你们干的这点活儿，那点工资都给多了，但是就给你们的那点工资而言，什么都不应该干。其实这是一种悖论，但真实反映了当时员工不竞争的心态和机制原因。相反，在体制外逐渐成长的民企却展现出顽强的生命力。当时，社会上有"国家队"敌不过"地方队"的说法，根源就是缺乏竞争意识，机制不灵活。

我做厂长时正逢市场经济起步，很多国企不适应市场经济的竞争要求，纷纷破产倒闭。惺惺惜惺惺，同是国企，我决心带领员工进行一场拼搏，当然这包含了建立现代企业制度、转换企业经营机制及企业内部改革，但首先要树立竞争意识。一开始，员工也不理解。有一天，我在回家路上听到厂里两位女工的对话，大意是说"我们这么多年工龄了，不相信国家不给我们一碗饭吃"。这些话让我想了很多。后来我写了篇文章《我们崇尚的机制》发表在厂报上，核心就是讲竞争机制。我也常用一些案例引导大家。比如，当时北京一家国企的分流员工嫌新单位离家远、工作量大、管理严格，宁可离退或待业也不去上班，最后只能天天吃面条。我就组织员工讨论，为什么有的人宁可"天天吃面条"，也不愿意吃一点苦、不愿意付出？

北新怎么在竞争中取胜呢？我告诉大家一个"拔河理论"，拔河要求选手有求胜心，有周密的战术安排，能拼尽全力直到最后。这套思路放到企业身上，就是要乐于竞争、科学规划、敢于吃苦，三者缺一不可。竞争是痛苦和欢乐的化合物，只有积极参与竞争才有企业的发展和大家的未来。对企业来讲，真正地关爱员工就是强化管理和培训，提高他们的工作素质和竞争能力。后来北新在改革中练观念、练制度、练管理、练文化，逐渐成为市场竞争中的佼佼者。

行业利益高于企业利益

过去 40 年，我们经历了从排斥竞争到参与竞争的历史性转变。但是时过境迁，随着经济的飞速发展，中国现已进入后工业化阶段。在很多行业里，过剩经济代替短缺经济，过度竞争代替适度竞争。现在，我们面临的主要问题已不再是竞争与否，而是怎样避免恶性低价竞争——一天到晚打价格战，今天你惩罚我，明天我惩罚你，最终损害行业利益。

▶ 故事 92 ｜ 海螺论坛上的异见

2009 年 6 月，水泥行业在安徽芜湖举行了"海螺论坛"。在那个论坛上，大家围绕水泥行业到底该怎么做，进行了公开大讨论。水泥是重要的基础原材料，受益于经济建设迅猛发展，市场需求量从改革开放最初的不到 1 亿吨增加到 20 多亿吨。但与之形成鲜明对比的是，水泥价格长期低迷。过去水泥价格是煤炭价格的 3 倍，现在煤炭价格是水泥价格的 3 倍，而且企业一直沿用的都是扩大规模、压低价格的竞争手段。

那次海螺论坛上，参会企业负责人各抒己见。有人讲，水泥行业要想过上好日子，就得打恶仗，把能打死的都打死。竞争就是你死我活，这就是市场竞争的本质。这是我不认同的。我在论坛上主要谈了两个观点：

第一，所有企业都应该维护整个行业的利益，行业好，大家才能好，行业不好，谁都好不了。我提出"行业的利益高于企业的利益，企业的利益孕于行业利益之中"，同时也讲了"覆巢之下没有完卵"，一个行业不应该打恶仗。

第二，水泥行业一天到晚打恶仗，说明这个行业不成熟，这个行业的企业家不成熟。其实，我演讲时并没有用"不成熟"这个词，但发言稿已经印发了，大家提前看了讲话内容，所以我一到会场，就有人问我这件事。他们觉得自己都五六十岁了，宋志平怎么还说他们不成熟？我说，不好意思，得罪大家了，我演讲时就不说这句话了。

那次论坛上，我第一次提出"行业利益"的问题。我问大家：为什么水泥行业过了那么多年苦日子？两个原因：从外部看，水泥行业对上下游产业链、原燃材料成本的反应不敏感，没能实现价值觉醒。这些年楼房价格节节攀升，但水泥基本没赚多少钱。究其原因，是水泥行业在供应商、用户等上下游产业面前没有博弈能力，导致利润被高度挤压。比如在建筑成本中，水泥成本只有每平方米 60 元钱，与动辄数万元的房价相比几乎可以忽略不计。从内部看，水泥企业一直在走规模扩张、压价竞争的路线，动不动就打价格战，产品价格长期低迷。水泥企业之间的恶性低价竞争由来已久，我在北新工作时就有所耳闻。因此，尽管为国家经济建设做出重要贡献，但水泥企业却变成了一群"穷困的制造者"，这是很可悲的。

海螺论坛上，这些问题被亮了出来，引起了大家的反思。我常想，我刚做水泥时确实不懂水泥，但无知者无畏，外行有时能跳出一些思维桎梏，看出"皇帝新衣"似的问题，发现内行习以为常的错误，引入一些新的想法和做法，从而触发行业变革。

● 观点 92 ｜ 实现行业的共富和均富

从短缺经济时代走过来的企业，有盲目追求增量规模的偏好，很少考虑系统性问题。但在今天这个产能过剩、高度饱和的市场里，光考虑自己是不行的，我们必须从行业整体出发，考虑系统的最优化，以及行业内企业的共生多赢。行业是一个大系统，企业是这个系统的组成部分，只有整个系统健康了，每个个体才能健康发展；系统不健康，单个企业的发展就会非常难。正所谓"一荣俱荣，一损俱损"。

在过剩行业中，重要的不是哪个企业能做好，而是如何先把行业这个系统做好。以水泥为例，过去水泥企业往往局限于单一企业的发展，过于注重企业之间的竞争，总希望凭借一枝独秀或几枝独秀来打败别人，而忽视了整个行业的系统性问题。我国水泥行业的上游资源石灰石比较丰富，新建一条水泥生产线在技术和设备上也不复杂，水泥行业你死我活的恶仗已经打了多年，结果对手不是越打越少，而是越打越多，这本身就很说明问题。

因此，我们必须探讨过剩经济下的新活法——不是探讨哪个企业，而是探讨整个群体怎么活得更好。这个新的活法就是摒弃传统的扩产能继而恶性竞争的老路，从竞争到竞合，实现行业互利共赢和长治久安。从竞争到竞合，是过剩行业必须完成的心理跨越。如果说市场竞争是对低效的计划经济的校正，市场竞合就是对过度竞争的校正。过去，我们引入竞争，释放了企业活力；现在，我们需要用竞合思想来实现企业之间、企业与客户之间的合作共赢。

市场经济不是零和博弈。在市场中，竞争者不仅是竞争对手，更应是竞合伙伴，他们的共同利益大过分歧。竞争，体现在技术创新、精细管理、环境保护、品牌塑造、社会责任等方面；合作，体现在执行产业政策、确保市场健康、管理技术的交流学习等方面。

竞合理论是人类进化文明的产物，也是市场经济的进步。礼之用，和为贵。现在全世界的共识是要以和平方式而不是武力方式解决问题，就是因为打仗往往会两败俱伤，造成文明的倒退。同样地，在市场竞争中，不同利益主体的诉求是客观存在的，如果只知厮杀往死里打，结果只能是杀敌一千自损八百，损人且不利己。中国古代军事家孙子讲，百战百胜非最好，不战而胜乃最佳。我们应从系统和全局的角度出发，把和谐包容的思想引入竞争中，把竞争目标从"敌人一天天烂下去，我们一天天好起来"变为"我们必须和竞争对手一块好起来"，最终达到均富和共富。

让我们一起走出"丛林"

关于市场竞争，一些新自由主义经济学家把它描绘得过于完美。竞争有好坏之分，有序的、理智的好竞争，能推动企业效益和消费者福利的增长，无序的、过度的、低价的坏竞争则会扰乱市场秩序，破坏系统生态，威胁行业健康。竞争不是灵丹妙药，关键要看以什么方式竞争。如果进行攻城略地、你死我活的杀价式或自杀式竞争，只会把行业拖入深渊。

▶ **故事 93** │ 两家水泥巨头的对话

世界 500 强企业爱尔兰 CRH 的 CEO 阿尔伯特先生和我是好朋友。2015 年 5 月，阿尔伯特先生到中国建材拜访，我们就中国水泥行业面临的问题聊了很久。当时中国经济进入新常态，经济增速下降，投资乏力，水泥等基础原材料行业首当其冲，整个行业面临产能严重过剩、市场需求不旺、下行压力加大的严峻形势。在这种情况下，部分企业带头打价格战，恶性竞争烽烟四起，行业竞合的"马其诺防线"彻底崩溃了，水泥价格每吨下降了 50 元。后来我们知道，那一年是全国水泥销量 25 年来首次下降，行业利润一下从之前的七八百亿元跌到了 200 亿元，很多企业出现了亏损。

记得当时阿尔伯特先生问我："宋先生，中国的水泥企业领导人都很年轻、很冲动吗?"我说不是的,中国水泥行业多年来一直是打价格战过来的,大家都想赚钱,可面对过剩时既缺乏信任,又缺乏定力,所以行业里乱仗不断。阿尔伯特先生说,中国水泥要改变现状,只能靠自律和竞合。他还介绍了欧美企业在市场竞合方面的例子。以美国为例,在2008年世界金融危机时,水泥需求量一下子从1.2亿吨降到5000万吨,由于大企业自律水平比较高,水泥价格反而涨了些,达到了95美元/吨,使美国水泥企业安然过关。

相比之下,中国的很多企业往往比较浮躁,都想放量抢占市场,尤其是在市场下行时,大家就更是如此,甚至一些大企业也出现了恐慌性的降价和抛盘。阿尔伯特先生说,中国水泥过剩已经到了非常糟糕的节点,如果大家朝好的方向努力,还有救,否则行业的情形就会不堪设想。后来,《中国建材报》头版头条发表了这次对话实录,引发了水泥企业的反思。

观点93 | 竞争不能比狠斗勇

我国很多企业受小农经济思想影响,同时又教条地学习西方早期竞争理念,脑子里净是"丛林法则"的那套思路,觉得市场竞争就要靠打打杀杀。在工业化早期,西方确实发生过大规模倒闭潮和企业家跳楼的惨剧,也发生过将牛奶倒入海里的资源浪费。马克思当年看到的正是资本主义社会无序竞争带来的弊端。但西方的竞争理论后来也有不少改进,并不赞成恶性竞争。西方有反垄断法,也有反不正当竞争法,过分压价、倾销等都是违法的。像国际上搞的双反,就是针对倾销和政府补贴的。我们现在往往过分强调反垄断,好像价格越低越好,其实在产能过剩的背景下,大家更应该担心的不是垄断和价格过高的问题,反而是恶性竞争和价格过低的问题。

竞争是把双刃剑,适度有序的竞争有利于提高效率、质量和服务;过度无序竞争则会带来一系列问题，短期内会让价格大幅下滑，消费者貌似受益，但从长期来看会导致假冒伪劣产品泛滥，损害消费者利益，还会造成巨大的破坏。尤其是在钢铁、煤炭、水泥等基础原材料行业，投资巨大、规模庞大，而且占用了大量资源，如果实行极端的市场竞争方式，会引发资源浪费、员工失业、环境污染等一连串问题，整个社会将付出极其惨重的代价。

事实上，今天的竞争方式正在发生重大改变。竞争不应是无序、混乱和低效的竞争，竞争可以有组织、有序、理性。竞争并不是无组织的竞争，竞争可以单打、双打，也可以集体对抗，由一个领袖带领的一个团队和另一个领袖带领的另一个团队之间有序、理性地进行，这是从坏竞争演变为好竞争的有效方式。如果这两个团队效益好、技术好，那么它们之间的竞争必然是高水平的。假如它们所进行的是无序、混乱和低效的竞争，还如何去改善效益、提高质量、推动创新？中国建材重组了上千家企业，有些企业如果不重组，很可能就跑路、破产或把银行的资金变成死账。重组让大家都有活路，才能以组合拳的形式去参与更大的竞争。

所以说，市场竞争不能单一地、概念化地理解。好的竞争不是不竞争，而是以更先进的方式竞争。一对一的方式是竞争，集团式的竞争也是竞争。但无论哪种方式，都要树立竞合的文化。市场竞争不是比勇斗狠，大家只有以合作的心态拧成一股绳，才能走出"丛林"，驶出你死我活的红海，进入共赢和谐的蓝海，最终驶向创新环保的绿海。

回看改革开放以来水泥行业的发展历程，其中有着清晰的脉络和规律：短缺经济下，我们缺水泥，大规模上项目；过剩之后，大家开始恶性竞争，也就是我讲的不成熟阶段；发现恶性竞争的弊端后，开始探索如何让市场健康化，从恶性竞争走向良性竞合。水泥行业走过的道路，值得所有过剩行业认真思考。

领袖企业是行业的福音

一个行业要在市场经济中形成稳定的企业阵形、团体竞争力和抗风险能力，大企业的领袖作用至关重要。大企业对行业负有更大的责任，应该带领行业实现健康化，系统地、全面地、长远地想问题，不光治自己的病，更要着眼于治行业的病。负责任的领袖企业会给它所在行业带来福音，进而给社会带来福音。

▶ 故事 94 ｜ 甘做蔺相如

我上小学时学过两篇课文，一篇是有关蔺相如的故事，另一篇是关于一位父亲用折筷子打比方，向有分歧的几个儿子讲述齐心合力、团结合作的重要性的故事。没想到，这些故事中的朴素道理多年后成了我在企业管理实践中的核心价值观。

中国建材是全球水泥大王，我们在做水泥的方法上，实际进行了两个点位的创新：一个是企业的组织方式，另一个是市场的运作方式。关于企业怎么组织，我们选择了联合重组的方式。2002 年我们决定进军水泥产业时，想明白了两件事：

- 中国建材水泥基础薄弱，短期内要想做大做强，不能靠自己一条条建新生产线。
- 水泥行业已经开始产生区域过剩，但行业中缺少整合者。

中国建材顺势而为，在行业里开展了大规模联合重组。关于市场怎么做，我们的做法是从多赢和共赢出发，开展市场竞合。中国建材带头进行发展理性化、竞争有序化、产销平衡化、市场健康化的市场竞合"四化"工作，积极探索节能限产、错峰生产、立体竞合、精细竞合、资本融合等多种竞合模式。近年来，随着智能化发展和工业化水平的提高，中国建材把70%的精力投到市场竞合中，把30%的精力投到生产管理中，成为行业健康发展的中流砥柱，被称为行业里的"蔺相如"。

中国建材的一些主张和做法就好比支起了一把大伞，提高了整个行业的价值，伞下的其他企业也因此受益。有人说，宋总，你们打了个伞，但伞下避雨的人可能比你们赚得还多。我说这就是我们的情怀，只有解放全人类才能解放我们自己。行业健康了，竞争有序了，领袖企业的价值才能真正得以体现。

● 观点 94 | 从做工厂到做市场

市场竞争一定要有秩序，而不应该是混乱的。秩序应该怎样建立呢？过去，经济领域内的决策由政府说了算，政府用各类审批来引导市场和配置资源。党的十八届三中全会提出，让市场在资源配置中起决定性作用，凡是市场和企业能解决的，就放给市场和企业。领袖企业在维护市场健康方面责无旁贷。实践证明，在我国各行各业的发展过程中，凡是有领袖企业带领的行业，发展得就比较好；相反，没有领袖企业、群龙无首的行业，往往发展得很混乱，甚至很失败。

领袖企业不同于一般企业，它就像雁阵中的头雁，方向感、大局意识、责任意识都要格外突出。领袖企业是行业系统的中坚，不仅要关注自身成长，降低成本，管理工厂，更要推动行业发展，引导政策，稳定市场。也就是说，要从"做工厂"到"做市场"。按照传统思路，企业只要做好工厂、控好成本、扩大销量、增加品种，就能盈利。但在饱和市场中，如果没有好的行业生态，企业只知冲冲杀杀，图一时之快、一己之私，即便内部管理做得再好，也不会成为赢家。

我总结了一个公式：广义的企业管理＝外部市场管理＋内部运行管理。也就是说，企业管理工作不应局限于企业内部，还要提升、拓展到影响企业效益的整个系统中。按照这一思路，中国建材在做好内部运行管理的同时，始终要求企业紧抓外部市场，开展核心利润区的建设，坚定不移地走市场竞合的道路，大力实施"价本利"经营模式。在市场竞合中，我们提倡"三不四千"精神，即"不辞辛苦、不怕委屈、不畏挫折"和"千方百计、千言万语、千山万水、千辛万苦"，各企业一把手深入市场一线，维护竞争环境。这些做法既推动了行业价值体系的重构和产品价格的理性回归，也使企业取得了稳定的经济效益。

奉行利他主义

市场竞合，从根上说其实是一种文化。这种文化的核心就是树立与竞争者共生多赢的思想，树立行业的大局观，弘扬利他主义精神。企业有了正确的文化和心态，行业才能有健康的生态格局，才能真正形成统一开放、竞争有序的现代市场体系。

▶ 故事 95 | 啼血杜鹃

中国建材大规模重组水泥企业始于 2006 年。在重组的过程中，我对行业里恶性竞争的红海景象很是忧虑。2007 年，我有感而发，写了一篇短文《"和"与"合"》。文中讲，"和"是人心底的理念，包括和谐的思想、和睦的环境、平和的心态；"合"是这种理念的外部效应，是合作共赢、利他主义的经营思路。"和"与"合"是相通的，没有"和"的理念和胸怀，就不可能有"合"的稳定和成功。

做到"和"与"合"是不容易的，因为人们的认识有个过程，甚至有时不撞南墙不回头。中国建材是行业的友好者、整合者，但作为企业，我们对行业里新建、低价倾销等问题也无能为力。市场顺利时，大家会觉得宋总讲得对；遇到市场下滑时，有人就绷不住了，又回到压价跑量的老办法上去了。但即使这样，大企业也要奔走呼号，这是对行业负有的责任。所以，我多年来在行业里苦口婆心地讲竞合，讲自律，讲蓝海绿海战略，呼吁早日摆脱打恶战的乱局。我想起小时候读过的啼血杜鹃的故事：每年春季，杜鹃鸟都会飞来不停地啼鸣，催促农夫"快快布谷"，嘴巴啼出的血染红了片片杜鹃花。

有时大家会想，为什么宋总这么热衷于讲竞合，是什么动因呢？我不是不食人间烟火的人，中国建材产业规模大，市场健康与否直接关系到我们的自身利益。但我同时认为，中国建材的获利不是排他性的，不是我"吃肉"你看着或我"吃肉"你"喝汤"，我们希望和大家一起共享行业健康化发展带来的成果。事实上，在过剩经济下，只有大家团结在一起才有行业繁荣，行业繁荣了大家都能盈利。几年前，我出了一本书叫《包容的力量》，讲的是做企业要有利他之心。让我欣慰的是，行业里的大佬慢慢被我说服了，自律竞合的共识正在逐渐增多。

观点 95 | 树立达人达己的价值观

是恶性竞争还是理性竞合，归根到底体现了一个企业的价值追求和思想境界。我认为，做企业有三重境界：利己、互利、利他。企业的发展以盈利为前提，"利"从何来？利己主义是一种方式，但只图一己之利的企业做不成大事。市场是一个公共空间，它不属于哪一家企业，企业要在市场中共事，必须坚持共享共赢的理念，从利己过渡到互利。在互利的基础上，还要利他，把企业的价值追求提升到维护公共利益的层面，促进行业健康发展，维护社会公平正义，努力增进他人的幸福和利益。

企业要有利他精神，同时又要互利，还要利己，这三者不矛盾吗？孔子的观点帮我们理顺了这之中的关系。这句话是"己欲立而立人，己欲达而达人"，意思是：自己想立得住，也要使别人能立得住；自己想腾达，也要使别人腾达。同理，做企业是一件利己利他的事，常常利他才能达到利己。

我曾听一位水泥老板讲，我能赚钱，凭什么隔壁工厂能赚钱？我说，你赚你的钱，他赚他的钱，为什么总相互算计呢？钢铁厂老板、煤炭厂老板、房地产老板不照样赚钱吗？大家各赚各的，为什么对别人赚钱就接受不了？这种心态就不对。做企业要赚钱，但赚钱应建立在互利双赢或互利多赢的基础上，就是达人达己。自己获利也要让别人获利，自己富裕也要让别人富裕，做企业要有这种境界和情怀。

中国大陆迈入市场经济的时间还不长，市场文化还不尽成熟，诚信意识没有完全建立起来。这是我们必须克服的短板。我曾询问台湾朋友，你们也根植于中华文化的土壤，市场文化从何而来？他们说，从儒家思想而来，一切合乎道义。在国外，也有很多思想是支撑市场文化的。我曾接待过一个印度水泥代表团。印度人有佛教信仰，佛教的精髓是利他的"菩提心"，企业竞争也延续了这种平和淡定的心态。所以，尽管印度水泥产能利用率不高，但水泥价格却从 100 美元到 140 美元不等，毛利很高。

市场经济的发展是建立在每一个个体的自制力水平、平等互爱和诚信精神之上的。对中国企业来说，我们要以正确的思想文化为指引，把包容思想和竞合文化，以及孔融让梨的谦恭和境界真正引入竞争中。尤其是我国很多行业正饱受过剩之苦，只有发扬利他精神，互相理解，互相包容，互相帮助，顾系统、顾大局、顾他人，大家才能共渡难关，最终做好自己。

迷思二十　企业利润最大化和社会价值最大化
义利相兼，以义为先

企业归根到底是个经济组织，追求利润最大化天经地义。同时，企业又是社会的一员，来源于社会又服务于社会，因此不能只满足于"独善其身"，还要有"兼济天下"的使命感，即在追求利润时，要把社会责任作为首要目标，追求社会价值的最大化。社会责任和效益不可分割。我们应该把企业要承担的社会责任、实现的社会价值有效地结合在一起，做到义利相兼，以义为先，既要获得一定的经济利益，又要尽到社会责任，实现社会价值，达到持续发展的目的。

站在道德高地做企业

盈利是做企业的重要目标，但仅有利润还不够，还要积极践行社会责任——对内遵纪守法、规范运作、善待员工；对外诚信经营、保护环境、回馈社会，提供更高质量的产品和服务，提供更多税收，创造更高回报。企业要把自身价值融入社会价值最大化的目标之中，为社会谋福利，为人民谋幸福，赚阳光下的钱，赚增进福祉的钱，赚让大家都满意的钱，绝不能把企业的利益凌驾于社会利益之上。一个成功的企业，一定要将积极承担社会责任作为最崇高的使命；一个积极履责的企业，也必然会得到社会的赞赏和支持。

▶ 故事96 | 一场点击过千万的演讲

我参加过不少社会责任方面的论坛，在第三届金蜜蜂CSR领袖论坛上，我以"站在道德高地做企业"为题做了一场演讲，没想到演讲视频的网上点击量竟超过1600万次，出乎我的意料，这说明企业的社会责任问题已经越来越为人们所重视。我的核心观点是，"小胜靠智，大胜靠德"，做企业要始终坚守道德底线，站在道德高地。所谓道德高地，就是在发展观方面，把人类的福祉、国家的命运、行业的利益、员工的幸福结合起来；在利益分配方面，遵循共享、共富的原则；在管理方面，把环保、安全、责任放在速度、规模和效益之前。在演讲中，我用讲故事的方式说明这些观点，列举了很多中国建材的案例。

比如 2007 年，我们在山东枣庄重组水泥厂时，集中爆破拆除 9 条立窑生产线，打响了"中国水泥第一爆"。爆破后，中国建材在原址建设了日产 5000 吨熟料水泥生产线节能环保综合工程，构建起集生态工业、观光农业、新农村建设、休闲旅游于一体的循环经济链。在中国建材的带动下，当地小立窑相继被淘汰，水清了，天蓝了，老百姓非常满意。中央电视台当时还播出了这条消息。再如，中国建材是行业利益的坚定维护者。组建西南水泥时，因为产能过剩打"价格战"，当地水泥价格从最初的每吨 800 元一路跌至每吨 190 元，企业生存十分艰难。很多民营企业家说："中国建材怎么还不来解救我们呢？"中国建材通过联合重组，把这些不堪恶战的企业组织在一起，实现了互利共赢。这些事迹得到了大家的理解和认同。

国外企业对社会责任非常看重，记得我以前出国去大企业参观时，对方总是热衷于讲他们的历史，后来则主要讲在应对气候变化、保护环境等方面做了哪些贡献，这给我留下了深刻印象。近些年，中国企业经营水平不断提高，大家逐渐认识到履行社会责任是应尽义务。看了我那场道德高地的演讲，有朋友给我发信息说，中国企业家有这样的思考令人欣喜，这是时代的进步、企业的进步。

● 观点 96 ｜ 一流的思想塑造一流的企业

古人讲，"君子爱财，取之有道"。这句话用在做企业上就是企业要盈利，但前提是把德行和责任摆在首位。一个企业要想快速发展，得到社会的广泛支持，应该把对经济价值的追求和对社会价值的追求有机结合起来。无论是谋划战略、管理创新、推进改革，还是团队建设，都要问问道德高地在哪里。既能赚钱又能守"道",这样的企业才是好企业。

通过这些年的企业实践,我觉得,做企业可以分为三个层面:

- 在微观层面,要做好自身的经营、管理、创新、改革等各项工作,创造良好的效益,这是一切的基础。
- 在中观层面,充分发挥大企业的领袖作用,推动行业健康有序发展,搭建一个共生共享共赢的平台,进而提升企业的个体价值。
- 在宏观层面,把企业成长放在道德高地上进行思考,关心人类福祉、国家命运、社会进步,关心芸芸众生的幸福和苦难,关心效率和公平的相互促进。

企业成就的大小源自目标追求的高低。做企业要坚持道德的至高追求,把责任担当的意识、悲天悯人的情怀融于自身价值追求。企业应有仁者的素质、修养和胸怀,有感恩的心态和爱人的思想,有包容理念和利他精神,只有具备了这样的境界,企业才能有更强的竞争力和生命力。这正应了那句古训:厚德载物。

可能有人会说,做企业就得埋头做事,你讲的这些内容是不是太政治了,太大了。但我认为,企业不是一个挣钱机构,而是一个有灵魂、有血有肉的机构。真正的企业家要站得更高,有全局观和强烈的责任感,关心国家和民族的命运,关心社会的和谐与稳定,关心年轻一代的成长,关心文化的传承和现代思想的传播。把企业发展与国家战略、社会利益紧密联系在一起,精通经营哲学、文化理念、企业责任等深层次问题,创造先进的思想并以此引领企业健康发展,这是企业家最重要的使命。

现在各种论坛很多,在博鳌亚洲论坛、全球财富论坛、达沃斯论坛等一些活动上,西方大企业家往往能结合会议主题侃侃而谈,他们站位很高,关心的大都是社会和经济层面的问题,也会谈及哲学和文化。而中国企业家则大都停留在具体操作层面,一般讲做了多少产品,企业在世界排行多少,甚至主要在为企业和产品做宣传,思考深度和广度还有不小的差距。

一流的企业需要一流的思想,一流的思想塑造一流的企业。中国的企业如果要做世界一流企业,就要给全行业做出前瞻性指导,发挥引领作用和领袖风范,最后落脚在思想文化这个层面。企业文化、企业哲学、企业精神应该贯穿整个企业,这些深层次的思想至关重要,应该好好地研究。

做有品格的企业

企业是人格化的,站在道德高地上是基本定位,在这个定位之下,企业应有哪些品格呢?近年来,我又往前做了延伸思考。纽约原市长迈克尔·布隆伯格有本书叫《城市的品格》,我看了之后很受启发,于是结合中国建材的实际,写了《企业的品格》一文。企业的品格是指企业在经营活动和社会交往中体现的品质、格局和作风,也可以说是集企业理念、文化和行为于一体的企业形象。企业在成长过程中会形成自己的品格,恰恰是这些企业的品格决定了它在社会中的认同度。

▶ 故事97 │ 汶川大爱

中国建材是一家有品格的企业。作为央企,我们肩负着经济责任、政治责任、社会责任和国家责任。其中社会责任体现在突发性灾难的处理和救急、节能减排、环境治理等方面,尤其是在社会遇到灾难时,我们更加义不容辞。记得2008年5月12日汶川大地震时,我们正在开集团办公会,忽然接到成都企业的电话,说当地发生了地震,工厂建筑和装备受到破坏,但损失不大。很快,我们从新闻上得知了地震的严重程度,集团第一时间召开紧急会议,提出"不计代价、不讲条件,全力以赴支援灾区建设",并当场决定捐助300套轻型房屋。我们2005年曾为东南亚海啸灾区做过援助，知道灾区最需要这种房屋。

那次灾难中，中国建材是第一个捐助安置房屋的企业。很快，我和国资委领导等一行人赶到德阳市的汉旺镇。一路上余震不断，最大的一次震级达到5.2级，人都站不稳。汉旺镇当时遍地瓦砾，马路上都是大缝，远处的山头都变秃了，树木被震得掉落下来，整个情形惨不忍睹。后来，我们给受灾严重的四川德阳赶制了500套房子，由北新集团承建。工程技术人员当时都住在工地帐篷里，条件十分艰苦，我到施工现场看望并鼓励大家建造出质量最好的轻型房屋。工人们加班加点，仅用12天即完成了全部施工任务，实现了房屋品质、施工进度两个第一。我们还在北川和安县建了两个水泥厂，这是当地震后首批重建大型项目。两个工厂开工时我都在现场，北川工厂开工赶上瓢泼大雨，大家奠基时浑身裹满泥水。我们还在都江堰建了一家上万平方米的医院，解决了灾区人民看病难的难题，这也是四川震后第一个竣工并恢复营运的医疗卫生服务项目。而在后方，中国建材员工自发捐赠3000多万元，涓涓细流汇聚起对灾区人民的大爱。

近年来，中国建材还在四川灾区投资建设了石膏板、新玻璃、新型房屋等项目，为灾区建设提供了大量的建材支持。例如四川成都的花园村，我们搭建的一排排新型房屋错落有致，如一幅水墨丹青，成为当地新农村建设的示范村。在邓小平同志的家乡广安市协兴镇，我们建设了一片依山而建、随势而筑的小镇，这些新型房屋错落有致，花窗青瓦，与大自然融为一体，宛似天成。中国建材始终把责任铭刻在心，以实际行动，挺起建设美好家园的脊梁，受到社会各界的肯定。

观点97 ｜ 但行好事，莫问前程

企业品格究竟包括哪些呢？我归纳了四条：

1. **保护环境**。在企业品格中,保护环境应放在首位,大多数企业在运行中都会耗费能源和资源,都会对环境产生一定的负荷,但随着企业的增多,能源、资源和环境都会不堪重负。随着绿色发展成为共识,绿色低碳经济正在不断壮大,只有积极行动、参与环保的企业,才会有长久的未来。如今,我国不少地区土壤、地表浅层水遭到污染,冬季雾霾严重,这些严重影响着人们的健康。于是,保护和恢复绿水青山就成为企业的重要责任。

2. **热心公益**。企业是个营利组织,应该拿出一些财富支持公益事业,企业员工也要培养对社会的爱心,这些年企业所做的公益事业多是扶贫、抗险救灾和帮助弱势群体。例如,中国建材帮扶安徽、云南、宁夏等地的五个贫困县,派驻村官帮助贫困山村脱贫致富,不仅为贫困县架桥修路方便大家出行,还利用互联网技术成立电商平台"禾苞蛋",把贫困山区的蔬菜和土产销往全国。另外,企业还要在自然灾害救助、关心和帮助弱势群体方面竭尽全力。通过这些爱心活动,企业员工也可以提升人生观和价值观,更加珍视工作和热爱企业。

3. **员工发展**。在企业中最宝贵的是员工,而不是机器和厂房。有品格的企业善待员工,不只是因为竞争力的需要。企业应当成为员工自我价值实现的有效平台,注重员工的全面发展,加强员工的学习培训,开展员工的拓展训练,丰富员工的文化生活,关心员工的身心健康,使员工德、智、体全面发展。重视员工发展可以为企业凝心聚力。中国建材在短短数年间成为全球规模最大的建材企业,在多个领域引领世界建材行业的发展,不断发现、吸引、培养人才,有一支优秀的人才队伍是关键。

4. **世界公民**。对于世界公民一词有诸多不同解读,企业作为世界公民是套用联合国全球契约组织里的解释,即企业在全球化过程中,应遵守可持续发展等共同原则。在中国企业走出去的过程中,世界公民意识可进一步引申为遵守国际规则,遵守所在国的法律法规,尊重当地的文化习俗,重视企业的环保、安全,重视对当地员工的培训,热心公益事业,弘扬厚德载物、自强不息、达人达己的文化精神等。

中国建材是一家很有特点的企业,我们认为坚持那些和企业眼前利益无关,甚至会影响眼前利益的品格至关重要。我曾跟领导汇报过这些想法,我说中国建材做很多事并没有想能得到什么回报,因为那是我们应该做的,老话讲"但行好事,莫问前程",但我们所做的工作又都得到了回报,得到了广泛支持。看来,多做好事还是不吃亏的。

把环境保护放在盈利之前

1962年美国女作家蕾切尔·卡森写了本书《寂静的春天》,描述了由农药毒杀生物引发的生态悲剧,她第一次把"环境"概念带入人们的视野,美国总统还专门召开听证会。10年后,欧洲智库罗马俱乐部提出"增长极限",讨论了可持续发展问题,认为资源能源的不可持续是人类的最大麻烦。到了20世纪90年代人类又发现了"生存极限",即全球变暖会让地球面临灭顶之灾。除了这些,土壤、水源和大气污染都很严峻。面对这些关乎人类命运的问题,我们在考虑企业经营和发展时,必须把环境保护放在首位。

▶ 故事98 | 巴黎气候大会

建材行业是对资源和自然环境有一定负荷的行业。作为全球最大的建材制造商,中国建材认为自己在应对气候变化和保护环境方面应承担更多责任,并为此做了大量工作。2015年底,我受国家发改委应对气候变化司的邀请参加了在巴黎举办的全球气候大会,并在分会场"中国角"做了两场演讲,在欧洲分会场"蓝角"做了一场演讲。

巴黎气候大会被认为是一次"拯救人类"的重要会议。自工业革命以来，由于二氧化碳等温室气体的排放，全球气温上升了1摄氏度；科学家们断定，到2100年如果再升温1摄氏度，后果将不堪设想。在巴黎气候大会上，超过190个国家和地区签署了《巴黎协定》，各方承诺加强对气候变化威胁的全球应对，把全球平均气温较工业化前水平升高控制在2摄氏度之内，并为把升温控制在1.5摄氏度之内而努力。

大会设立了很多展馆和分会场，世界各大企业负责人云集。我在发言中介绍了中国建材关于气候问题的思考和在三个维度上开展节能环保的实践。这三个维度是我在北新做厂长时就坚持的原则，后来带到了中国建材。

- 原材料采购上倡导循环经济。在保证质量、环境和消费者健康的前提下，让城市和工业废弃物物尽其用，比如采用粉煤灰做水泥、采用脱硫石膏做石膏板，减少对矿山资源的开发。
- 生产过程中追求废水、废气和污染物的零排放。中国建材在水泥、玻璃等传统建材领域，积极淘汰落后产能，开发和应用节能环保技术。生产线全部配套余热发电系统，安装脱硫脱硝和静电与袋式双重收尘装备，减少二氧化硫、氮氧化物、PM2.5等的排放。
- 开发质量可靠、绿色环保的建材产品。比如我们用轻质石膏板代替红砖，开发推广加能源5.0新型房屋，生产的LOW-E玻璃、低反射玻璃能为屋子节能70%～80%。

此外，我们建造花园中的工厂、森林中的工厂、草原中的工厂和湖水边的工厂，实现了工业与自然的和谐统一。例如我们在蒙古的水泥厂就建在风吹草低见牛羊的草原上，由于应用了严格的环保技术，形成了一道唯美的风景线，充满了诗情画意。我讲的这些情况，让世界了解了中国企业在应对气候变化方面所做的努力，增进了价值认同。

观点 98 ｜ 环保不达标，宁可关工厂

今天世界上的好企业，普遍把改善环境和气候问题作为第一项任务。环境治理需要成本，但这些投入是必需的。如果环保工作没做好，造成的影响将是重大的、不可逆的，带来无法衡量的经济和社会损失。我国云南滇池的治理就是个例子。滇池是云贵高原最大的湖泊，由于早年周围搞了很多化工厂，水质受到污染，当地花了 20 年时间投入近 500 亿元进行治理。这么高额的花费比当年那么多化工厂创造的销售收入还要高，而且造成的危害是后人用十倍、百倍的钱都无法恢复的。这些教训是惨重的。

发达国家在工业化进程中也曾遭遇过环保危机，如美国的多诺拉烟雾和洛杉矶光化学污染、英国的伦敦雾霾等。日本也不例外。三菱集团社长告诉我，日本经济高速增长时代环境问题严重，大街上人人戴口罩，近海没有鱼，河流都成了臭水沟。后来，这些国家都经历了痛苦转型。中国企业经历过大干快上的粗放式增长，时至今日必须清醒地认识到：企业不能挣黑心钱、挣损害公众利益的钱，这是必须恪守的基本原则。气候变暖，以及雾霾、土壤和水质污染等环保问题如果解决不好，就会殃及子孙后代。有一次我在一个会上讲，如果我们连生存都不能保证，呼吸都保证不了，再生产多少产品、建多少工厂、创造多少 GDP，又有什么意义呢？！

提起雾霾，大家往往会想到几大污染源：汽车尾气、钢铁厂、水泥厂。其实，今天的新型水泥厂已不再是雾霾制造者，像中国建材开展的"责任蓝天行动"，通过技术手段的提升，水泥厂都成了无烟、无尘工厂，走进厂区还以为没在生产。对水泥行业来说，当前最大的环保难题是如何减碳。水泥排放的二氧化碳中约 60% 来自原材料碳酸钙的分解，30% 来自化石燃料，10% 间接来自生产用电。水泥是第三大排放行业，排放量约占全球碳排总量的 7%，因此水泥行业能为全球控温环保做哪些贡献，一直是各界关注的事情。

围绕水泥减碳，我代表世界水泥协会㊀在美国参加了能源及新气候经济大会，提出几个解决方案：

- 使用替代原燃材料，减少二氧化碳的产生。
- 充分利用生产线余热，以及太阳能、风能等清洁能源，减少化石能源的消耗。
- 通过工艺、技术、装备的创新和管理的改进，降低单位产品能耗。像智能化工厂吨水泥耗煤只有85公斤，比原来减少了30公斤。
- 利用"碳捕捉"技术发展循环经济。比如二氧化碳经提取和清洁处理可用于农业大棚种植，实现"变废为宝"。
- 做高标号水泥，减少水泥用量。如果把水泥标号从32.5提高到72.5，能减少水泥行业40%的二氧化碳排放量。

这些方案来自中国建材多年的实践和引领，也是全球水泥企业必须努力做的事情。

企业是全球生态文明建设的主体力量。我主张，企业在经营和发展要素中，应坚持环境、安全、质量、技术、成本的价值排序。把成本排在最后一位，不是不重视成本，而是保护环境比降低成本更重要，如果环境保护不达标，宁可关掉工厂。为了人类的永续发展而非眼前的利益，为了惠及子孙后代而非一时的贪欲，我们必须严格自律，把生态文明、环境保护的事情放在前面，把盈利的事情放在后面。

走合作共赢的国际化道路

全球化不只是个利益问题，归根到底是个价值观的问题。企业在走

㊀ 2018年12月世界水泥协会在伦敦召开成立大会，宋志平当选协会创始主席，成为大型基础性工业领域首位当选世界级行业协会主席的中国企业家。

出去的过程中，要想真正融入全球市场，最重要的就是秉承互利共赢文化，积极履行社会责任，增进友谊，努力成为值得信赖的国际化企业。有了共生多赢、达人达己的思想基础，我们才能在世界各国站住脚并融入当地。

▶ 故事 99 | Lady first

2014 年 10 月，我去德国洽谈加能源房屋业务时，正值李克强总理访问德国。作为企业家代表，我受邀参加了两国总理的午餐会。德国总理默克尔还点名让我发言。当得知中国建材在德国投资了风电和太阳能业务后，默克尔总理问我对投资环境的看法，李克强总理听后笑着说："志平，给他们提点问题。"我说："希望德国政府能比照德国本国企业，对中方投资的高科技项目给予资金补贴。"下午，默克尔总理演讲时专门讲到要对中德企业一视同仁。在两国总理的见证下，我与德方签署了关于加能源房屋业务的合作协议。

活动期间有个小花絮。午餐会前，五对企业家与两位总理分别合影留念，轮到我时，由于德方合作伙伴没有到场，只能我和两位总理合影。本来李克强总理应该站中间，但他却说，"Lady first！咱们女士优先"，让默克尔总理站中间，我和李克强总理分站两旁。李克强总理的谦逊给在场所有人留下了深刻印象。照片上，三个人都由衷地笑着，我却因和李克强总理同站默克尔总理身旁心有不安。这一幕让我终生难忘。中国要实现中华民族伟大复兴的"中国梦"，要成功推动"一带一路"倡议，要赢得他国的尊重、理解和信任，要和全世界人民交朋友，李克强同志作为一个大国总理，他的友好谦逊为我们做出了榜样。这让我想到中国企业的国际化发展。如果中国企业在走出去的过程中都能待人以诚，并能推己及人，彼此照顾，何愁没有好的国际环境呢？

观点 99 | 走出去不能"吃独食"

中国建材很早就开始探索国际化经营，从产品出口到 EPC[○]再到海外投资，从扎根发展中国家到布局欧美市场，逐渐形成了国际竞争优势。俗话说，"兵马未动，粮草先行"。借助中高端技术和性价比优势，中国建材在世界各地建设了 300 多条水泥生产线、60 多条玻璃生产线，全球市场份额占到 65%。近年来，我们紧抓"一带一路"倡议等国际化机遇，订立了"6 个 1"战略，形成了全方位立体式的"走出去"格局：建设 10 个迷你工业园、10 家海外仓储园区、10 个海外区域检验认证中心和国际化标准实验室、100 个建材连锁分销中心、100 个智慧工厂、100 个 EPC 项目。在国际化过程中，中国建材以合作共赢理念为全球客户提供先进技术、优势产能和优质服务，树立了良好的国际形象，成为中国实业走出去的国家名片。

我的体会是，中国企业要想"走出去"，首先要带着"真、实、亲、诚"的文化，遵守所在国法律法规，尊重当地文化习俗，热心当地公益事业，这样无论走到哪里，大家都会喜欢我们。中国建材在土耳其建设大型水泥企业时，我提出了"为当地经济做贡献、与当地企业合作、为当地人民服务"的国际化三原则，按照这些原则，中国建材所到之处无不受到欢迎。

中国建材在赞比亚投资建材产业园时，与当地企业合作，还安排当地员工来中国工厂学习培训，赞比亚副总统高兴地说，"我们非常欢迎中资企业来赞比亚，但又担心挤垮本地企业，像中国建材这样和本地企业合作，我们非常欢迎。"除此之外，中国建材还积极投身公益事业，赞比亚项目开工前，我们先为当地打了 100 口水井，后来又出资 150 万美元捐建了一所医院和一所小学，当地的孩子们会唱一首歌，大意是：手挽手，心连心，我们和中国建材一家人。中国建材在埃及建设的 6 条水泥生产线也是这样，

○ EPC 是工程（engineering）、采购（procurement）、建设（construction）的英文缩写，是国际通用的工程总承包产业的总称。

这个项目是全球规模最大的水泥工程，施工人员最多时有12 000人，但中资公司只有2000人，我们把土建工程分给8家埃及公司，它们完成得质量很高，对中国建材也很信任。

在走出去的过程中，如何与发达国家企业相处是个大问题。尤其是在单边主义和贸易保护主义抬头、中美贸易摩擦的大背景下，更需要大智慧。改革开放后，中国经济快速发展。中美贸易摩擦表面上源于贸易不平衡，但深层次则是美国脱实向虚和禁止向中国出口高技术带来的，是逐渐积累起来的问题，另外也反映了美国对中国崛起的不适应。其实，1992年邓小平同志"南方谈话"之前，我们也一度遇到过困难，但是之后的改革开放化解了很多矛盾。我们今天又遇到了贸易保护主义的问题，那怎么解决呢？就是要形成全面开放的新格局，用更加开放的姿态、更加开放的市场，进一步扩展发展空间，让国际社会更加适应中国崛起壮大的现实，创造包容开放的国际环境。我们要继续用开放赢得世界，只要按这条路子走，就不用过于担心。

其实，全球化趋势是不可阻挡的，任何国家、任何企业只有相互交流、开放合作才能成长，否则就会成为孤岛。我主张新一轮全球化应"你中有我，我中有你""有进有出，有来有往"，这样才能持续发展。我在参加进博会和达沃斯论坛时都强烈感觉到跨国公司的合作意愿，因为中国14亿人口的大市场让人无法拒绝。对中国企业来说，我们要调整思路，在开放共赢中实现融合发展。

"独行快，众行远"，做企业不能有吃独食的思想。中国建材把走出去与引进来结合起来：

- 尊重和积极参与国际分工，我们的海外EPC项目注重全球化采购，既发挥国产装备的性价比优势，又积极采购一些跨国公司的高技术关键设备，赢得了市场，缓解了矛盾。

- 尊重知识产权，严格遵守国际规则，注重知识产权保护。
- 与法国施耐德、日本三菱商事、丹麦史密斯等跨国公司，联合开发第三方市场，不是我来你走，而是取长补短，互利共赢。
- 在市场中，秉持竞争中性原则，不打国家旗号，走出去的混合所有制企业的国有股比例都在 30% 以下。
- 开辟多元化市场，既深耕东南非、中东、东盟、南美等重点区域市场，又积极拓展美欧日市场，把工厂建到发达国家，同时还要引进跨国公司在国内合资合作。

我是个乐观主义者。"青山遮不住，毕竟东流去。"中国坐拥一个庞大的市场，人口数量、消费升级、经济环境等方面都有着巨大的优势和潜力。我们以前讲以市场换技术，今后更多的是以市场换市场，既让中国成为世界工厂，也让世界成为中国的工厂，既让世界成为中国的市场，也让中国成为世界的市场。

一生做好一件事

企业家是企业的领导者，自身素质和思想境界深深地影响着企业品格。我主张，企业家要胸怀"先天下之忧而忧"的家国情怀，秉持"利他主义"的人生态度，遵从"仁义礼智信"的思想要求，把做企业作为终身事业，不断学习、思考、实践，为推动企业发展、社会进步和国家强盛倾注全力。

▶ **故事100** │ 松树的风格

2018 年初，中央电视台财经频道《财经人物周刊》的记者到我家拍片子，发现我家的房子小小的，感觉很惊讶。在他们看来，央企领导人一定住得很宽敞，他们还对我家书架上的各种图书感兴趣，觉得像个小图书馆。那部片子不仅讲述了我的企业经历，还夹杂了大量的内心独白，片中细腻的故事情节打动了很多观众。有人评价说，没想到国企领导人这样甘于淡泊，平易近人。有人问我："宋总，这些年你究竟得到了些什么？"

我在北新工作时，北京市每年都要用优惠价奖励部分优秀企业的一把手。因为我当厂长时企业做得不错，有一次上级奖励我一套260平方米的房子，我把房子转给了当时的常务副总。还有一次奖励我一套220平方米的房子，我要求把它分成两小套，奖励给企业的技术创新人员。我觉得，企业的工作是大家一起做的，我只不过是一个领头人，有好处应该先考虑大家。那时上级公司也时兴奖励制度，我做厂长后，因为企业效益好，中新集团一次性奖励了我27万元。我把支票给了财务，说把这些钱作为基金奖励给职工吧。当时大家很感动，说这是奖励你个人的，怎么能入公家账里？我说，还是按我说的办吧。另有一次，北京上地的中关村开发区奖励我10万元，我把这些钱都买成玩具和图书送给了托儿所。让我特别欣慰的是，我的这些做法得到了我爱人的理解和支持，她常说："只要你工作高高兴兴的，比什么都好。"

说到收获，我们这一代人出生在新中国建设初期，经历过豪情满怀的火红年代，经历过上山下乡的锻炼改造，而工作时正赶上改革开放的伟大时代。作为时代的沧海一粟，我有幸见证并参与了中国企业的历史巨变，与干部员工一道创造了社会价值和经济价值，作为企业的一员，我与企业共同成长，也分享了企业的成功，这就是我最大的收获和满足。在大与小、多与少、进与退等关乎个人利益的问题上，这些年我从来没有争过什么，从没向上级伸手要过什么。大家都在努力，为什么好处一定是自己的呢？做企业的过程中，我遇到过很多风浪，但我始终保持平常心，积极正面看问题，凡事先人后己，这些作风也影响了中国建材的年轻一代。

回首我在企业工作的 40 年，从车间技术员到工厂销售员，从厂长到集团总经理再到董事长，这些年几乎没有停歇过。2019 年有媒体写了篇关于我的报道，题目是"工作 40 年从没休过一次年假"，确实是这样。工作 40 年来，我不仅没休过年假，也几乎没休过周末，脑子里似乎也没有休假这根弦儿。我信奉一生做好一件事，既然做了企业就把这件事全身心地干好。这些年，我白天都忙于工作，晚上一般是 10 点开始看书，12 点以后夜深人静了开始写作，早晨六七点起床，每晚只睡四五个小时，工作、读书、学习、思考构成了我生活的全部。常有人说，宋总应带头休假，学会休息和生活，我听到总是笑笑，这一生已经这样过来了，就不要再改了吧。我之所以能做成些事，正是因为把别人休息和娱乐的时间用在工作上，把工作时间给拉长了。陶铸的《松树的风格》里有句话："要求于人的甚少，给予人的甚多。"我觉得，人生的价值在于奉献，而不是索取，企业家也要有这种松树的风格。

● 观点 100 ｜ 当好"人梯"和"铺路石"

明代思想家吕新吾在论著《呻吟语》中讲："深沉厚重是第一等资质，磊落豪雄是第二等资质，聪明才辩是第三等资质。"企业家不是要比别人豪气聪明，而是要有稳重的性格和高尚的人格。这些年来，我常问自己，人的一生都是在不断追寻中度过的，企业家到底在追寻什么，这个群体到底应是怎样的人，应给予企业、给予社会哪些价值呢？

我觉得，企业家首先要做好自己，勤思笃行，品格高洁，有过硬的职业素养和心理素质。企业家要有方向感，有经营智慧，有职业化的态度，把企业的创业、管理和发展作为职业和人生的一种选择、约定与承诺。企业家要始终保持"淡泊明志，宁静致远"的心境，成功之时虚怀若谷，困难之际不妄自菲薄——既有进取心，也有平常心；既有拼劲，也有耐力；既能平静淡定地迎接成功，也能淡定从容地面对失败。企业家要有强大的人格魅力，对待自己严格有加，不懈怠、不停留、不空论、不恋功；对待事业勤勉尽职，认真执着，凡事追求完美；对待部下温和亲切，让大家有安全感、温暖感、幸福感；对待利益，要把集体利益放在个人利益前面；对待问题，要勇于面对，敢于担当，千斤重担一肩挑，就像美国总统艾森豪威尔讲的那样，"有功劳给部下，有责任自己扛"，见好处就上、见责任就推，这样的领导是得不到大家拥护的。

企业家不是精致的利己主义者，对国家、对民族、对社会的责任感是对企业家精神最大的升华。企业家要把自己和企业融为一体，把有限的生命融入企业的成长，带领企业自觉履责，在保障经济平稳运行、积极吸纳就业、加强环境保护等方面发挥积极的作用。企业家要把培育一流企业作为神圣使命、崇高荣誉和毕生追求，带领企业做强做优做大，在国际舞台上冲锋陷阵，不断提高中国企业的国际竞争力。在其位就要谋其政，企业家如能把自己融入这样的追求之中，时时反躬自省，事事精益求精，那么我们的每一分努力都会是闪光且有价值的。

做企业的这些年里，我带领北新建材从极度困难的境地发展为绩优上市公司，带领中国建材从一家资不抵债的央企发展成为世界500强企业，带领国药集团从一家规模偏小的贸易型公司发展为医药健康产业的领军者。我常讲一生做好一件事，退休后我要做什么呢？我给自己的定位是，做一个为企业眺望远方的人，一个有精神财富的人，一个有理想、有思想的人。古人讲"立德、立功、立言"，我今后的一个重要工作，就是进一步整理、归纳自己的改革实践、管理经验、人生感悟，通过演讲、讲课、写书等方式，分享给企业同人、学校学员和社会公众。

为什么要做这件事？我不是个喜欢热闹的人，不喜欢做大咖出风头，对生意场中的沽名钓誉也不感兴趣。我的想法是，做好中国企业，要靠一代又一代人薪火相传、持续努力。我们这一代人，要传给后来者的不只是好的企业，还有这些年来经历的经验和教训。我们要当好继往开来的"人梯"和"铺路石"，让年轻一代知道当年的探索和过往的路途，为他们标上路标和指示牌。原国家经贸委副主任陈清泰同志很赞成这种做法，他说，企业家不能整天只忙于事务，而要沉下心来做些思考，把做企业的心得体会记录下来，留给后人学习借鉴，不然一代代管理者只能从零做起。

回首往昔，来路漫漫。做企业是不容易的，常是"十分汗水一分收获"，但它值得我们用一生去做好。居里夫人有段话讲得很精彩："人的一生是短暂的，但那又有什么关系呢，每个人都想知道自己一生能做些什么，那就一直努力直到成功。"企业家也要有笃定的信念和坚守的力量，为自己挚爱的事业奋斗一生。我理解，企业家是那种对成功充满渴望的人，企业家是那种困难中百折不挠的人，企业家是那种胸中有家国情怀的人，企业家是那种永远面向正前方的人。

最后，我送给大家一首诗，是歌德《浮士德》中的片段。从十五六岁到今天已逾耳顺之年，我一直在心里默默珍藏这几句话，时刻鞭策和激励着自己：

辽阔的世界，宏伟的人生，

长年累月，真诚勤奋；

不断地探索，不断地创新，

常常周而复始，从不停顿；

忠实于过去，而又乐于迎新，

心情舒畅，目标纯正。

啊！这样又会前进一程。

陈春花管理经典
关于中国企业成长的学问

一、理解管理的必修课	
1.《经营的本质》	978-7-111-54935-2
2.《管理的常识：让管理发挥绩效的8个基本概念》	978-7-111-54878-2
3.《回归营销基本层面》	978-7-111-54837-9
4.《激活个体：互联网时代的组织管理新范式》	978-7-111-54570-5
5.《中国管理问题10大解析》	978-7-111-54838-6
二、向卓越企业学习	
6.《领先之道》	978-7-111-54919-2
7.《高成长企业组织与文化创新》	978-7-111-54871-3
8.《中国领先企业管理思想研究》	978-7-111-54567-5
三、构筑增长的基础	
9.《成为价值型企业》	978-7-111-54777-8
10.《争夺价值链》	978-7-111-54936-9
11.《超越竞争：微利时代的经营模式》	978-7-111-54892-8
12.《冬天的作为：企业如何逆境增长》	978-7-111-54765-5
13.《危机自救》	978-7-111-64841-3
14.《激活组织：从个体价值到集合智慧》	978-7-111-56578-9
15.《协同》	978-7-111-63532-1
四、文化夯实根基	
16.《从理念到行为习惯：企业文化管理》	978-7-111-54713-6
17.《企业文化塑造》	978-7-111-54800-3
五、底层逻辑	
18.《我读管理经典》	978-7-111-54659-7
19.《经济发展与价值选择》	978-7-111-54890-4
六、企业转型与变革	
20.《改变是组织最大的资产：新希望六和转型实务》	978-7-111-56324-2
21.《共识：与经理人的九封交流信》	978-7-111-56321-1

稻盛和夫系列丛书

稻盛和夫管理经典（2014年–2016年出版）

ISBN	书名	定价
978-7-111-49824-7	《干法》	39.00
978-7-111-54638-2	《敬天爱人》	39.00
978-7-111-54296-4	《匠人匠心》	39.00
978-7-111-47025-0	《领导者的资质》	49.00
978-7-111-51021-5	《拯救人类的哲学》	39.00
978-7-111-48914-6	《调动员工积极性的七个关键》	45.00
978-7-111-49146-0	《稻盛和夫语录100条》	39.00

稻盛和夫谈经营系列丛书（2017年7月出版）

ISBN	书名	定价
978-7-111-57212-1	《稻盛和夫谈经营：创造高收益与商业拓展》	45.00
978-7-111-57213-8	《稻盛和夫谈经营：人才培养与企业传承》	45.00

稻盛和夫经营实录（2017年7月出版）

ISBN	书名	定价
978-7-111-57079-0	《赌在技术开发上》	59.00
978-7-111-57016-5	《利他的经营哲学》	49.00
978-7-111-57081-3	《企业成长战略》	49.00